编辑委员会

主　席：曹顺庆（四川大学）
委　员：（音序）
Paul Cobley, Middlesex University, UK
Lian Duan, Concordia University, Canada
Kalevi Kull, University of Tartu, Estonia
Mabel Lee, University of Sydney, Australia
Massimo Leone, University of Torino, Italy
Susan Petrilli, University of Bari, Italy
Eero Tarasti, University of Helsinki, Finland
Yiyan Wang, Victoria University of Wellington, New Zealand

蔡秀枝（台湾大学）	王　宁（清华大学）
丁尔苏（香港岭南大学）	王一川（北京师范大学）
傅修延（江西师范大学）	徐　亮（浙江大学）
龚鹏程（台湾佛光大学）	杨慧林（中国人民大学）
蒋述卓（暨南大学）	叶舒宪（中国社会科学院）
李　彬（清华大学）	乐黛云（北京大学）
李凤亮（南方科技大学）	张　杰（南京师范大学）
李　杰（浙江大学）	张智庭（南开大学）
乔国强（上海外国语大学）	赵宪章（南京大学）
申　丹（北京大学）	周　宪（南京大学）
陶东风（广州大学）	朱国华（华东师范大学）

主　编：赵毅衡
执行主编：赵星植
执行副主编：何一杰　薛　晨
编　务：于化龙　陆京京　陈　娅　谭晶晶　贾　佳
　　　　李　莉　李胜男　陈美月　陈诗淇
网络总监：饶广祥
封面创意：胡易容　卢茜娅

《符号与传媒》2021年春季号，总第22辑

中国知网(CNKI)来源集刊　中文科技期刊数据库来源集刊
超星数字图书馆来源集刊　万方数据库来源集刊

符号与传媒
Signs & Media

主编　赵毅衡
四川大学符号学-传媒学研究所　主办

总第22辑

22

项目策划：黄蕴婷
责任编辑：黄蕴婷
责任校对：陈　蓉
封面设计：墨创文化
责任印制：王　炜

图书在版编目（CIP）数据

符号与传媒．22 / 赵毅衡主编．— 成都：四川大学出版社，2021.4
ISBN 978-7-5690-2783-9

Ⅰ．①符⋯ Ⅱ．①赵⋯ Ⅲ．①符号学－文集 Ⅳ．① H0-53

中国版本图书馆CIP数据核字（2021）第 057782 号

书名	符号与传媒（22）
	Fuhao Yu Chuanmei (22)
主　　编	赵毅衡
出　　版	四川大学出版社
地　　址	成都市一环路南一段24号（610065）
发　　行	四川大学出版社
书　　号	ISBN 978-7-5690-2783-9
印前制作	四川胜翔数码印务设计有限公司
印　　刷	郫县犀浦印刷厂
成品尺寸	170mm×240mm
插　　页	2
印　　张	16.75
字　　数	312 千字
版　　次	2021 年 4 月第 1 版
印　　次	2021 年 4 月第 1 次印刷
定　　价	72.00 元

◆ 版权所有 ◆ 侵权必究

◆ 读者邮购本书，请与本社发行科联系。
　电话：(028)85408408/(028)85401670/
　(028)86408023　邮政编码：610065
◆ 本社图书如有印装质量问题，请寄回出版社调换。
◆ 网址：http://press.scu.edu.cn

四川大学出版社
微信公众号

编者的话

中国符号学的发展如何探索属于自己的发展道路，一直是中国符号学家关注的核心问题。本辑"精神文化符号学"研究中，张杰、余红兵以"天人合一"的中国传统认知模式为基础提出"精神文化符号学"，依据有无相生、体知感悟的道家哲学思想和认知方式，对意义世界进行丰富多元的探索；陈中、姚婷婷在这一研究路径中具体讨论了中国哲学中的"三心合一"认知模式。除此之外，"中国传统符号学思想"中收录了曹忠、兰兴、季宏对佛学的符号思想与伦理价值、"五行灾异"的意义建构方式以及《诗经·泂酌》的教育符号学意义进行的论述。中国的哲学思想与经典文本宝库向来不乏意义探索者，这些努力为中国符号学发展中的诸多问题提供了精妙的回答。

2020年让人铭记，事件以惊人的速度融入意义生产与传播框架，甚至成了框架本身。本辑"传播符号学"研究专辑中，郭琳讨论了数字化时代的疫情现实中疾病在意义层面的传染与隐喻，吴晓虹等人讨论了城市与媒介的相互关系。此外，我们还可以看到石磊、朱昊赟等学者对盲盒消费的狂欢现象、旅游景观的探讨。

在出人意料的现实之中，不出所料的是作为符号动物的人寻找意义的冲动和热情。本辑中汇集了图像哲学、戏剧舞蹈、古典文本、文学史叙述等诸多领域的符号学、叙述学的精彩讨论，在此无法一一介绍。我们在最后同样提交了2020年符号学年度发展报告，整理了2020年中国符号学领域内的重要论著与学术活动，供读者参考。

Editor's Note

Methods to develop Chinese semiotic studies have always been the core concerns of Chinese colleagues. In the section "Cultural Semiotics of *Jingshen*", Zhang Jie and Yu Hongbing explore the meaningful world in a rich and diversified way grounded in the traditional Chinese cognitive model of "human oneness with nature" and the philosophical thoughts of Taoism. Chen Zhong and Yao Tingting specifically discuss the cognitive model of "unity of three-tiered self-cultivation" in Chinese philosophy. Moreover, the authors of the section "Traditional Semiotic Thoughts in China", Cao Zhong, Lan Xing and Ji Hong, examine Buddhist signs in the Tang and Song Dynasties, the signifying mechanism in *The Five Phases*, and the pedagogical significance of *Poetry of Songs*, respectively. Their explorations in Chinese philosophical thoughts and canons address the essentials in constructing Chinese semiotics.

The year 2020 will be remembered for the events that occurred, which have been integrated into the framework of meaning production and communication with amazing speed, and the events even became the framework itself. In the section "Semiotics of Communication", Guo Lin studies the meaning of infection as a metaphor of illness in the epidemic prevalence of the digital age. Wu Xiaohong et al. discuss the relation between city and media. In addition, Shi Lei and Zhu Haoyun focus on the carnival phenomenon of blind box consumption and semiotics of tourism respectively.

Out of unexpected reality comes the predictable impulse and passion originating from human being as the semiotic animal in their permanent pursuit of meaning. This issue brings together some wonderful discussions of semiotics and narratology in the fields of pictorial philosophy, drama and dance, classical texts, narration of literature history and others. As usual, we also advance our annual report of semiotics for 2020, in which we review for your reference this year's significant works and academic activities in the field of semiotics.

目 录

精神文化符号学

反思与建构：关于精神文化符号学的几点设想 …… 张 杰 佘红兵（1）
三心合一：精神文化符号学认知模式与中国传统文化中的"心知"
…………………………………………… 陈 中 姚婷婷（14）

传播符号学

盲盒消费：基于情感联结的仪式化体验 ………… 石 磊 周卫萍（26）
数字人文视域中的疾病隐喻 ……………………………… 郭 琳（38）
从媒介到城市媒介：对象化、调解性、动向性 …… 吴晓虹 曾庆香（52）
旅游景观的双轴操作与符号呈现 ………………………… 朱昊赟（67）

中国传统符号学思想

唐宋佛学的符号学思想及其伦理价值 …………………… 曹 忠（78）
符指六要素视域下的五行灾异符号分析：以《汉书·五行志》为例
…………………………………………………………… 兰 兴（94）
《诗经·洞酌》的教育符号学意义 ……………………… 季 宏（105）

艺术符号学

视觉·图象·存在：潘诺夫斯基图像逻辑辩证 ……罗绂文　高雪蓉（114）
中国古代宫廷百戏展演的符号交流功能探究 ……………魏云洁（128）
意象符号论：当代艺术中国范式的一个符号学阐释 ………于广华（140）
反讽："经典改编"舞蹈的一种特殊表意………………………袁杰雄（154）

激情符号学

"懂得"之模态浅析——以王冕的故事为实例……………张彦梅（167）
符号学视角下《孔雀东南飞》的语义建构与叙事美学………李　双（184）

广义叙述学

从叙事文学研究到文学史叙说：乔国强叙事学研究的拓展…江守义（199）
图像与书写：梦的叙事研究………………………………………陈　达（213）

报告与书评

2020年中国符号学发展研究 ……马姣姣　陈英娴　章富淼　饶广祥（225）
From Literature to Culture: A Review of Yiheng Zhao's *The River Fans out: Literature and its Theories in China* ……………… He Yijie（243）
流动不居　反式互补：评薛晨著《日常生活意义世界：一个符号学路径》
………………………………………………………………陈　蓉（252）

Contents

Cultural Semiotics of *Jingshen*

Reflection and Construction: Ideas on Cultural Semiotics of *Jingshen*
.... Zhang Jie; Yu Hongbing (1)
Cultural Semiotics of *Jingshen* and the "Unity of Three-Tiered Self-Cultivation"
in Traditional Chinese Culture .... Chen Zhong; Yao Tingting (14)

Semiotics of Communication

Consumption of Blind Boxes: Ritualised Experience Based on Emotional
Connection .... Shi Lei; Zhou Weiping (26)
Metaphor of Illness in the Digital Humanities .... Guo Lin (38)
From Media to Urban Media: Objectification, Mediation, Motor Intentionality
.... Wu Xiaohong; Zeng Qingxiang (52)
The Biaxial Operation and Symbolic Presentation of Tourist Landscape
.... Zhu Haoyun (67)

Traditional Semiotic Thoughts in China

Semiotics of Buddhism in the Tang and Song Dynasties and Its Ethical Value
.... Cao Zhong (78)
Semiotic Study of the Five Phases from the Perspective of Roman Jacobson's
Model of the Functions of Language .... Lan Xing (94)
Pedagogic Semiotics in "*Jiongzhuo*", *The Book of Songs* .... Ji Hong (105)

Semiotics of Art

Image, Vision and Existence: Dialectic Study of Panofsky's Iconology
.... Luo Fuwen; Gao Xuerong (114)
Communicative Functions of "*Baixi*" in Chinese Ancient Courts
.... Wei Yunjie (128)
On Images: A Semiotic Interpretation of the Chinese Paradigm of
 Contemporary Art .... Yu Guanghua (140)
Irony: A Special Semiosis of the "Adaptation of Classics" Dance
.... Yuan Jiexiong (154)

Semiotics of Passion

On the Modality "Savoir": Wang Mian's Story as an Example
.... Zhang Yanmei (167)
Semantic Construction and Narrative Aesthetics of "The Peacock Flies
 to the Southeast" .... Li Shuang (184)

General Narratology

From Narrative Literature Research to Narration of Literary History: The
 Expansion of Qiao Guoqiang's Narrative Research .... Jiang Shouyi (199)
Image and Writing: A Narrative Analysis of Dreams .... Chen Da (213)

Report and Book Review

2020 Annual Report of Chinese Semiotics Studies
.... Ma Jiaojiao; Chen Yingxian; Zhang Fumiao; Rao Guangxiang (225)
From Literature to Culture: A Review of Yiheng Zhao's *The River Fans
 out: Literature and its Theories in China* .... He Yijie (243)
Ever-changing and Trans-complementing: A Review of Xue Chen's *Everyday
 Life as a Meaningful World: An Approach of Semiotics* ...... Chen Rong (252)

精神文化符号学

反思与建构:关于精神文化符号学的几点设想*

张 杰 余红兵

摘 要:长期以来,以西方为主导的符号学范式主要沿着科学化研究的轨迹前进,通过科学归纳与演绎,为人类认识世界打开了独特的窗口。然而,人类的符号活动是无法与人的主体性或曰人的精神性相分离的。这种内在的联系纷繁复杂,千变万化,是无法脱离特定的社会文化环境而仅用科学归纳和演绎的方式加以概括的。有鉴于此,本文提出要构建精神文化符号学的设想,努力以"天人合一"的中国传统认知模式为基础,从"多元化"的研究方法、"个性化"的符号特征、"自由化"的学术理想等维度,进一步推崇人的自由,追求人与自然、个性与社会的和谐;同时将符号学研究视为揭示人的精神文化活动复杂联系的重要手段,以期为符号学探索一条既多元又统一的研究路径,从而实现老庄学说的"有无相生""无为而无不为"的最高思想境界。

关键词:符号学,符号活动,文化,意义,体知

---

* 本文为国家社会科学基金重大招标项目"东正教与俄罗斯文学研究"(15ZDB092)阶段性成果。

Reflection and Construction: Ideas on Cultural Semiotics of *Jingshen*

Zhang Jie   Yu Hongbing

Abstract: For a long time, Western-dominated paradigms of semiotic studies have mainly followed the track of science, trying to open a unique window to the world by means of scientific induction and deduction. However, human semiosis can hardly be separated from human agency or human *jingshen*. This form of inner connection is so complex and variable that if isolated from its specific sociocultural milieu, it would be impossible to generalise merely via induction or deduction. Therefore, this paper proposes some ideas on the establishment of cultural semiotics of *jingshen*, grounded in the traditional Chinese cognitive model of "human oneness with nature" and approaching from the dimensions of pluralised research methods, individualised semiotic properties and "liberalised" academic aspirations. These ideas represent and coalesce in our attempt to further promote the concept of freedom and the pursuit of harmony between humanity and nature, individuality and sociality. In this study, we view semiotic inquiry as a crucial means of revealing the complex connections in cultural activities that feature human *jingshen* in an attempt to locate a pluralised yet unified path for semiotics that fulfils the ultimate Taoist visions of "being and not-being begetting one another" and "actionless activity".

Keywords: semiotics; semiosis; culture; meaning; embodied cognition

DOI: 10.13760/b.cnki.sam.202101001

随着当今社会科学技术的迅猛发展，精神①的危机和情感的缺失越来越困扰着人类。科学研究是要排除主观或曰精神的因素，在没有外力作用的情况下，把复杂的问题简单化，以便探寻研究对象，尤其是自然科学研究对象的客观规律。长期以来，以西方为主导的符号学研究也是如此，因为符号学的传统源于语言学和逻辑学，而这两门学科都更接近自然科学。当代主要的符号学传统与流派，无论是索绪尔的语言符号学、皮尔斯的逻辑符号学、莫里斯的行为主义符号学、巴赫金的社会符号学、罗兰·巴尔特的符号学美学，还是洛特曼的文化符号学以及尤克斯库尔和西比奥克的生物符号学等，几乎无一例外地沿着科学研究的轨迹前进，都试图通过科学归纳与演绎的原理和方法，对符号、符号系统及意义加以定义或解构，为人类认识世界打开独特的符号学窗口。

然而，人类的符号活动（semiosis）（CP 1.372）又迥异于纯粹的自然科学，它首先是一种社会文化活动，是无法与人的主体性或曰人的精神性相分离的。在西方符号学界看来，作为一门研究意义的学科，符号学以符号关系作为自己的研究对象，主要包括三种关系，即符号与其对象的关系，符号与人的关系，符号之间的关系（Morris，1938，pp. 6-7）。其实，这三种关系之间的联系都是以人的精神活动为纽带实现的，割断了这种精神纽带，就无法考察它们的内在联系。精神联系是极其纷繁复杂而又千变万化的，无法脱离特定的社会文化环境而仅用科学归纳和演绎的方式加以概括。

人作为一种高级动物，最初创造符号就不仅仅是为指称事物和表达意义，而是伴随着情感或曰精神因素。实际上，人类创造符号的过程就是一个创造精神文化的过程。人可以将自己的思想和观念转化为符号，又可以再通过符号的阐释还原思想和观念，而动物则根本不可能做到。人类社会从来就离不开符号活动，人类的文明史就是符号化不断由低级向高级演变的过程。据此，卡西尔在《人论》中把人称为"符号的动物"（Cassirer，1972［1944］，p. 26），其原因就是人能够利用符号创造精神文化，而这是其他动物难以做到的。其他动物只能够条件反射地利用自然界现成的信息或记号，而不会有意识地创造符号。

符号的生产是对象的客体性与人的主体性相互作用的主客体间性产物。

---

① "精神"以及下文的"精神性"在英文中实难找到确切对应，而惯常使用的译词"spirit"和"spirituality"语义则极为复杂，在西方学界早已被视为颇有问题的术语。从语义上看，"pneuma"（源自希腊语）与"Geist"（源自德语）似与"精神"较为相近，但亦有龃龉之处。本文认为选择以拼音"*jingshen*"处理，其意应为 mind, vitality 和 creativity 的整合（详参 Zhang, J. & Yu, H., 2020）。

人类社会文明的符号化是一个精神生产的过程，是人的主体性的对象化，因此符号研究不能够排斥主体性，即精神因素。回眸西方符号学研究发展的百年历程，如果仅仅沿着西方学界崇尚理性分析和科学研究的轨迹前行，显然是非常不够的，必须要创建主客体交融的，以人类社会精神文化活动为主要研究对象的符号学理论及研究方法。精神文化符号学正是在这一背景下，以中国传统文化为基础，经过反复酝酿而产生的。

道家的《道德经》曰"人法地，地法天，天法道，道法自然"（王弼，楼宇烈，2008，p.64），阐释的就是中国传统认知模式的"天人合一"思想。《周易·文言》说："夫大人者，与天地合其德，与日月合其明，与四时合其序，与鬼神合其吉凶，先天而天弗违，后天而奉天时"（黄寿祺，张善文，2016，p.24）。这也是对"天人合一"境界的具体描述。精神文化符号学正是要以这种"天人合一"的认知方式为基础，推崇人的自由，追求人与自然、个性与社会的和谐，把符号学研究视为揭示人的精神文化活动复杂联系的重要手段，以期为符号学探索一条既多元又统一的研究路径。

一、研究的反思：精神文化符号学的提出

符号活动涉及人类社会的方方面面，人类自诞生以来就从未停止过符号活动，但是符号学作为一个专门的学科，还是到了20世纪才形成的，并且是以西方学界的研究为主体的。学者赵元任（1892—1982）是最早开启符号学系统研究的中国学者。他在《符号学大纲》中提出了建立普通符号学主张，构建了普通符号学学科体系，此后应用符号学理论考察了汉语语言系统（赵元任，2002，pp.177-208）。他的论文《谈谈汉语这个符号学系统》（pp.877-889），进一步深化了对汉语符号学系统的研究。他的《语言和符号系统》一书将符号学思想向信号通信等领域延伸，揭示了语言符号与其他符号之间的关系（参考 Chao，1968）。

赵元任先生虽然曾经在清华大学任教，但长期以来一直接受着西方的教育，在哈佛大学获得了哲学博士学位，曾于1947—1960年在美国加州大学任教，甚至早在1945年就当选了美国语言学学会主席。因此，赵先生的符号学研究是沿着西方学界的科学化路径展开的，以科学研究的思维和方法，对语言符号体系，特别是汉语符号体系的特征等进行了深入的探究。此后，李幼蒸、赵毅衡、胡壮麟、丁尔苏、王铭玉等中国学者也在译介西方符号学理论的基础上，从语言学、文艺学、传播学、文化学等不同的维度，展开了符号

学研究。这些丰硕的研究成果中虽然不乏中国学者的真知灼见，但大多数是对国外符号学理论的阐释、研究和运用，尚未探索构建基于中国传统文化的符号学体系。其中，李幼蒸先生的《仁学与符号学》（2011）主要是试图借助符号学研究方法，提出构建"新仁学"理论的创想，但这并非新型的符号学理论本身。

浙江大学的李思屈教授曾撰文《精神符号学导论》，努力构建以"精神价值研究"为核心的符号学体系。他的研究依然沿着西方符号学研究的路径，把符号学作为研究意义的学科，只不过他将符号的意义分为两种，即"指称性意义"与"价值性意义"。李思屈教授认为，精神符号学主要侧重于研究符号的"价值性意义"，即揭示符号的精神价值。他甚至指出，人与动物都能够从事符号活动，但"作为精神世界表征的符号行为则为人类所特有"（2015，p.10）。显然，李教授研究的是符号本身的精神内涵，他仍然借助了卡西尔、黑格尔、怀特海、西比奥克等人的符号学思想，来阐释精神符号学研究的对象和任务。尽管在文章中李教授提出了建立"以《周易》符号学思想挖掘为基础的东方符号学体系"，但是究竟如何实现这一设想，如何像李教授所说"从'道'与'逻各斯'之别来辨别东西方符号学思想框架的异同"等众多问题尚需展开。（p.18）

《道德经》第一章明确指出，人类的认知模式应该有两种，即"故常无，欲以观其妙；常有，欲以观其徼"①（陈鼓应，2003，pp.75-77）。现代符号学研究注重科学思维，也就是老子所说的"常有，欲以观其徼"的认知模式。应该承认，符号学的科学思维、逻辑演绎、概念分析等模式对人类认识世界产生了很大影响。然而，这种思维方式却存在着很大的缺憾，至少对认知世界的另一种模式，即"象"的思维模式论述较为缺乏。"象"的思维模式与我们通常所说的形象思维既有相通之处，又有极大的区别。前者没有"人为"的主观模仿因素，却能够揭示"天"之道，而后者则是形象化了的"人为"模仿或表现模式。"象"思维不是与科学思维相对立的，而是与科学思维的叠加和融合，甚至大于科学思维。《周易》第一次提出了"象"与"言""意"的关系，一言以蔽之："象"能尽"言"所不尽之"意"。"象"不是为了模仿现实世界，而是为了显示"言"所无法表达的世界（黄寿祺，张善文，2016，p.697）。这种"象"思维使得"无为"反而能够"无所不

---

① 对此句，历来解法不一，或以"无""有"为读，或以"无欲""有欲"为读。本文从陈鼓应解法，认为以"无""有"为读较为合适。

为"，与科学思维相融合，体现出"天理"，即"天人合一"之道，让符号学研究更具人文气息。

如果说科学思维主要是人为的因素，那么"象"思维则是"天"及其所循之"道"的反映，两者的融合正好是"天人合一"。李泽厚、刘纲纪共同主编的《中国美学史》的绪论就把中国古典美学的基本特征归纳为美与善、情与理、认知与直觉、人与自然的统一，倡导人与人之间的博爱（1984，pp. 23-30）。其实，从中国传统认知模式来看，任何符号都是"天人合一"的产物，不可避免地具有一定的人类社会文化特征，这也是人类符号活动迥异于动物的根本之所在。

因此，任何符号活动的精神联系必然与人类社会文化活动相关，也不可能脱离人类社会文化。显然，研究符号活动精神联系的符号学必然是文化的，既不存在脱离文化的精神符号学，也不可能有缺乏精神联系的文化符号学。因此，构建精神文化符号学的设想也就产生了，其提法也避免了把这里的"精神"理解为弗洛伊德精神分析科学意义上的"精神"。简而言之，精神文化符号学就是研究作为文化现象的符号活动及其内在精神联系的学科。

精神文化符号学的研究是要在符号与表征对象、符号与人、符号之间发掘内在的精神联系，而不是仅仅揭示符号本身的精神价值。例如，"生活"一词作为语言符号，指称人的实际生存状况，这是一般指称；当我们说，不能够仅仅是"活着"，而要真正"生活着"，就强调了符号自身的精神价值，即"有意义地活着"。然而，精神文化符号学要研究的是实际生活场景与"生活"一词之间的多元化精神联系。或许对于商人来说，挣钱多就是生活，即有意义地活着；就学者而言，学术成果被认可就是生活；一个为理想而奋斗的人可能会认为实现理想就是生活；等等。对"生活"一词的每一种阐释都是有具体意义的，因而阐释是没有穷尽的，即"无"。在这"无"的背后又反映出"有"，或曰"道"，即对"生活"在顺应自然的状态下的自由解释，解放该词的意义。

显然，从空间上来看，精神文化符号学不是要人为地确定符号表征的具体意义，而是要尽可能多地揭示意义的可能性，把看似简单的现象复杂化，表明"人为"的有限性，进而表明"无为"的无限性，即"天"。从时间上看，在精神文化符号学那里，"天"又体现为变化的无限性及"人为"的有限性。符号与其对象的关系是在不断变化的，在不同的历史时期，现实场景与"生活"一词内涵之间的符号对应关系也是各不相同的。其实，每个人对"生活"一词的不同理解都会导致不同的意义，符号与表征对象之间的精神联系是多元的，甚至可能是无限的，但也不会离开自然的轨道。

精神文化符号学并非要像解构主义那样消解意义，而是追求"有为"中的"无为"、"无为"中的"有为"，从而更深层次地呈现出无限的"天"及其难以言说的"道"，即"天理"或曰"宇宙之理"。这也就实现了中国传统认知模式中的"天人合一"思想，天与人的相互融合，即天在人心中，人融入天里，天之道又反过来影响着人。

实际上，符号是人类社会精神文化活动的产物，符号学也应该从精神文化联系入手，开启研究之旅。

二、符号学边界：研究方法论的价值

一般说来，一个学科的定义往往来源于对本学科主要研究对象及其关系的阐释，在此基础上再进一步界定本学科的内涵，符号学的定义也是如此。在俄罗斯科学院语言研究所编辑的高校教材《符号学》中，第一讲《论符号学的研究对象：符号学是一门科学吗？》就明确写道："哪怕尚未阅读过任何符号学文章和著作的普通人，都会知道，符号学是'一门关于符号和符号体系的科学'。"（Никитина，2006，p. 5）

然而，符号由于自身特征的宽泛性和变化性，所涉及的领域几乎是无边无际的。符号本身的成素是难有限制的（文字、声音、颜色、图像、光亮、数字、信号等任何标记）。符号可以标记任何需指涉的事物，具有空间性和时间性。因此，如果按照惯用的方法加以定义，几乎所有的学科都无一例外地可以属于符号学，例如数学、物理、化学都离不开符号活动，每一种化学元素都是用一个符号来标明的，数学更是符号与符号的运算等。

其实，符号学界也有不少学者清楚地意识到这一点，便回避了仅仅从主要研究对象及其关系来定义符号学的做法，试图从功能、范围和传播过程来加以阐释，把符号学视为一门研究信息意义及其传播的学科。Ю. C. 斯捷潘诺夫在《符号学文选》一书序言的开头就指出："符号学的研究对象遍布各个领域——语言、数学、文艺，包括单部文学作品、建筑艺术、绘画设计，还涉及家庭组织以及各种下意识的活动，涵盖了动物世界、植物生长。然而，无论如何符号学涉足的直接领域就是信息化体系，也就是信息传播系统，这一系统的基本核心就是符号体系。"（Степанов，2001，p. 5）

显而易见，这一定义虽然增加了信息意义的传播过程，把符号学研究视为一个动态的体系，但也很难概括出符号学自身的学科特征，甚至在一定程度上又回到了原先的符号学概念，即符号学是研究符号及其体系的学科。将符号学视为研究信息意义及其传播的学科，并不能令人信服，因为许多学科都是研究信息意义及其传播的，例如：历史是阐释人类社会进程具体事件的信息意义及其传播的；文艺学是以文学创作为对象，揭示文学基本规律和创作意义的生成及传播的学科；新闻学就更是研究信息意义的产生及其传播过程的学问；等等。如此一来，符号学似乎也就什么都不是，没有自身的学科特征了。符号学不可能是无边的，就如同其他学科一样，符号学需要自己的学术边界。

长期以来，学界关于符号学的定义众说纷纭，研究的侧重点也各不相同，但是大多数学者均用科学思维的方式，也就是寻找共性特征的归纳演绎方法，给予符号学以明确的定义，而任何定义又都是难以规定符号学性质的。因此，符号学研究的各个分支便蜂拥而出，学者们从语言、文学、社会、宗教、文化、传媒等不同的路径，通过科学归纳的方法，来揭示各自研究领域中符号的意义。这样一来，与此相关的语言符号学、文学符号学、社会符号学、宗教符号学、文化符号学、传媒符号学等便先后产生，甚至还有更为细分的，如存在符号学、音乐符号学、马戏符号学等。

然而，符号学无疑又必须统一自己的定义，尽管任何科学化的确定意义都有可能被重新阐释。查尔斯·威廉·莫里斯（Charles W. Morris, 1901—1979）曾经明确指出："符号学与科学有着二重关系：它既是科学的一种，又是科学的工具。"（1938，p. 2）以往学界对符号学的定义，主要把符号学作为与其他科学并列的一门科学加以阐释。鉴于符号学自身的跨学科性质，这种区分很难实现，必然会导致与其他科学特征交叉相融的状况。其实，如果从莫里斯说的第二个方面入手，或许不仅可以对符号学下定义，还能够揭示符号学的方法论特征。

符号学与其他科学一样，确实是揭示研究对象的意义及其传播规律的，但是符号学研究符号意义的方法与其他学科迥然不同。总的说来，自然科学在探讨符号的意义时，往往是能指与所指一一对应的，非常清晰和确定，容不得模棱两可。语言学更接近自然科学，根据索绪尔的定义，语言符号就是能指与所指的对应。历史、哲学、政治、宗教、法学、经济学、新闻学等其他学科基本上也是如此，否则就会产生歧义。只有包括文学在内的艺术创作是例外，文艺符号传达出的更多是审美感知，是模糊的，音乐符号传递出的信息和意义更是如此。然而，无论是艺术家的创作，还是文艺批评家的评论，从主观上说，所传递出的信息及意义都有其主旋律，尽管读者或观众会产生不同的理解和阐释。

爱沙尼亚塔尔图大学符号学系主任凯勒维·库尔（Kalevi Kull）教授在2008年美洲符号学第三十三届年会上就强调，符号学研究就是为了让世界变得多元（Zhang & Yu, 2018, p. 133）。实际上，库尔说出的就是符号学研究的方法论特征。符号学的研究方法就是在一个符号上发掘出尽可能多的意义。如果这个符号是一个文学文本，那么符号学对其研究的方法就是发掘文本的可阐释空间，甚至文本的意义再生机制。可以说，符号学就是一门研究多元化意义生成的工具性科学，以多维度的视角和方法来揭示意义生成的无限性。因此，精神文化符号学就是要在纷繁复杂的社会文化世界中，探寻符号与其对象、符号与人以及符号之间的多元化精神联系。总之，凡是以揭示符号活动中的多元意义为己任，用多元解读的思维方式从事符号研究的科学就是符号学。从这个意义上说，索绪尔的语言符号学实际上更偏向语言学，而不是符号学，只是其理论涉及了语言符号的概念，最多是符号学知识在语言研究中的应用。现代符号学的建立与发展，应该是建立在皮尔斯的三分法和莫里斯的理论阐释基础之上的。

从中国古典哲学及其美学思想来看，符号学研究的边界应该是人类社会的趋于完美的认知模式，即"有无相生"（王弼，楼宇烈，2008，p. 6）的认知模式。《道德经》第四十章进一步写道："天下万物生于有，有生于无。"（p. 20）离开"无"而谈"有"，不能真正发现事物真相，只能局限于部分；离开"有"而谈"无"，将一无所获；只有两者合一，才能真正做到"道常无为而无不为"（p. 90）。这与《周易》也颇有契合之处。《周易》里的"象"包含了"言"无法穷尽的内涵，即言不尽之意。进一步来说，"象"是对现实的非言说的形象化反映，包括了"言"的功能而又不局限于"言"，表达着无穷的"意"。因此，离开了"象"思维的科学思维是不完整的，同样，离开了科学思维，"象"思维就会变成虚无缥缈的玄学。精神文化符号学作为一种聚焦于人类精神性的新符号学路径，并非反科学或不科学的。比如，最近的神经科学研究就已经证明了人类的精神体验是真实存在的独特大脑状态，而不是杜撰的玄学概念（参考 Miller et al, 2019）。精神文化符号学所强调的是研究方法和视角的多元，拥抱但不限于科学思维。

进一步而言，多元化的方法论特征就是符号学的学科边界，但"多元"并非为了表明意义的虚无，而是为了达到甚或恢复对"万物与我为一"（李泽厚，刘纲纪，1984，p. 241）之自由境界的感知，也就是要在无限多的意义中感知意义的自由及其内含的"道"。从微观上看，符号学的每一种研究维度和方法都是科学思维的"识知"或"思知",而从宏观上看,我们可以在多元化的研究之上乃至无限的研究维度中达到对符号世界的"体知"(embodied cognition)(参考 Shapiro,2019)。

三、符号学理想：无为而无不为

任何学科都具有自己追求的学术理想,精神文化符号学也是如此。这种学术理想就是要解放符号的意义,把外在的每一种意义阐释都视为只是多元阐释中的一例,还符号以自由,从而展示符号意义的"无",即意义的无限多,并从中感悟到宇宙之"道"。这一思想的哲学和美学基础,早在公元前两百多年以前,就已经存在于中国古代思想家庄子的哲学和美学思想中了。"庄子哲学力求消除人的异化,达到个体的自由和无限,而异化的消除,个体的自由和无限的实现正是美之为美的本质所在,也是解决'美之谜'的关键所在"(李泽厚,刘纲纪,1984,p.240)。庄子的最终目的是要把人类的生活与宇宙的无限相关联,强调无限的观念,使得人的自由和精神达到不为外力所束缚的独立境界。符号学研究对意义解放的价值是显而易见的,甚至超越了符号研究本身。

精神文化符号学的研究对象不是一个个没有生命力的"个体",而是活生生的"个性"。任何试图给符号以确定意义的研究都是在约束作为"个性"的符号自由,只能在特定的文化语境中对符号进行局部意义的阐释,同时还限定了符号的自由及其生命力,给符号套牢了枷锁。每一次阐释就是一次制约,都是在把复杂的问题简单化。只有对看似简单的符号从复杂的"个性"的角度进行解读,把每一次阐释均作为对符号可阐释空间的不断发掘,才是与符号学理想相一致的研究。例如,对《红楼梦》这一文学经典的阐释,无论是把小说视为贾宝玉与林黛玉的爱情故事,还是把这两位主人公的行为视为对封建社会的反叛,或是揭示小说所宣扬的"四大皆空"的宗教思想,都只是对该文本可阐释空间的一种发掘。读者可以进行不脱离文本的无限解读,从而给予文本以意义的自由。

符号学的研究目的不只是阐释符号本身或符号之间的关系或揭示符号运行变化的规律,而更主要是为了提升人的思维能力,扩展人的认知空间,让本应自由的人摆脱各种社会的、伦理的羁绊,自由地去思考。人的内在世界与外在的宇宙一样,都是无限的,因此人的认知可能也是无限的,对符号的阐释就是无限的。更何况在精神符号学的视野中符号是一个"个性",其自身的变化也是难以穷尽的。

从文化交流的角度来看，精神文化符号学的最终任务就是努力在看似简单的符号标记中发掘尽可能多的意义，甚至可以是无限多的意义，实现意义的多元化、世界的多极化。这也就是要从各种有限的符号意义揭示中，发掘符号意义的无限性，并由此感悟到宇宙之无限、世界之自由的道理。简而言之，这就是一个"有无相生"的过程，即从"有"至"无"，再回到"有"的历程，当然，后一个"有"不同于前一个"有"，它是只能"体知"和"感悟"的"道"。

其实，国际符号学学会的诞生本身，也是与多元化的思维方式以及争取自由的学术理想密切相关的。20世纪60年代中后期，特别是在1968年5月法国学生运动之后，西方思想界完成了由结构主义向解构主义的学术思潮转向，去中心化和多元化成为大多数学者追求的理想和目标。正是在这一背景下，国际符号学学会于1969年诞生，成为领导世界符号学研究的权威机构，同时创办了《符号学》(*Semiotica*)杂志。显然，多元化不仅是符号学研究的边界，也是符号学研究的初心。中国符号学研究的兴起也是如此，中国语言与符号学研究会于1994年在苏州大学成立，是在我国改革开放之后，经历了十多年的探索才出现的；全英文期刊《中国符号学研究》(*Chinese Semiotic Studies*)更是在2009年创刊，推动着我国的符号学事业朝着多元化的方向前进。

精神文化符号学的研究得益于中西方学术思潮的影响，特别是中国的老庄学说和西方的解构主义，然而又不同于这两者，而是两者的相互融合。可以说，中国的传统文化是我们的根基，引进西方的学术视角，可以增强精神文化符号学研究论述的科学性。不过，精神文化符号学又迥异于西方的解构主义，其对意义的多元解读不是为了消解意义，也不只是为了意义之"遮蔽"的"去蔽"，而是要在揭示意义无限的同时，揭示无限背后隐藏在客观世界深层的自然规律。在老庄思想中，这种规律就是先于天地而存在并产生出天地的"道"，它与人的自由并非相悖，而是完全一致的。人只有顺应自然规律才能够获得自由，其个体生命才能获得高度发展，同时人也只有在充分自由的状态中才能感知"道"。只有个性的自由和自然的必然性、合目的性的完美融合才可以达到最高形式的美善合一，也就是《道德经》中所说的"无为而无不为"的境界。

中国符号学研究要探索自己独特的研究路径，就必须立足于本民族的文化根基，以中国古典哲学尤其是美学为依据，借鉴西方符号学研究的成果，把"有无相生"的思想、感悟式的"体知"方式与西方的归纳、演绎、推理等"思知"方式有机地融合在一起。这也就是精神文化符号学的方法论特征。这一研究希望不仅有利于符号学研究新方法的拓展，更有利于增加符号学研究的精神文化维度，以便为人工智能时代科学技术迅猛发展所带来的人类社会的精神危机和情感缺失探寻值得借鉴的解困途径。

引用文献：

陈鼓应（2003）. 老子今注今译. 北京：商务印书馆。

黄寿祺，张善文（2016）. 周易译注. 上海：上海古籍出版社.

李思屈（2015）. 精神符号学导论. 中外文化与文论，3，9-19.

李幼蒸（2011）. 仁学与符号学. 重庆：重庆大学出版社.

李泽厚，刘纲纪（1984）. 中国美学史（第一卷）. 北京：中国社会科学出版社.

王弼（注），楼宇烈（校释）（2008）. 老子道德经注校释. 北京：中华书局.

赵元任（2002）. 赵元任语言学论文集（吴宗济，赵新娜，编）. 北京：商务印书馆.

Cassirer, E. (1972 [1944]). *Essay on Man: An Introduction to The Philosophy of Human Culture.* New Haven：Yale University Press.

Chao, Y. R. (1968). *Language and Symbolic Systems.* New York：Cambridge University Press.

Miller, L. et al. (2019). Neural Correlates of Personalized Spiritual Experiences. *Cerebral Cortex*, 29. 6, 2331-2338.

Morris, C. W. (1938). *Foundations of the Theory of Signs.* Chicago：The University of Chicago Press.

Peirce, C. S. (1932). *Collected Papers of Charles Sanders Peirce*, Vol. 1. (C. Hartshorne and P. Weiss, eds.). Cambridge：Harvard University Press.

Shapiro, L. (2019). *Embodied Cognition.* London：Routledge.

Zhang, J. & Yu, H. (2018). Semiotics—Another Window on the World. *Chinese Semiotic Studies* 14. 2, 129-135.

Zhang, J. & Yu, H. (2020). A Cultural Semiotics of *Jingshen*：A Manifesto. *Chinese Semiotics Studies*, 6, 4, 515-534.

Степанов Ю. С. (2001). Вводная статья В мире семиотики. с. 5-42. См.：Сост. Юрий Сергеевич Степанов：*СЕМИОТИКА: Антология.* Москва：Академический Проект, Деловая книга.

Никитина Е. С. (2006). О предмете семиотики: является ли семиотика наукой? с. 5-18. См.：Елена Сергеевна Никитина：*СЕМИОТИКА.* Москва：Академический Проект.

作者简介：

张杰，南京师范大学外国语学院教授，江苏师范大学特聘教授，现阶段研究领域为符号学、比较文学、俄罗斯文学与文论等。

余红兵（通讯作者），南京师范大学外国语学院副教授，加拿大瑞尔森大学人文学院助理教授，四川大学符号学－传媒学研究所研究员，现阶段研究领域为符号学、语言与叙事、跨文化认知与传播等。

Author:

Zhang Jie, professor at School of Foreign Language and Cultures, Nanjing Normal University and distinguished professor at Jiangsu Normal University. His current research interests include semiotics, comparative literature, Russian literature and literary theory.

Email: z－jie1016@ hotmail. com

Yu Hongbing (corresponding author), assistant professor of Faculty of Arts, Ryerson University; adjunct associate professor at School of Foreign Language and Cultures, Nanjing Normal University; researcher of ISMS, Sichuan University. His current research interests include semiotics, language and narrative, intercultural cognition, and communication.

Email: hongbing@ ryerson. ca

三心合一：精神文化符号学认知模式与中国传统文化中的"心知"

陈 中　姚婷婷

摘　要： 目前国内外的符号学研究都较为注重符号本身的阐释，而对符号认知主体的研究尚需加强，更需关注符号活动的过程。精神文化符号学意欲建构全新的认知模式，不仅为了阐释符号意义，更是为了深化符号活动中主客体之间关系的研究。其实，中国传统文化就非常注重符号活动的过程。"所知"是无限的，而"能知"是有限的，可以通过"修己"突破"能知"的局限。中国先哲提出"心知"或曰"三心合一"的修己方式，即"心身合一""心物合一""心心合一"。从认知模式的角度看，这正是对符号活动过程的关注，强调认知主体的修为对符号认知和阐释的作用。认知主体的"心知"可以推动精神文化符号学实现建构追求心灵自由、解放符号意义的理想认知模式。

关键词： 精神文化符号学，认知模式，三心合一

Cultural Semiotics of *Jingshen* and the "Unity of Three-Tiered Self-Cultivation" in Traditional Chinese Culture

Chen Zhong　Yao Tingting

Abstract: Recent semiotic studies at home and abroad have generally attached importance to the interpretation of signs themselves, but efforts to study the cognitive subject of signs require intensification, and further attention should be paid to the process of semiosis. The cultural semiotics of *Jingshen* attempts to construct a brand-new cognitive paradigm, not only to interpret the meanings of signs, but also to strengthen the study of the relationship between the subject and the object in semiosis. Traditional Chinese culture places great emphasis on the process of semiosis. Although for an individual, "the known" is infinite and "the knowable"is finite, the limitations of the knowable can be surpassed via self-cultivation. The Chinese sages raised the concept of "unity of three-tiered self-cultivation": "unity of the mind and the body", "unity of the mind and the objective world" and "unity of apriorism and empiricism". From the perspective of cognitive paradigm, this concept emphasizes the process of semiosis by focusing on the effect of the cultivation of the cognitive subject on cognition and the interpretation of signs. The unity of the three-tiered self-cultivation of the cognitive subject can promote the development of cultural semiotics of *jingshen* to construct an ideal cognitive paradigm in which the freedom of mind is pursued and the meanings of signs are liberated.

Keywords: cultural semiotics of *jingshen*; cognitive paradigm; unity of three-tiered self-cultivation

DOI: 10.13760/b.cnki.sam.202101002

符号学作为一门科学产生于20世纪初的西方。然而，中国学界自古以来就对符号活动有着受自身文化主导的思考。中西方之间符号研究的差异究竟何在？两者的内在联系又是怎样的？对这些问题的探究，既让我们能够进一步知晓中国传统文化中的符号学思想，又有助于深入理解精神文化符号学的认知模式。

西方符号学建立在科学思维的基础之上，注重对符号的客观阐释，索绪尔就强调，符号是由"能指"与"所指"确定的对应关系构成的。中国传统文化中虽也有类似的思想，比如墨子的"名"与"实"，但总体上中国传统文化更注重的是"能知"与"所知"。"知"与"指"似乎只是一字之差，却显示出了中西方符号研究侧重点的迥异，前者更加关注符号活动的过程，而后者则偏重符号指称之间的关系。

在中国传统文化中，"所知"先于"能知"而存在，"所知"是无限的，而"能知"是有限的。庄子说："吾生也有涯，而知也无涯；以有涯随无涯，殆已！"（《庄子·养生主》，2016，p. 39）因此中国传统文化更注重的是突破能知的局限，探索如何企及所知的过程。

然而，怎样才能以有限的能知去应对无限的所知呢？先秦哲人认为可以通过"修己"突破能知的局限。只有这样才能对任何一种符号都透过表象把握其本质，达到孔子所说的境界——"从心所欲，不逾矩"（《论语·为政篇》，2016，p. 12）。修己的方式有很多，但其实不外乎认知主体的三个合一："心身合一""心物合一""心心合一"（即"后天之心与先天之心合一"）。这种"三心合一"又通称为"心知"。

"心"（mind-heart）在中国传统文化中是一个特殊的概念。孟子说："心之官则思，思则得之，不思则不得也。"（《孟子·告子上》，2016，p. 418）荀子说："人何以知道？曰心。心何以知？曰虚一而静。"（《荀子·解蔽》，2015，p. 343）管子说："心之在体，君之位也。"（《管子·心术上》，2009，p. 191）庄子说："圣人之心静乎！天地之鉴也，万物之境也。"（《庄子·天道》，2016，p. 98）显然，能知与心相关。心知最主要的特质就是整体性认知法，而不同于分割后的分析性认知法。心知的认知主体是认知过程的参与者，而不是观察者。庄子说"火不热"（《庄子·大宗师》，2013，p. 322），火就是火，本来与"热"无关，因为阐述了人的感受才会出现"热"。人与符号是不可分割的一体，符号活动离不开人的精神活动，因此，精神文化符号学指出："人类的符号活动迥异于纯粹的自然科学研究，它首先是一种社会文化活动，是无法与人的主体性或曰人的精神活动相分离的。"（张杰，余红兵，待出版）

三心合一有助于提高能知力，它们之间的关系如同庄子所说的"不同同之"（《庄子·天地》，2016，p. 72）。"心身合一"是中国传统认知模式的基础，"心物合一"突破了人的空间束缚，"心心合一"解放了人的时间束缚。孔子认为能知方式有三种："生而知之者，上也；学而知之者，次也；困而学之，又其次也……"（《论语·季氏篇》，2016，p. 230）这三种能知都需要三心合一才能实现。孟子曰："人之所不学而能者，其良能也；所不虑而知者，其良知也。"（《孟子·尽心上》，2016，p. 476）"良知"与"良能"不同于西方的"本能"，只有后天之心与先天之心合一才能真正获得"生而知之"这样的"良知"。宋代张载从"知"的来源角度把"知"分为两种，其一是"德性之知"，其二是"闻见之知"。要真正准确获得这两种"知"，同样离不开三心合一，尤其是"德性之知"，需要用类似西方所称直觉的方式去悟。

本论文的主要目标是从精神文化符号学提出的符号的"精神联系"出发，关注符号活动的认知过程，通过中国传统文化中的"三心合一"观，去努力挖掘符号背后的真知，即精神文化符号学所追求的"解释符号同时又不被符号的解释所束缚"，解放符号，还符号以自由，以达到符号认知中的"道"的境界。

一、心身合一：符号活动的前指称准备

"心知"提倡认知主体首先要"心身合一"，即在符号活动前指称者所应进入的最佳准备状态。显然，相对于西方符号学界对符号指称的关注，心身合一把符号活动的时间提早至了前指称阶段。中国古人在认知世界时，不把心与身分割开来，而是作为一个整体。这种认知方式不同于仅依靠大脑的思考活动，而是身与心相交融，象思维与概念思维相结合。

《尚书·洪范》中的"洪范九畴"将心与身交融的认知模式描述得尤为详细。周武王平定天下后，他向箕子请教治国之道。箕子被武王的诚意感动，于是写下了既是治国之方法，更是一种认知方式的"洪范九畴"。箕子说"敬用五事，貌言视听思，是成人之道"（纪昀，2016，p. 190），就从五个方面非常系统地规范了认知主体的行为，其实就是为了达到心身合一的境界。这五事分别是：第一事"貌而恭"，在外貌上应该有恭敬的态度，不能出现慵懒怠惰的神情；第二事"言而从"，用词用语要有条理，语气有诚意；第三事"视而明"，要正眼看事物，把外物收到眼里，才能看得清明，分辨智愚；第四事"听而聪"，要能够精微谛听；第五事"思而睿"，思通微则行得中，通过细微征兆就能做出推断。时时注意"貌言视听思"合一的人，对外界的认知一定很清晰，智慧也必然出类拔萃。从《洪范》内容可以看出，古人所说的"修身"是真正在眼耳等"身"上下功夫。所以汉代杨雄说："学者，所以修性也。视、听、言、貌、思，性所有也。学则正，否则邪。"（2012，p. 10）显然，在中国传统文化中，在符号活动开始前，心身合一是最为理想的主体状况，不把心孤立于身体，而是要将心与整个身融为一体。

西方符号学也有一些类似的思想。符义学认为，"符号意义的理解是程度不断深入的过程，从感知（perceived），到注意（noted），到识别（recognized），到解释（interpreted），到理解（understood），到再述（translated）。其中还可以加上很多环节，实际上是一个'无级'的深入过程"（赵毅衡，2011，p. 172）。梅洛-庞蒂（Merleau-Ponty）在《知觉现象学》（*Phenomenology of Perception*）一书中指出，认知的主体是身心一体，而不应该身心二元。他说："我的身体是我的'理解力'的一般工具"，"身体

不仅把一种意义给予自然物体，而且也给予文化物体"，"词语在成为概念符号之前，首先是作用于我的身体的一个事件，词语对我的身体的作用划定了与词语有关的意义区域的界限"（2001，p. 20）。克里斯蒂娃（Julia Christeva）等符号学家也认为身体是人类符号过程的主要住所，他们发展了"身体理论"（Corpo-reality）（塔拉斯蒂，2012，p. 20）。显然，在身与心的合一中，西方符号学更青睐前者，而中国传统文化更关注后者，前者可谓"身心合一"，后者则是"心身合一"。

中国传统文化中的"心身合一"就是把无形的心与有形的身真正融为一体。如果脱离了无形的心，而偏重有形的身，那就会失去身的魂。相反，如果脱离了有形的身，而强调无形的心，那也就失去了魂的载体，不能达到认知的最高境界——道。应该无形与有形合一，无形可以帮助有形，有形可以促进无形，这样才能真正"有无相生""有无相济"。

"心身合一"在中国传统文化的儒学中常常被浓缩成一个字"身"，比如中国人耳熟能详的"修身"中的"身"，其寓意就不仅仅是身，而是包含了"心身合一"。仅用一个字"身"的原因是人们在认知时往往忽视身的重要性，同时也是因为有形的身比心较容易把握。在中国先哲心目中，有形的身，与无形的心，乃至人的本体，甚至与天地的大道都是相通的。这种包括了心身合一寓意的"身"在《论语》中出现16次，其中有"省吾身""正其身"等。《孟子》中这种"身"出现53次，其中有"安其身"（《公孙丑下》）、"诚身有道"（《离娄上》）、"反身而诚"（《尽心上》）、"修身以俟之"（《尽心上》）等。这些"身"都有"心"的意思。

心身合一的状态在中国传统文化的道家思想中常常被反过来描述。老子说："吾所以有大患者，为吾有身，及吾无身，吾有何患？"（2016，p. 18）这句话貌似与儒学思想完全相反，其实二者寓意一致。老子所谓的"有身"为患，是指与心分割开的"身"。这种"身"容易令人自私、狭隘与愚昧，所以老子才会说它"有大患"，这是从另一个角度告诫人们要心身合一。

那么中国传统文化中心身合一的方法是什么呢？《尚书·大禹谟》说："人心惟危，道心惟微，惟精惟一，允执厥中。"（纪昀，2016，p. 32）这是尧传给舜的十六字心法。这十六字心法即治天下的大法，也是心身合一的要诀。十六字心法指出，人的心思总是动荡不安，而道的核心却微妙难见，所以应该保持精诚专注，并执其中道，以正确认知道。其中的"惟精惟一"目的是心身合一，这是中国古代思想的核心。只有做到了"惟精惟一"，才能实现心身合一。除了"惟精惟一"，中国传统文化中还有"专一""抱一"

等说法，大同小异，都是为了心身交融，合为一体。"专一"是指主体思想纯净不杂，如《朱子语类》卷六九："只是心专一，不以他念乱之。"（朱熹，1986，p. 1740）"抱一"出自《道德经》，"是以圣人抱一为天下式"（2016，p. 31）。"抱一"有"一即一切，一切即一"的意思。这些"一"都是为了告诫认知主体收敛心神，转心身二分为心身合一。要达到这种高度的心身合一是非常不容易的，所以庄子说"且有真人而后有真知"（2016，p. 45），只有真人才能真正获得真知。真人的标准有很多，首先是应该高度心身合一。

精神文化符号学认为，"从微观上看，符号学的每一种研究维度和方法都是科学思维的'识知'或'思知'，而从宏观上看，在多元化的研究之上，甚至无限的研究维度中则可以达到对符号世界'体知'（embodiment cognition）的境界"（张杰，余红兵，待出版）。精神文化符号学认知模式倡导的"体知"与中国传统文化"心身合一"的认知模式高度契合。

二、心物合一：符号指称的过程关注

在中国传统文化中，"心知"不仅是以人为主体的"心身合一"，也是人与天主客体融合的"心物合一"。心物合一是以心身合一为基础的。如果缺乏了作为主体的人，"体知"就失去了内驱力，而若是没有主客体交融的天，"体知"也就丧失了客体对象，很难体知到真实的存在。王阳明说："大人之能以天地万物为一体也，非意之也。"（王守仁，2012，p. 798）就是说这种心物合一不是主观臆想出来的，而是一种客观存在。

在西方符号学研究中，无论是索绪尔还是皮尔斯等，均把研究的焦点集中于符号指称，即符号所指事物的意义表征。心物合一的中国式符号认知，则更加关注符号标记的指称过程，也就是如何指称、为何如此指称。其实，任何指称都是主体与客体交融的产物，即心物合一，也就是天人合一，或曰天地人三者合一。人处天地之中，顶天立地，与天地并行为三，宇宙和人合成一片，熔为一炉。把人的小我，归到大我的天地里，形上造化的本质与形下自我的本质成为一个整体。

心物合一要求把认知主体与外部客体融为一体。人当以天地心为心，不仅认知天地万物，还效法天地精神。人的一切活动，包括情绪、外形、认知方式等，都努力合乎宇宙天地的运行法则，乾乾不息，厚德载物。这是中国古人极高明的思维创造。《易传·文言》曰："与天地合其德，与日月合其明，与四时合其序，与鬼神合其吉凶。"（黄寿祺，张善文，2016，p. 24）这是寻求生命总体并加以认识的模式。孟子说"万物皆备于我"(《孟子·尽心上》,2016,p. 468),庄子说"天地与我并生,而万物与我为一"(《庄子·齐物论》,2016,p. 26)。天地人相通,其实质就是在视天地人为一个大生命体的基础上,探究人与自然万物的关系。万物存在的本原,通过功能作用显示出来。万物的本性在万物中存在,知其性则知天道,"心物合一"把整个认知过程变得生机盎然。一即一切,一切即一。道是一,生是一切。理是一,事相是一切。一法遍含一切法,唯此才能达宇宙的本体本原。所以老子说:"故道大,天大,地大,人亦大。"(2016,p. 34)

西方也有类似的思想,海德格尔认为,天空、大地、诸神与人这四方是属于一体的,本来就是统一的。海德格尔主张人应该静下来听本真自我的声音,这种声音不是概念思维,也不是人的心理活动,他称之为"陌生的声音"。在康德看来,对事物本体即所谓"物自体"(Ding an sich)的知识,只有在"智的直觉"(intellektuelle Anschauung)的观照下才能够获得。"智的直觉"不预设主客能所的对待,因而是一种无差别的状态(彭国翔,2005,p. 55)。

宋代张载认为"大其心则能体天下之物"(《正蒙·大心篇》),因为只有"大其心"才能不被"小我"的意识束缚,才能体会到天与人一体,如同老子的"无为而无不为",因为心本与天地一体,"有为"让心变小了,反而让人与外界分隔开来,而"无为"就与天地融合,就能"无不为"了,所以张载进一步说要"视天下无一物非我"(《正蒙·太和篇》)。与张载差不多时代的程明道说得更简洁,他说"天人本无二,不必言合"(冯克正,傅庆升,1996,p. 632),即并不是人为地把心与物合为一体,而是心与物本来是一体,却被人为地分开了,去除人为而回归心与物的本来状态,就是心物合一的状态。

心物合一也是"静"与"敬"合一。认知主体内在心有"静"意,对外物有"敬"意,古人称为"外敬而内静"。深层次的静可以改变一个人的身体与心智,提高人的认知能力。人的意识漂浮不定,非常难以把握,东方"心物合一"思想的精髓就在于管控自己内心的意识,各家各派虽然用不同的名称,但都指向"静"这个方向。一个人静的层次不一样,对中国文化的实质性内容的理解也不一样。追求心静的同时,心怀敬意也很重要,对物有敬意的人心会比较通透。《易·坤》"君子敬以直内"(黄寿祺,张善文,2016,p. 40),孔子说"出门如见大宾"(2016,p. 146),姜尚说"故敬胜怠者吉,怠胜敬者灭"(朱熹,1983,p. 236),管子说"严容畏敬,精将至定"

(《内业第四十九》)（2009，p. 267）。"外敬"与"内静"应该融为一体。从认知模式的角度来看，认知主体如果对外物、对自然、对他人有敬之意，那么这个人的内心自然更容易静；同样，一个内心静的人，一定会敬人敬物。这种静心敬物合一的状态，必将有助于准确认知符号。近代学者梁启超说："每日静坐一二小时，求其放心，常使清明在躬，气志如神，梦剧不乱，宠辱不惊。他日一切成就，皆基于此。"（梁启超，1932/2020，p. 166）静心敬物就能心物合一。

心物合一有助于作为认知主体的人由观察者的角色转变成参与者，从局部思维变成整体思维。局部思维容易犯一叶障目的错误，采用整体思维才能产生一叶知秋的认知联想。参与者可以同时拥有观察者思维，而观察者产生不了参与者的思维，这是因为思维的境界不一样。同样，整体思维者也可以进行局部思维分析，但局部思维很难获得整体的认知。心物一体促发人不仅向外看，也向内看。向外看能看得多远，向内看就能看得多深，内与外同样广袤无垠。为了能够向内看，道家发明了"收视返听"的功夫，儒家提出了"求诸己"的方法，都是为了向自己内在用力。所有这些都极大地提高了人的认知能力。

精神文化符号学认为：在西方符号学界看来，符号学是一门研究意义的学科，以符号关系作为自己的研究对象，主要包括三种关系，即符号与其对象的关系，符号与人的关系，符号之间的关系。其实，这三种关系之间的联系都是以人的精神活动为纽带实现的，割断了这种精神纽带，就无法考察它们的内在联系。（张杰，余红兵，待发表）只有心物合一，才能真正实现精神文化符号学提倡的这种"人的精神活动纽带"的作用。

三、心心合一：符号活动的时间穿越

在中国传统文化中，"心物合一"就是让心突破空间的束缚，而"心心合一"则是让心突破时间的束缚，即"后天之心与先天之心合一"。

中国古人对"先天之心"的追求最早见于《周易》，其中《乾·文言》"先天而天弗违，后天而奉天时"（黄寿祺，善文，2016，p. 24）第一次把"先天"与"后天"放在一起。战国思想家孟子又首次提出"良知"："所不虑而知者，良知也。"（《孟子·尽心上》，2016，p. 476）明代思想家王阳明发展了良知学说，提出了"致良知"。王阳明弟子王龙溪认为良知是"先天之学"。所谓"先天而天弗违，后天而奉天时"，就是后天之心与先天之心合一的思想，这是一种从本体入手的认知方法。中国古老易学中的"先天"、孟子的"良知"、老子的"无"、庄子的"虚"、释氏的"空"等，都是为了追求心心合一。

西方也有类似的思想。郭鸿主编的《现代西方符号学纲要》谈到，康德的先天综合判断提出了先验理性的批判哲学，他主张人的理性只能解决人的经验范围内的问题，但在人的经验范围以外还有一种超出经验的理性，它是与生俱来的，或来源于某种灵感，这就是"先验"（2008，p. 43）。日本学者汤浅泰雄认为中国传统文化中后天之心与先天之心合一的"良知"是"潜在于意识根底的无意识领域之能量，涌现而出的状态""潜在于无意识下的先天性直觉感知之能力，自然而然地流露于意识表面，并将之显在化"（1994，p. 217）。

其实，从认知的角度理解后天之心与先天之心合一，可以从区分"智"与"慧"开始。中国古人心目中智与慧是不一样的，老子说："为学日益，为道日损。"（2016，p. 70）"为学"与智有关，"为道"与慧有关。学习各种知识可以增加人的智，去除对错误知识与信息的理解可以增加慧。佛学中有去除"知之障"的方法，也就是说丢弃掉"知之障"就能出现慧，从而能够更好地认知世界。智由后天之心产生，而慧由先天之心而发，所以需要后天之心与先天之心合一。《大学》中说："知止而后有定，定而后能静，静而后能安，安而后能虑，虑而后能得。"（2016，p. 84）"止"的目的也是后天之心与先天之心合一。人们总觉得只有不停地思考才能获得正确的认知，这是一个错误的观念，有时停止不必要的思虑，不仅不会影响人的判断，反而有助于提高人的思维境界。正如同国际符号学学会原会长塔拉斯蒂（Eero Tarasti）在《存在符号学》（*Existential Semiotics*）中所说："我对知识（knowledge）与智慧（intelligence）进行了思考，得出以下原理：我们对外在投入的智慧越多，将之客观化为各种符号产品，如机器、电脑、媒体等，那么留给自身的智慧就越少。相反我们周围的智慧越少，我们自身内部的智慧就越多。"（塔拉斯蒂，2012，p. 184）。

庄子的去"机心"与孟子的"存心"对此阐述得尤为清晰。庄子从后天之心的角度阐述，他说："有机械者必有机事，有机事者必有机心。"（《庄子·天地篇》，2016，p. 84）这种"机心"就是后天之心，过度运用"机心"反而使人愚昧，所以庄子喜欢"至人之用心若镜"。孟子从先天之心的角度阐述，他说："君子所以异于人者，以其存心也。"（《孟子·离娄下》，2016，p. 298）"存心"就是把本来有的保存住，本来有的心就是先天之心。庄子要去"机心"是为了心心合一，孟子"存心"同样也是为了心心合一。

为了做到心心合一，需要调整人的"德"。在古人心目中，人的德可以贯穿先天之心与后天之心。中国古人认为人有"德性之知""闻见之知"以及"亲知"，"德性之知"主要来自本体，所以首要的是调整好自己的德。早在商、周的青铜器就铸有铭文，提醒人先端正好自己的德，再去认知外界。《师望鼎》铭文"克明厥心，哲厥德"（中国社科院考古研究所，2007，p.378），《中山王·鼎》铭文"论其德，省其行，无不顺道"（孙稚维，1979，p.295）都是为了调整人的德性。《大学》引用了青铜器上的铭文内容，写道："汤之盘铭曰：'苟日新，日日新，又日新。'"（子思，2016，p.94）商朝的开国君主成汤把"苟日新，日日新，又日新"铸在自己的盥洗用具上，这样，盥洗的时候，就可以看见这句箴言，以便每天提醒自己及时反省，不断端正自我的德。上古时代人们的生活比较质朴，反而更接近生命的本体，所以那个时代流传下来的调整德的思想，有一种历久弥新的色彩。

精神文化符号学认为："符号学的研究目的不只是阐释符号本身或符号之间的关系或揭示符号运行变化的规律，而更主要是为了提升人的思维能力，扩展人的认知空间，让本应自由的人摆脱各种社会的、伦理的羁绊，自由地去思考。"（张杰，余红兵，待出版）后天之心与先天之心合一，极大地提高了人的思维认知能力。人类的认知能力比认知本身更重要，因为只有不断提升认知能力，人才能最终达到认知的"道"境。

显而易见，中国传统文化中的"心知"注重心身合一、心物合一、心心合一，三心合一有助于认知主体正确接受与解释各种符号。

《庄子·秋水》中有这样一句话："井蛙不可以语于海者，拘于虚也；夏虫不可以语于冰者，笃于时也；曲士不可以语于道者，束于教也。"（2016，p.108）庄子认为，很难和井中的蛙解释大海，因为井的空间束缚了它；很难和夏天的虫解释冰，因为夏天的虫寿命短，时间束缚了它；无法和乡曲之士谈道，因为他所受的教育束缚了他。从符号学角度来分析，庄子说"不可语"是因为符号的发出者与接收者处于完全不同的时间与空间，所以符号接收者难以对符号做出解释。中国传统文化中的三心合一，可以帮助人突破时间与空间的束缚，对人正确解释符号有着极大的帮助。正如塔拉斯蒂提出的"符号"（presign）或者"超符号"（trans-sign）等概念一样（2012，p.19），三心合一也把符号意义与阐释主体即人紧密联系在了一起。

三心合一显然既向外看，又向内看。二元认知模式重视向外看，而较少向内看，如同索绪尔向外看，指出符号的能指与所指一一对应关系，却忽略向内看到符号阐述者的存在。三心合一式的向外看有道家的"为学日益"，有儒家的"格物"等，其中墨子的"名、实、举"三方面与皮尔斯符号三分理论高度契合；向内看有道家庄子的"自见"，有儒家孔子的"默识"、孟子的"良知"，有佛家的"自证"等。同时，内外又是一个整体，所谓向外看就是向内看，向内看也是向外看，因为内外是一个整体。这种内外合一的整体认知法，就是当年伏羲画八卦时用的认知模式，即"近取诸身，远取诸物"。

三心合一与精神文化符号学的终极目标都是"真知"，运用纯符号学解读符号而获得的知识有一定的局限性。庄子曾对知识提出过怀疑，他说："人皆尊其知之所知，而莫知恃其知之所不知而后知，可不谓大疑乎？"（《庄子·杂篇·则阳》，2013，p.73）人们都尊重符号知识，但所有的符号都要依靠某种方式去解读，所以符号的解读方式就显得非常重要。精神文化符号学指出："人的内在世界与外在的宇宙一样，都是无限的，因此人的认知可能也是无限的，对符号的阐释就是无限的。"（张杰，余红兵，待出版）只有真正打开人的内在世界，摆脱固有的认知枷锁，才能解决庄子所说的"不可语"问题，最终实现追求心灵自由、解放符号意义的理想。

引用文献：

冯克正，傅庆升（编）（1996）．诸子百家大辞典．沈阳：辽宁人民出版社．

管子（2009）．管子（李山，译注）．北京：中华书局．

郭鸿（编）（2008）．现代西方符号学纲要．上海：复旦大学出版社．

黄寿祺，善文（2016）．周易译注．上海：上海古籍出版社．

纪昀（2016）．四库全书．北京：中国华侨出版社．

孔子（2016）．论语（王凤丽，注；James Legge，译）．郑州：中州古籍出版社．

老子（2016）．道德经（高志超，注；James Legge，译）．郑州：中州古籍出版社．

李耳，庄周（2013）．老子·庄子．哈尔滨：北方文艺出版社．

梁启超（1932/2020）．饮冰室全集：第一卷．北京：北京日报出版社．

梅洛-庞蒂，莫里斯（2001）．知觉现象学（姜志辉，译）．北京：商务印书馆．

孟子（2016）．孟子（石艳华，注；James Legge，译）．郑州：中州古籍出版社．

彭国翔（2005）．良知学的展开：王龙溪与中晚明的阳明学．北京：生活·读书·新知三联书店．

孙稚维（1979）．古文字研究．北京：中华书局．

塔拉斯蒂，埃罗（2012）．存在符号学（魏全凤，颜小芳，译）．成都：四川教育版社．

湯淺泰雄（1994）．身体の宇宙性：東洋と西洋．東京：岩波書店．

王守仁（2012/2015）．王阳明全集（简体版）（吴光等，编校）．上海：上海古籍出版社．
荀子（2015）．荀子（第2版）（方勇，李波，译注）．北京：中华书局．
扬雄（2012/2016）．法言（韩敬，译注）．北京：中华书局
张杰，余红兵（待发表）．反思与建构：关于精神文化符号学的几点设想．
张载（1869—1870）．张横渠先生文集：十二卷（刻本）．福州：福州正谊书局．
赵毅衡（2011）．符号学：原理与推演．南京：南京大学出版社．
中国社科院考古研究所（编）（2007）．殷周金文集成：第5册2812器（殷周金文集成释文：第2卷）．北京：中华书局．
朱熹（1986）．朱子语类：卷五（黎靖德，编）．北京：中华书局．
庄子（2016）．庄子（刘金红，王玉静，注；James Legge，译）．郑州：中州古籍出版社．
子思（2016）．中庸·大学（李璐璐，李立威，注；James Legge，译）．郑州：中州古籍出版社．

作者简介：

陈中，扬州大学商学院副教授，主要研究领域为中国古代哲学中的自我管理思想。

姚婷婷，南京师范大学外国语学院博士研究生，皖江工学院副教授，主要研究领域为符号学、翻译学等。

Author:

Chen Zhong, associate professor at Business School of Yangzhou University. His main research interests focus on classical Chinese philosophy.

Email: 1227704622@ qq. com

Yao Tingting, doctoral candidate of Foreign Language and Applied Linguistics at School of Foreign Languages and Cultures, Nanjing Normal University. She is also associate professor at Wanjiang University of Technology. Her current academic research mainly focuses on translation and semiotics.

Email: Karen1020@ aliyun. com

传播符号学

盲盒消费：基于情感联结的仪式化体验

石 磊 周卫萍

摘 要：2019年盲盒的走红遵循着特定的消费逻辑。盲盒以不确定性打开人们的消费欲望，将艺术、设计、雕塑和潮流文化等多种元素融入玩具载体，释放IP消费活力，构建消费情境，建立网络社群，促进情感共享与共振，这些共同带来盲盒消费的仪式化体验。不过，对盲盒消费狂欢背后的盲目消费、虚假宣传、资本操控、消费泡沫、缺乏规范等问题，应当引起我们高度重视，切实加以解决。

关键词：盲盒，消费，情感联结，仪式

Consumption of Blind Boxes: Ritualised Experience Based on Emotional Connection

Shi Lei Zhou Weiping

Abstract: Blind boxes have a specific consumption logic behind their popularity. Blind boxes encourage people's desire for consumption with uncertainty and integrate various elements such as art, design, sculpture and trend culture into the toys. They release vitality of IP consumption, construct consumption situations, establish network communities and promote emotion-sharing and resonance, which together provide a ritualised experience for the consumer. However, the problems behind the blind box consumption binge, such as blind consumption, false promotion, capital control, a consumption bubble and a lack of norms, should be given serious consideration and solved effectively.

Keywords: blind box; consumption; emotional connection; rite

DOI: 10.13760/b.cnki.sam.202101005

盲盒是指装有不同玩偶且包装上无任何内容提示的盒装潮流玩具，消费者只有购买之后拆开包装，才知道盒内到底是系列形象中的哪一款。在天猫于2019年8月发布的《95后玩家剁手力榜单》中，手办为"95后"最烧钱的五大爱好之首，盲盒收藏成为其中增长最快的领域，仅天猫上就有近20万人年花费超过2万元购买盲盒。国内潮玩品牌泡泡玛特于2016年8月推出首个Molly（一个有着湖绿色大眼睛，嘟着嘴巴的可爱小女孩）形象盲盒，天猫旗舰店上线的200套预售产品4秒售罄；泡泡玛特2017年扭亏为盈，2018年实现营收近5.15亿元。二手交易平台闲鱼2019年年中发布的数据显示，过去一年有30万盲盒玩家通过闲鱼进行交易，交易额达千万级，每月发布盲盒闲置数量较前一年同期增长320%。

2019年盲盒走红，将各方目光汇聚至这一小小的盒子当中，人们不禁感叹：盒子中装的到底是什么？为何能够拉动巨大的消费市场？实际上，盲盒消费已成为仪式化行为的载体，形象化的玩偶装载了成年人的梦想，独特的消费方式和内在意义满足了消费的多元需求，定位消费者的自我认知，提供别样的消费体验。正是这种充满个性与自我的仪式体验满足消费者的心理需求，造就盲盒消费的火爆。本文从仪式化消费的视角，对盲盒背后的情感联结作出分析和思考。

一、消费的仪式化

在盲盒消费中，消费者对消费对象有总体概念、总体把握，但具体消费时到底会买到哪一款（特别是隐藏款），只有在拆开盒子那一刻答案才会揭晓。"随机发不指定"这种惊喜消费的不确定性和隐秘性是盲盒的消费规则。日常生活学习等必需品的消费不可能采用这种消费规则，而盲盒消费是高于日常生活的"颜值"消费，产品都是可爱精美的系列卡通摆件和装饰品，是人们日益增长的物质需求获得极大满足之后，为追求美好生活而产生的消费。

因为是盲盒,所以消费更具有平等性;因为是装饰品,所以意在将生活装饰得更美;因为是系列产品,所以常常使消费行为具有连续性,消费成瘾。显然,盲盒消费已超越简单的物质消费,具有精神性和仪式性,成为一种文化现象。

仪式指秩序、程序和形式,如巫术、宗教、典礼等重要文化事项的程序和形式,最初是人类学研究中的重要概念。随着跨学科研究的深入,仪式突破狭窄的宗教、巫术等人类学范畴,扩大至世俗生活领域,逐渐成为传播学、文化研究等的研究视野和分析工具,发展为与特殊文化事项和日常生活实践息息相关、具有多维解读可能性的庞大话语体系。"仪式"一词作为分析性专门术语出现在19世纪,早先对仪式的研究对集中于神话和宗教的范畴,多从神话和仪式的诠释以及宗教行为的角度进行探讨,随着仪式越来越广泛地进入社会生活的各个领域,对仪式的研究和解释也日益丰富。(彭兆荣,2003)

研究者王霄冰在研究文化记忆论时指出,海德堡大学建立的一支以"仪式动力"为主题的研究队伍认为,仪式对于一种文化的意义,在很大程度上拥有超越文本的潜能(2007)。仪式勾连着文化的传承与发展,承载着文化的意识形态和价值观念,在媒介文化高度发达的今天,仪式早已不受时空的束缚,在网络的连接下,人们通过各类传播工具、多媒体手段,直接或间接地参与仪式。仪式在发挥文化记忆功能的同时,也展示着作为人类本质特征的行为方式,折射着人类社会的意识、规范与权力。詹姆斯·凯瑞(James W. Carey)提出"传播的仪式观",他认为,传播的传递观核心在于信息在地理上的运输和拓展,是一种技术和过程,以达到对距离和人的控制;传播的仪式观核心则是以团体或共同体的身份把人们吸引到一起,"建立并维系一个有秩序、有意义、能够用来支配和容纳人类行为的文化世界"(2005,p. 7)。传播的目的不是信息在空间地理上的传递与扩散,而是对共同信仰的表征,对现实生活的仪式性建构。

日常生活行为以实用为导向,仪式化行为则以某种意义与精神的表达为导向。学者薛艺兵认为,仪式就是一个充满意义的世界,一个用感性手段作为意义符号的象征体系,是人们选择可表现的符号形式,并赋予这些符号形式以意义的过程;对于仪式行为者来说,精神领域的意义才是其行为的动力(2003)。简单来说,仪式是一个赋予意义的过程,通过指定符号搭建起一个价值世界,经由行动表达某种精神和文化,"通过周而复始的举行来维持一种共同的情感,进一步巩固那些共同的价值和目标"(刘卫英,2011)。人们在这个过程中的一切行为都是展示交流的手段和方式。

有研究者指出,"消费和仪式作为两类重要的行为范畴,在漫长的人类社会发展进程中必然相互交织并互相影响"(叶和旭,2017)。在社会生产力水平低下、物质资源匮乏的时代,作为消费主体的人进行消费是为了满足生存的基本需要。到第二次工业革命时,消费发生了转向,社会生产力有了极大提升,人们消费,不仅仅满足于消费产品的使用价值,还偏向于消费意义和符号。正如法国思想家鲍德里亚(Jean Baudrillard)认为的,在消费社会中,人们不再简单地追求商品的使用价值,而是更加注重商品被赋予的符号价值和象征意义,通过消遣商品的符号意味来获得"他者"对自己形象的认可。(2000,pp. 3 - 14)这使得人们的消费对象越来越符号化,消费行为越来越具有符号交换意义,符号化的商品成为仪式的象征物,消费行为逐渐向仪式化行为转变。

消费与仪式结盟,消费仪式已普遍存在于社会生活中,商品所具备的符号价值和象征意义得到凸显,消费行为有了价值和文化层面的特别意义。比如,生日仪式已经成为蕴含文化符号的社会活动,蛋糕、蜡烛、长寿面、礼物等物品,生日歌、生日派对、陪伴等特定的项目,共唱生日歌、许愿吹蜡烛、狂欢派对等活动,经由生日当天仪式活动的编排而具有深深的展演性和互动性烙印。如果没有仪式,生日当天将如同平日一样度过,正是生日的仪式过程使得它不同于往日,具有显著的文化意义和节点象征。

商业性的消费活动为了更好地塑造品牌形象,满足消费者对商品的价值需求和情感诉求,设置了形式多样的消费仪式。阿里巴巴的"双十一购物节"就是其中的典型,定金预售、互动游戏、直播带货、天猫晚会等项目使消费的仪式感十足。消费者原本是散落的孤独个体,消费行为是独立的自主行为,而天猫晚会提供了一种最大范围的消费感觉共享。这种大规模共享消费信息和狂欢的机会很少,它营造出千千万万消费者"大家庭"似的连接感和超时空狂欢。11月11日从"光棍节"演变到"购物节"离不开商家对消费文化的赋魅。商家的营销策略、商品的符号价值、消费者的消费心理,营造出全民参与、大众狂欢的热烈氛围,将消费狂欢的全新意义赋予这一时间,新的内涵由此建立,"双十一"也就顺利从单身人群的自嘲转变为全民参与的狂欢。人们频繁地参与消费仪式,仪式中充盈的实现感、归属感与期待感等融入日常生活之中,成为社会生活的一部分,帮助人们定位自我,建立消费的意义感,进而重塑其中的每个个体。

显而易见,从诸多现代消费现象来看,消费的核心意义已不再仅仅是物在使用价值上的消耗、在地理范围上的扩散，而更多是将消费者以团体和共同体的形式聚集在一起，形成想象的共同体，使消费具有仪式性、文化性和神圣性。盲盒以动漫、影视作品的周边或单独设计出来的系列玩偶为实体，以年轻人为主要目标消费者，组成盲盒圈，形成圈内人的话语体系，如"手气很非"（运气不好）、"脱非转欧"（转运）、"雷"（不受欢迎的款式）。盲盒不是售卖一个个静态的、小小的玩偶，而是将消费叙述为一次美好的相遇仪式，由此消费者不仅仅是得到一个新物品，而且得到情感的联结和戏剧性的体验。玩偶的系列性创造独特的"神话"体系，为生活"戏剧"增加情节，使消费更易保持激情和持续性。年轻消费群体愿意为情感买单，喜欢刺激性消费，圈内人的话语体系使盲盒群体以共同体的身份将个人紧密凝聚在一起。这些因素共同使盲盒消费成为一种特殊的仪式，具有神圣性，充满力量。年轻人购买盲盒，其消费远远超越物品使用价值，表达自己的某种姿态："盲盒里的玩偶不仅仅只是个娃娃，还是平凡生活里对心灵的一种安慰"；"工作已经这么累了，为什么不买一个娃娃奖励自己呢？"玩偶成为消费者生活"戏剧"的重要角色，具有象征意义。

二、盲盒消费的仪式体验分析

学者卢克提出，仪式体验包括四个要素：仪式产品、仪式脚本、仪式表现角色以及仪式观众（Rook，1985）。在消费的仪式维度之中，仪式产品是被消费的物，能增强仪式的内涵；仪式脚本连接消费者，指导消费；仪式表现角色是仪式行为者在仪式中所处的位置；仪式观众则是仪式的观看者。卢克的四要素论是学界广泛引用、普遍认可的经典理论，"涵盖了仪式活动的主体、客体、内容和工具，研究范畴适用于集体层面和个体层面，且不论是否受到特定时间和空间的限制，要素内容均完整有效"（孙乃娟，2019）。

盲盒消费中，玩偶产品就是被消费的物，是仪式的内涵对象；盲盒消费设置多维脚本，赋予盲盒、玩偶、消费者一系列意义，使人和物之间产生情感联结；玩偶无法言说，消费者替玩偶和自身建构起一套戏剧话语，以达成玩偶与消费者、消费者之间的表演与互动。从盲盒消费的仪式体验着手，分析消费仪式四要素，有助于体察仪式在消费者意义感知和价值认同中发挥的作用。

（一）作为象征之物的盲盒

盲盒起源于日本，日本模型市场借鉴福袋营销的思路，将玩具模型商品化后，开发出线下售卖机器扭蛋机，其所售商品大多集中在二次元领域，多是动漫手办、玩具模型和饰品挂件等。扭蛋至今风靡。中国 20 世纪 90 年代出现的集卡热，可以看作盲盒在我国的初次登场。2005 年日本 DREAMS 公司推出的 Sonny Angel 盲盒（面带微笑的大眼睛天使男孩），于 2014 年左右传入国内，引起少量讨论。2016 年以来国内的泡泡玛特开始挖掘盲盒潜力，加之 IP 小站、ACTOYS、朴坊、52TOYS、歪瓜出品等公司持续深耕，造就了 2019 年的盲盒热。

在盲盒消费仪式中，盲盒本身是作为象征物出现的，围绕盲盒的设计、IP（Intellectual Property，知识产权）、宣发等都在为其赋予意义。从表面上看，盲盒以不确定性打开人们的消费欲望，是融合艺术、设计、潮流、绘画、雕塑等多种元素的玩具产品，人们购买盲盒，是在消费潮流文化，寻求消费快感。而实际上，盲盒透过盒子里的玩偶载体表达了人们追求异质性、反抗现实压力、延续童年心境的美好期许。人们不仅消费盲盒中的具体物品，更是消费物品蕴涵的象征精神，这是一种情感消费——相遇的偶然性与成长陪伴。消费者随机选择盲盒，打开盲盒时看到玩偶，如同命中注定的相遇，这种宿命的感觉使消费者与玩偶产生微妙的情感联结，玩偶不同的五官、表情、装扮和意义，使消费者产生情感寄托。此外，产品成系列生产，如同消费者成长的陪伴，他见证它集齐的过程，成就它的完整，它注视、陪伴他的成长，消费者与消费对象之间有了一种相互成就的关系。作为象征物的盲盒兼具使用价值和符号价值两种属性，其作为符号的价值远超使用价值，奠定了盲盒消费仪式化的基础。

（二）盲盒消费仪式脚本的多维构建

仪式脚本将产品与角色联系在一起，规定仪式产品的使用，盲盒消费的仪式脚本涉及盲盒本身、盲盒使用者以及盲盒使用方法。作为象征物的盲盒与个性、时尚和新潮对应起来，从而发挥指导消费行为、构建消费仪式的作用，主要依托三个方面。

1. 独特形式创造消费快感

盲盒作为将内容完全隐藏的商品，有别于一般消费的直接性。通常，人们选择购买某个商品是基于对商品的清晰认知，消费者可以轻易得到相关信息来判断是否购买以及购买什么。而盲盒只提供产品概要，将具体细节隐匿在盒子当中，把未知与神秘随商品一同出售，因此消费者的拆盒行为就有了广阔的意义空间。正是这种消费的随机性与不确定性，带来盲盒消费有别于传统消费的刺激快感。这种超越常规而又无法预知的神秘感充分激发消费者的好奇心，促使其打开新消费的大门。盲盒稀有隐藏款的设定更催促消费者做出购买决策，例如泡泡玛特的盲盒，一般默认一箱（一箱 12 盒，一盒 12 个）中会存在一个隐藏款，1/144 的隐藏款抽中率吸引爱好者争相"入坑"。

2. IP 赋能激发消费活力

盲盒一般为系列手办玩偶，每个系列都有自己的特定形象和风格，其产品设计主要围绕 IP 展开。例如泡泡玛特的 Molly 盲盒，与香港设计师王信明（Kenny Wong）合作，获得 Molly 的版权，开发 Molly 职业系列、艺术大亨系列、校园系列等。泡泡玛特创始人兼首席执行官王宁表示，单个售价 59 元的 Molly 盲盒，一年能卖 400 万个，实现 2 亿多元的销售额。在 Molly 大获成功之后，泡泡玛特又与 Satyr Rory（希腊神话中半人半羊森林之神）、Pucky（莎士比亚《仲夏夜之梦》中顽皮可爱的小精灵）、Labubu（外表邪恶带着獠牙的小兔子）等 IP 合作，为盲盒开发更多系列产品。2020 年 6 月泡泡玛特向港交所递交的招股书显示，目前运营的 85 个 IP，包括 12 个自有 IP、22 个独家 IP 以及 51 个非独家 IP。

除了与设计师合作开发 IP，盲盒商家还积极达成与已有知名 IP 的合作，以经典 IP 形象打造新潮盲盒产品。如与热门游戏 IP 合作，IP 小站推出王者荣耀系列、星际争霸系列等；与热播影视剧作 IP 合作，泡泡玛特联合《我只喜欢你》推出 Molly 婚礼限定款，若来旗下的国风 IP Nanci 囡茜（带着鼻涕泡歪头酣睡的小女孩）联合《清平乐》推出 Nanci 囡茜《清平乐》联名；与动漫 IP 合作，泡泡玛特与非人哉联合推出发呆哪吒系列，ACTOYS 与非人哉联合推出饭来张口系列；与其他文创 IP 合作，泡泡玛特与故宫宫廷文化联合推出宫廷瑞兽系列，对故宫博物院的瑞兽形象进行再创作；等等。

交流不仅是人类的社会需求，也是文化发展的必经之路，"文化是对话，是交流思想和经验，是对其他价值观念和传统的鉴赏"（菲斯克，2004，p. 104）。不同文化间的交往是一个交流互鉴的过程，在这个过程中，不同文化取长补短、求同存异，实现文化的融合创新、多元发展。盲盒正是通过与 IP 的结合，打破了文化间的壁垒，促进不同风格和类型文化的对话和交融，在各类文化的碰撞与结合中创新发展，重塑传统审美方式与标准，为打通潮流文化的发展道路，丰富人类文化的多元性贡献自己特有的价值。

盲盒以原创的 IP 形象稳固核心消费群体，通过定期上新聚集消费者注意力，借助知名 IP 为产品设计带来新奇创意，打破原有圈层禁锢，争取话题扩散、产品"出圈"，激发粉丝消费热情。盲盒与 IP 的结合既能创造产业价值，也能赋予产品全新意义。比如2018年圣诞节泡泡玛特推出的Molly与童话故事《胡桃夹子》合作款，全球限量发售20000套，在二手交易平台上隐藏款价格提高至近2000元，引发粉丝热捧。《清平乐》与Nanci囡茜的联名抓住国风IP与古装剧的契合点，在形象设计上参考剧方人物海报、定妆照、原著和相关史料，选择最能代表人物性格特征的服饰，如：宋仁宗（隐藏款）身着隆重华丽的承天冠服，颈挂方心曲领，表现帝王的尊贵与责任；皇后曹丹姝的礼服典雅大方、头冠镶嵌珍宝，体现皇后的典雅与高贵；等等。盲盒玩偶的形象设计从影视人物自身的身份地位和性格特质出发，不仅将人物特色鲜明呈现，也赋予Nanci囡茜全新的象征意义，在原有的童真与幻想之上增添一抹文化的厚重感，给宁静与轻松的气质注入北宋独有的时代风貌。同时，盲盒与影视IP的结合可以引导消费者将观影情感投射到盲盒人偶上，打造出独特的符号意义，带来别样消费体验。

3. 媒介使用催生情感共享

情感是构建消费仪式的重要能量，柯林斯（Randall Collins）认为，"互动仪式的核心是一个过程，在该过程中参与者发展出共同的关注焦点，并彼此相应感受到对方身体的微观节奏与情感"（2009，p.85）。也就是说，仪式的核心目的是激发参与者的相互关注、情感联结和塑造共同体想象，媒介提供了建构想象的场域和方式。在盲盒消费的仪式中，媒介扮演着构建消费情境，激发参与者的共同关注和情感共享的角色，媒介建构的消费情境反过来推动仪式的进行。社群承担着连接消费者与生产者、消费者与消费者的职责，在消费情境的构建中发挥着重要作用。经由社群连接起来的消费者在互相关注中形成群体团结和符号象征，当人们"越来越密切关注其共同的行动，更知道彼此的所作所感，也更了解彼此意识时，他们就会更强烈地体验到其共享的情感，如同这种情感已经开始主导他们的意识一样"（p.86）。

目前常见的盲盒消费途径分别是线下实体店、线下机器人商店、线上店铺以及二手交易平台。除了机器人商店，每个渠道还在所经营商品与消费者、消费者与消费者之间的感情联结上精耕细作，发展出自己的社群，如线下实体店会有专门的客服组织微信群，定期发布上新通知、组织抽奖活动。线上店铺主要入驻电商平台和潮玩APP，淘宝的盲盒品牌店铺会发布微淘、建立淘宝群聊以及开展直播等，葩趣、蛋趣和盲盒星球等潮玩APP一方面开展线上购买业务，另一方面开通网络社交以及二手交易服务。除了潮玩APP可以进行二手交易，还有专门的二手交易平台，如闲鱼上有专门的盲盒交易社群"盲盒互换群""盲盒潮玩集中营""我爱抽盲盒"等。

梅洛维茨（Joshua Meyrowitz）认为，"共享且隐蔽的行为使任何群体粘合成共谋团体……共享的经历将他们联系起来，但同时也将他们与其他人分开"（2002，p.50）。盲盒消费的社群内共享行为，将盲盒消费者联系在一起，使成员们确认盲盒消费是"我们"所共同拥有的，是区别于"他们"的经历，营造出一种共同身份的感觉。在消费者共同组成的社群内，不仅生产者可以完成和消费者的直接沟通，消费者之间也可以互相交流盲盒信息、交换重复盲盒、展示限量盲盒等，这些内容将人们的目光汇聚在一起，形成共同关注焦点，使人们在短时间内迅速聚合，以达到了解彼此的感受和行动、分享情感和体验的目的。这些由盲盒聚集起来的群体有极强的凝聚力和认同感，相应的群体特点也十分鲜明。首先，他们有区别于其他群体的特定话语体系，如"端盒"指将一个系列的盲盒整盒购买，"摇盒"指通过摇动盲盒听声音来判断盒内是哪一款玩偶，"改娃"指通过对玩偶进行修改制作出独一无二的玩偶……这些特定的语言规则保证了群体的完整性，使外来者不能轻易融入群体。其次，盲盒群体很大程度上是依靠共同的兴趣和爱好完成互动和沟通的，这使得群体内成员关系亲密，能够获得认同感和支持感，协调彼此间的行动和情感，达到自觉维护群体荣誉、排斥损害群体行为的目的。

"一种情感的深刻社会性，最显著的表现在于集体或分享情感的重要性。"（斯宾塞，2015，p.147）社群依赖于内部成员的高度自治，经由管理员的引导、成员间的自我组织与互动，完成精准的供需匹配，在多向交流机制下分享信息与感受，营造出同属一个群体的归属感，达成集体认同和接纳。社群内排外的话语体系、共同的兴趣爱好带来的凝聚力和安全感，让身处群体的个人容易敞开心扉、表达自我，情感在彼此的交流互动中滋生、联结并共享。

（三）仪式化消费与身份认同

仪式表现角色既是处于仪式中的人，也是仪式中的人对自我身份的期待。在盲盒消费的仪式维度中，消费者在脚本的指导下扮演心目中期待的角色，通过盲盒的象征意义来确认自我身份、完成自我建构。

消费行为具有标识消费者身份，满足消费者需求的作用，这种为了"表达和传递某种意义和信息（包括消费者的地位、身份、个性、品位、情趣和认同等）而进行的消费"是象征性消费。（郑晓莹，彭泗清，2014）象征性消费倾向于消费主体的自我与意义的表达。个体常常需要借助他物、他者来获得关于自我的观念，这也是消费主义盛行的重要原因，即人们用物来表征自我，借由商品意义来对自我进行确认，以满足某种心理需求。盲盒作为具有艺术创意的潮流玩法之一，代表一种全新的生活态度和方式。盲盒成系列贩卖，不同系列有各自的风格和故事，每一种风格都包含不同意义，这种多样的形象呈现满足了消费者多元的心理期许，这正是它受到追捧的原因之一。例如，知乎于2019年12月推出的吉祥物北极狐刘看山盲盒，将刘看山做拟人化设计，赋予其12种不同的职业形象，并为每个职业形象安排不同的个性特征，如：银行家刘看山"不喜欢被叫刘总，写字丑萌，最怕让签名"；建筑师刘看山"藤校毕业，刚下飞机，人却经常在工地，忙起来会戴错工人的安全帽"；旅行者刘看山"终于觉得辞职去旅行不是换个地方工作，而是毫不妥协地去生活"；等等。这些玩偶形象背后的标签代表不同的个性和态度，消费者的选择标准除了职业划分，还有玩偶的个性标签。对于消费者来说，不论在盲盒中寻求的是什么，他们做出的消费决策都意味着对盲盒意义的占有，消费行为代表着消费者的个人形象以及性格态度，而消费决策与行为同时又标识了消费者的身份，强化了消费者的自我认同。

（四）仪式展演中的情感共振

仪式观众是仪式脚本展现的对象，是整个消费仪式的观看者。一些盲盒消费者选择将整个仪式过程以盲盒开箱视频的形式记录下来，通过网络聚集观众，将仪式表演延展到广阔空间。视频内容通常包含介绍所购盲盒系列、拆盒、展示并介绍玩偶、表达心情、抽奖，等等。开箱视频促进了仪式角色与观众的交流沟通，二者之间的互动加强了仪式角色的情感分享体验，使网络上的观众感受到盲盒消费带来的愉悦感和满足感，建立起与仪式角色之间的情感联系。除了开箱视频，还有部分消费者在闲鱼上将自己喜爱的盲盒玩偶挂上链接却禁止交易，只做展示，如闲鱼用户"liuju_1"发布的链接，"【分享】茉莉盲盒——国际象棋系列，稍息、立正、站好"。上文提到的线下门店社群、二手交易社群以及潮玩网络社区等，这些由盲盒聚集起来的群体也属于仪式的观众，他们兼具表现角色和观众的双重身份：一方面作为表现角色表达自己内心的观念和想法，满足自己的心理需求，输出自己的情感价值；另一方面也作为观众参与同一社群内的消费仪式，在仪式观看中对盲盒的价值意义进行确认，增强对仪式的认可，达到与表现角色的情感交流，最终获得感官上的愉悦和满足。

盲盒消费仪式具有展演性和互动性、情感联结和精神慰藉，这些因素共同促成盲盒世界的戏剧性和象征意象，具有文化意蕴和精神功能，成为消费者相互交流和表演的手段。这些借由网络凝聚起来的表演者与观众，在沟通中提升消费体验，实现情感共鸣。

三、盲盒消费中存在的问题

盲盒玩法对消费者来说并不陌生，它是童年时干脆面里的水浒好汉卡，是校门口的抽奖福袋，是开盖后再来一瓶的喜悦，是对娃娃机中喜爱玩偶的渴望，也是生活中猝不及防的一点惊喜。人们对盲盒的追捧绝不仅仅是对玩偶可爱形象的认可，不仅仅是对盲盒背后文化意蕴的追求，更是对经由盲盒联结起来的情感的认同。比起同样以未知吸引消费者的好汉卡和福袋来说，盲盒对自我的挖掘更加深入，让消费者在琳琅满目的商品背后仍能找到属于自己的一方天地。盲盒消费被作为一种仪式化行为固定下来，消费者为其赋予的独特象征意义贯穿在彼此之间的表演和交流中。盲盒作为商品的功能意义和实用价值已经退居其次，而仪式的象征性和符号性才是消费行为的主要目的。盲盒消费中独特的仪式体验为人们创造了一个狂欢的广场，参与者肆意交往、尽情宣泄，在巴赫金形容的自由平等的"第二世界"中抛开理性束缚、忘却焦虑与压力，在仪式化行为的刺激下实现消费狂欢。

盲盒消费狂欢的背后，也存在一些问题。如热炒盲盒刺激消费者盲目跟风、虚假宣传导致消费陷阱、盲盒高溢价催生经济泡沫、缺乏行业规范的盲盒可能成为资本游戏，等等。盲盒本身是否存在收藏性和稀缺性还难以确定，但盲盒的二手交易市场放大了其高溢价的属性，容易引发消费者的赌徒心态，导致逐利的投机者进入市场，影响市场的良性发展。目前，潮玩产业还没有成熟的市场规范，缺乏相应的政策法规，盲盒行业的健康发展需要来自各个层面的共同努力。

对盲盒庞大消费市场背后的千万个消费者来说，理性看待盲盒是必不可少的。阿格尔在《西方马克思主义概论》中提到异化消费，认为这是"人们为了补偿自己那种单调乏味的、非创造性的且常常是报酬不足的劳动而致力于获得商品的一种现象"（1991，p. 494）。异化消费制造出的是一种虚假需要，人与商品的关系在这一过程中被颠覆，商品通过操控人的生活和消费，使消费者为了消费而消费，商品所蕴含的价值与意义被遮蔽，消费带来的幸福与满足随之消失。因此，消费者必须明确，消费应当适度，沉溺于瞬间的消费快感只会让自己迷失在浅层的感官刺激之中。人们应该警惕异化消费，以更加清醒和理性的态度对待盲盒及其背后的文化和意义。

引用文献：

阿格尔（1991）．西方马克思主义概论（慎之，等译）．北京：中国人民大学出版社．

鲍德里亚（2000）．消费社会（刘成富，等译）．南京：南京大学出版社．

菲斯克，约翰（2004）．关键概念：传播与文化研究辞典（李彬，译）．北京：新华出版社．

凯瑞（2005）．作为文化的传播（丁未，译）．北京：华夏出版社．

柯林斯（2009）．互动仪式链（林聚任，等译）．北京：商务印书馆．

刘卫英，姜娜（2011）．近十年国内仪式研究现状综述．黄山学院学报，1，73．

梅洛维茨（2002）．消失的地域：电子媒介对社会行为的影响（肖志军，译）．北京：清华大学出版社．

彭兆荣（2003）．人类学仪式理论的知识谱系．民俗研究，2，7．

孙乃娟，范秀成，张绮诗（2019）．消费仪式观研究述评与展望．黑龙江社会科学，5，69．

斯宾塞（2015）．情感社会学（张军，周志浩，译）．南京：江苏凤凰教育出版社．

王霄冰（2007）．文字、仪式与文化记忆．江西社会科学，2，237－241．

薛艺兵（2003）．对仪式现象的人类学解释（下）．广西民族研究，3，39．

叶和旭，程靓，窦东徽（2017）．无用之用：仪式化行为对消费的影响．心理技术与应用，6，342．

郑晓莹，彭泗清（2014）．补偿性消费行为：概念、类型与心理机制．心理科学进展，9，1517．

Rook, D. (1985). The Ritual Dimension of Consumer Behavior. *Journal of Consumer Research*, 12, 12, 251–264.

作者简介：

　　石磊，暨南大学新闻与传播学院教授，西南交通大学新媒体与文化研究中心主任，博士生导师，研究方向为新媒体与传媒文化。

　　周卫萍，西南交通大学人文学院2018级新闻传播学研究生，研究方向为传播学。

Author:

Shi Lei, professor of School of Journalism and Communication, Jinan University; Dean of Institute of New Media and Media Culture Studies, Southwest Jiaotong University. His research focuses on new media and media culture.

　　Email: shilei@ swjtu. edu. cn

Zhou Weiping, M. A. candidate of School of Humanities, Southwest Jiaotong University. Her research focuses on communication.

　　Email: ma_zarine@ 163. com

数字人文视域中的疾病隐喻

郭 琳

摘 要：在 COVID-19 蔓延全球的特殊时期，人类生存情境呈现出前所未有的数字化形态。社会活动趋于停滞，个体生活空间受到极大压缩，这些与高度依赖数字媒介与技术网络的信息和物质，共同构成了人们在这一时期的生命境况。COVID-19 迄今为止仍未消散，对这一疾病的命名、理解与认知，在世界范围内始终存在着极大的差异，也产生了与之相应的行为与后果。在其所引发的恐慌情绪逐渐随着医学研究的进展和过剩信息所导致的倦怠而趋于平静的当下，需要从"感染"这一疾病隐喻在数字时代的多重意涵出发，理解疾病认知的数字化，并从数字情境中的疾病隐喻与生命政治等角度出发，结合 COVID-19 的隐喻性内涵，探讨其对人类社会造成的复杂后果，分析和反思其对人类在数字时代的生存可能产生的深远影响。

关键词：数字人文，疾病隐喻，感染隐喻，生命政治

Metaphor of Illness in the Digital Humanities

Guo Lin

Abstract: Living conditions have become unprecedentedly digitized due to the global COVID-19 pandemic. Social activities have tended to stagnate, individuals' living spaces have been greatly compressed, and

---

* 本文为国家社会科学基金一般项目"数字人文视域中的隐喻理论研究"（19BZW021）阶段性成果。

information and materials have become strongly dependent on digital media and technological network; together, these features constitute the living conditions of this period. COVID-19 continues to persist. People in various parts of the world have differing opinions on the naming, understanding and cognition of this disease, leading to corresponding actions and consequences. With the progress of medical research and the slack caused by redundant information, the panic caused by the virus is gradually calming. It is necessary to determine the multiple meanings of the disease metaphor of "infection" in the digital age and to understand the digitisation of disease cognition. Its complex consequences for human society should also be discussed from the perspective of disease metaphors and biopolitics in the digital context and metaphorical connotation of COVID-19 to analyse and reflect on its potential impact on human life in the digital era.

Keywords: digital humanities; disease metaphor; contagious metaphor; biopolitics

DOI: 10.13760/b.cnki.sam.202101003

由新型冠状病毒引起的肺炎在世界范围内的广泛传播，是2020年伊始整个人类都无法回避的社会现实。在迄今仍未完全得到遏止的传染性疾病的蔓延期间，个体的生存情境和总体的社会常态都产生了极为复杂的变化。在疫情发展的早期，随着流动性社会活动的近乎休止，人们的生活范围与内容最大限度地缩减，以期形成对疾病传播的有效抑制。数以亿计的人们在暂时停摆的时间中闭门生活，以数字技术构成的社会网络相互联结，人类社会的数字化进程在这样的情境之下被快速推进。为了更好地理解社会与生存的数字化，我们需要结合数字技术的发展及其与人的关系来重新思考和界定人自身。这正是数字人文这一新兴学科能够提供的认知维度、知识方法以及观念更新。数字人文可以与"疾病隐喻"和"感染隐喻"等概念共同构建起一种理解新冠疫情时期社会现实的认知框架。

在这篇文章完成之际，疫病在世界范围内的蔓延仍未结束，这意味着对许多问题的探讨只能在提出问题和选定视角之后非常有限地展开。首先是从对疫情时期人类生存情境数字化现状的认知出发，探讨数字化传播中信息传递的感染性特征，由此延伸到对疾病隐喻以及感染隐喻等概念的理解与阐发。而后，从疫情时期各种不同形式的公共书写来探讨其中的感染性内涵，如灾难想象与疾病认知。最后，在这样一个还不够恰当的时机展开反思，思考疫病给我们带来了什么，并试图由此来更深地触及疫情时期创伤性共在中的生命体验与社会理性。

一、疫情时期的数字化生存

从 21 世纪初到今天的 20 年间，数字技术与人的存在日渐交融，生活世界与网络世界不再被当成是可以简单地加以区隔的现实与虚拟空间形态。特别是在新冠肺炎肆虐的初期，整个人类社会范围内的交流在维系基本的个体生存和必要的社会运转的前提下，缩减到以网络信息传递为中心的形态。

生物性病毒所导致生活形态的骤变，不仅意味着常态的丧失与对常态思维的突破，也要求我们将与疾病相关的变化、风险以及更多的潜在问题与可能性纳入思考。在生活被圈禁于一室一隅的特殊时期，所有人以不同的方式经历着疫病之灾，身处危险之中，或是通过互联网等数字技术渠道来了解信息，关注并感受疫病带来的变化。

思考疫情期间的生命体验给我们带来的影响，首先需要理解这一时期的社会现实，并由此来重新定义人类的生存情境。就这一点而言，数字人文这一新兴知识领域能够在探讨技术与人类关系方面提供理解数字化的社会现实的思路与方法，带来必要的认知更新。譬如人们翘首以盼的疫苗，就是现代生物技术对人类生命进行改造或改善的例子。而网络基础设施与计算技术的发展，则使社会在疫情期间实现极为迅速的数字化转型成为可能，这也正是广义层面的数字化生存现实。除此之外，个体在这一时期的生存意味着什么？我们也可以尝试从一些学者与艺术家的思与行中来感受数字化存在的具身性与反思性。

2020 年 3 月 24 日，中国学者戴锦华在复旦大学管理学院的《瞰见》云课堂有声版的对话中论及对这次疫情当中的"亲历"的看法。她认为，即便疫病已在全球蔓延，我们仍不能说自己是真正意义上的亲历者，"真正亲历的是那些染病的人，是那些在一线救助的医护人员，是那些不能躲在家里的劳动者"（戴锦华，程亚婷，2020 - 03 - 24）。大多数身处一室，在隔离状态下得以安然度过这一时期的人，对这场危机的体验更多的是经由铺天盖地的信息而获得的一种间接体验。生活的主题除了存在本身，几乎只剩下对疫情的关注。戴锦华认为，对于间接经历了这场灾难的人们而言，疫病对其所产生的意义可能仅限于与之相关的反思能力。当一切日常都被粉碎，人们应当在这个时候思考自身的生活方式、文明的价值以及生存的脆弱性。戴锦华也探讨了由信息技术和互联网构成的数字化生存状态，并谈到自己曾经设想过作为一种体验的人类社会的实际交流，会在怎样的情况之下被数字化虚拟交流的形式取代。她认为需要指出的是，关于诸如网络授课这样的数字化交流形式，值得关注的问题并不在于其在技术层面或教育方面的质量是怎样的，"而是在于它的想象的'共享'，和实际意义上的'分离'"（戴锦华，程亚婷，2020-03-24）。

2020年3月26日，德国小提琴演奏家安妮-索菲·穆特（Anne-Sophie Mutter）刚在社交媒体上宣布自己的新型冠状病毒检测呈阳性，次日就与伦敦爱乐乐团的音乐家一道，以分屏连线的方式演奏了贝多芬的《降E大调竖琴四重奏》（String Quartet No. 10 in E-flat Major Op. 74）。穆特表示这是自己第一次以分屏的方式演出，所有参与演出的音乐家都保持着足够安全的距离。就在确诊前一周，穆特曾上传了自己在家中的独奏视频，并发声呼吁人们耐心居家隔离，以期最大限度地减少疾病的传播。

穆特的演奏与观点传递出疫病蔓延期间稀缺的兼具人文关怀性和艺术光晕感的声音，也印证着戴锦华的观点。在数字传播时代的复杂媒介情境中，不仅信息的传递极为迅捷，而且一切声音都因可见度的提升而被放大。而人类在数字情境之中的存在，更有可能的常态是肉身的分离与虚拟的共在。在这种情形之下，病毒与网络同构，病毒取其本义，在网络中以传染形态被传递的信息往往与前者共同构成一个完整的隐喻，这就是"感染隐喻"。

二、从疾病隐喻到感染隐喻

"疾病隐喻"就其内涵而言，正如苏珊·桑塔格早已阐释过的，恰恰是一个为了表达对疾病的文化表征的反对而诞生的概念。而"感染隐喻"则是近年来沿着桑塔格的研究衍生而来的概念，其内涵较之前者更为复杂，与数字技术时代的思维相关，也与疫情时期的信息传播和情感传递相关。

人们对疾病，特别是对具有传染性的疾病的恐惧由来已久。在20世纪后半叶，对疾病的神秘化与祛魅的思考，经由桑塔格的生命体验与反思得以开启新的思路。她将疾病的神秘化想象与表征看作陈旧的隐喻。桑塔格从自身罹患乳腺癌的体验出发反思疾病背后的想象关联与文化内涵，并呼吁人们不再将疾病视为隐喻，因为"看待疾病最真诚的方式——同时也是患者对待疾病的最健康的方式——是尽可能消除或抵制隐喻性思考"（2003, p.5）。正如她在《疾病的隐喻》（1977）与《艾滋病及其隐喻》（1988）中所强调的，疾病的社会文化内涵与象征意义所带来的恐惧与想象，是在疾病所带来的生理性痛苦之外被加诸患者的另一种苦难。

沿着这一思路，再加上隐喻在语言与思维中普遍存在这一在当代语言学与认知科学的研究中具有共识性的基本观点，米切尔（Peta Mitchell）将关于疾病隐喻的思考进一步聚焦于感染隐喻（Contagious Metaphor）。她指出，在今天，作为人类思维方式的隐喻的普遍存在已毋庸赘言，而感染这一具体的隐喻也同样是无所不在的，"它描述了我们对社交网络的使用，以及思想在社会中传播的方式"（Mitchell, 2012, p. 1）。米切尔表明，以"感染隐喻"这一既模糊又有歧义性的概念作为书名是有意而为之，意在表达对传染性疾病的理解是隐喻性的。这一观点当然是源于桑塔格的疾病隐喻，换一个角度来看，对隐喻的理解也可以表述为传染性的。也即是说，人们往往是以隐喻而非医学话语字面意义的方式来理解传染病和其他疾病的，也以有类于疾病传染的方式来传递对隐喻的理解，这也符合人类思维中基本隐喻的传播方式。

疾病隐喻的蔓延，成为另一种意义上的瘟疫，亦即感染隐喻。由此可以看到，感染并不仅具有其字面意义所表述的内涵，即与疾病的物理传播相关；在医学科学话语的范畴之外，社会文化形态的感染性也日益成为理解和把握数字技术时代的社会文化传播与交流的隐喻。譬如"病毒"作为隐喻，很早就已从医学领域延伸到计算机领域，成为基础语汇，而在当下则需要重新回到其原始意义之中来理解和把握。不仅是病毒，"传染性"等医学术语也日益成为当代话语中的常见隐喻。米切尔指出，这类话语的兴盛与近十年间社交网络的蓬勃发展相关，这类隐喻在社会话语中的表现形态多样而普遍，涉及情绪、心理、金融等诸多社会文化领域，从身体与医学等原义的表达延伸到了精神以及更广泛的层面上，如思维方式的传播形态、理解力、观念类比以及情感需求等。她也认为，在各领域的相关研究中应当更加关注和强调感染的社会影响，因为"情感感染或恐慌的传播速度要高于潜在病毒本身，无论是金融病毒还是生物病毒"（Mitchell, 2012, p. 2）。从疾病本身的传染性与流行性到恐慌情绪的产生与传播，在物理传染与情感传播之间的类比并不鲜见。米切尔认为："物理和心理或情感之间的这种相关性或对应性是最早的疾病传播医学理论的核心，甚至在'传染'这个词的词源中也是可以检测到的。这使得在字面意义上的传染（微生物、医学、物理）和隐喻意义上的感染（社会文化、情感、精神）之间划清界限的观点成为问题。即便如此，最近接近流行病学语言的一系列学科创造似乎表明，感染仍然是一个难以捉

摸和丰富的暗示概念，继续超越其文字/医学定义的界限。"（p.5）

在当前的社会情境中，传染的原初意涵被再度唤醒，与其作为思维与情感的传播方式的内涵共同构成了其在这一时期的语义。对感染隐喻的内涵，首先需要在其作为疾病的基本内涵这一层面来从医学的角度展开探讨，其次是在数字信息传播的层面，最后是在情感与情绪的感染这一层面，探讨由特殊时期的共同生存体验产生的对疫情的社会性后果的想象与书写。

三、疾病认知与灾难想象的数字化

疾病认知首先需要从对疾病的命名开始。正如美国医学史学家查尔斯·罗森伯格（Charles E. Rosenberg）所言："在过去的一个世纪中，疾病的命名过程在社会学和医学思想中变得越来越重要。……一个人的身份的各个方面都是被建构的，疾病也是如此。"（1992，p.306）因其会对个人行为和公共政策都起到暗示、约束与合法化等影响，所以从社会和情感等层面上来解释疾病是极为重要的。也正因此，COVID-19这一去地域化的正式名称的确定，在很大程度上避免了对个体和区域的污名化。而从被不当使用的"武汉肺炎"或"中国肺炎"等称谓中，人们也能够清晰地看到对疾病名称意义指向的关注与目的，以及对其符号与叙事功能的滥用。可以说，COVID-19的命名过程充分体现出了医学知识与社会认知的结合。在这一过程中，我们也能感受到疾病的命名对普通民众产生的复杂影响。

个体对包括病毒所引发的疫病在内的灾难的想象，首先是基于其医学知识及其对科学的总体认知，以及个体与疾病相关的自我认知与身份构建。传染病患者与疾病相关的身份建构是多重的，并会导致复杂后果。从患病者到潜在的感染源，甚至是零号病人或超级传播者，这些身份往往会不断变化，个体对身份的理解、认同与歧视，都在数字化社会情境中被放大或聚焦。

从疾病的命名到患者的身份转换，再到基于生存体验的书写，以及恐慌情绪之下的灾难想象，不同的维度构成了疫情期间的生命叙事与社会创伤。

疫情书写有诸多的维度。在近期，既有作家、学者、志愿者和普通民众的个体叙事，也有各专业媒体从疫区发出的新闻信息与深度报道，更不可或缺的是医学界人士的专业知识与各种形式的科普文本。但即便是基于医学知识的科学话语能够最大限度地缩减并剔除情感与虚构，由于人类科学认知的当下阈限，这样的书写也必然包含对自身话语边界和有效性的反思。医学科学研究者科丁利（Michael G. Cordingley）认为，"我们对病毒进化的研究必然集中于试图理解和解释过去的事件。但即使是向后看，进化病毒学家也会被迫做出假设"（Cordingley, 2017, p. 236）。但整个人类医学史上的数据都并不足以作为假设的文献材料，遑论作为模型数据层面上的参考。尽管如此，我们还是需要努力获取病毒进化的知识以预知未来。这种行为在他看来仍然是非常必要的，因为"威胁是指潜在的未来结果，而人类社会迫切需要评估和理解病毒在未来几年对人类健康所构成的风险"（p. 236）。这意味着在这一论题上真正有效的思维方法是扩大对未来进行讨论的基础，但这些"未知的未知"即我们不知道自己并不知道的事情，其阈限和因素很难量化，更难被纳入现有范畴并以当下的标准来加以监测，其因性质的无形与不可预测而无法被有效评估。科丁利所描述的正是人自身及其认知的有限性，这当然指包括医学领域在内的全部科学知识。

疾病是难以捉摸和定义的，既属于生物学事件，又涉及世代传递的命名指称，在反映医学界的知识及其制度的历史的同时，也与公共政策的合法性相关，更关乎一个人的社会角色、心理身份及其对文化价值观的认可，以及医患互动过程中的结构性要素。也正因此，无论是个体还是社会层面的疾病认知，都需要以多维度的知识作为基础。特别是在数字技术时代，疾病认知的数字化与数据化，更是日益需要关注与理解的现实。

最著名的例子当属约翰·霍普金斯大学的"COVID－19 全球实时数据系统"，其所提供的疫情可视化地图由系统科学与工程中心制作，在疫情刚开始的一周左右（1月22—31日）原本是依靠人工收集数据（根据地图开发者之一，土木工程系副教授劳伦·加德纳［Lauren Gardner］在《柳叶刀》子刊 *Infectious Diseases* 发表的文章），每天早晚发布一次数据。从2月起，该项目随着疫情的扩大也转变到半自动化的实时数据流模式，将人工收集与自动更新相结合，更有效地处理了日益复杂的疫情数据。数据来源丰富多样，疫情地图的首页列出了诸多相关的信息来源，如世界卫生组织、各国疾控中心与地区卫生部门、各类社交媒介平台与新闻网站以及医学网站等。主持设计该系统的劳伦·加德纳与两位来自中国的博士生（董恩盛和杜鸿儒）是负责该系统运行的核心成员。在论文与采访中，他们均表示，原始数据的详细程度，会影响该数据地图所能够呈现出的内容的丰富程度；要保证系统的良好运行以及地图所呈现出的信息的可靠性，需要从数据的来源、数据的准确性和及时性、对数据的动态整合以及服务器的稳定性等复杂层面上加以考量；当其所提供的疫情数据不断升级细化，从大的地区到更小的区域，数据处理所涉及的工作量以及系统的复杂程度都会有指数级的增长。

与之相类的数据中心还有很多,譬如 Tableau 的 COVID - 19 数据中心,以中文形式提供每天不断更新的感染率、热点与趋势等疫情变化的可视化数据。进入支付宝的疫情数据入口,也能够以数据流的方式获取各国疫情数据以及相关要闻的实时更新。此外,《纽约时报》也在其网站上以数据可视化的方式来向公众解释病毒携带者怎样通过出行将病毒传播到世界各地,并附上了简要的说明:"我们分析了数以亿计的人的行动,以此来说明为什么以人类历史上最大规模的旅行限制来阻止疫病的爆发仍然是不够的。"(Wu,Cai,Watkins,Glanz,2020)在不断变动播撒的点状动态图中,我们也可以看到,在武汉封城之后,病毒传播的途径在很大程度上被阻断。但在这样一个具有高度流动性的全球化社会中,即便是封城这样在常态社会中难以想象的处理方式,也无法完全阻隔病毒在世界范围内的进一步蔓延。

疫情相关信息的数字化与数据化会对疾病认知产生重要的影响,这不仅关乎人们对疾病的理解,更不只是医学叙事的不同方式。疾病信息传播的数字化,疾病认知过程中数据的充塞涌流,以及由此显现的疾病信息与认知的数据化,都构成了这一时期社会生活的主题。而生存空间的挤压与绵延不绝的信息流,也构成了疫情时期呈现为失衡状态的人类生命本身。生活中各种领域和要素的数字化与技术化以一种难以预料的方式被迅速推动。健康码、网课、直播网购、连线合奏、在线会议、阳台上的音乐会等,疫情期间人们生活的各种要素与内容,都在急速变形中被重塑。

四、数字情境中的疾病隐喻与生命政治

就在穆特公布病情的同一天,法国哲学家巴迪欧(Alain Badiou)在线发布了《论疫情》一文。他在文中谈到法国总统马克龙在公开讲话中使用的隐喻:"我们身处在一场战争之中。"巴迪欧认为,这一隐喻的使用是必要的,"无论是战争还是流行病,都会迫使国家实行有时甚至超出其阶级性质的正常活动的做法,以更具干预性的方式来避免更大的灾难"。对于处于隔离状态的生活,巴迪欧坦言:"我阅读了太多东西,也听到了太多东西,周围的人表现出的不安也使我感到不安,他们完全无法适应我们所处的这种非常简单的情况。正如伊丽莎白·鲁迪内斯科向我指出的那样,太多的人认为,与其有效地对抗悲剧,倒不如享受之。"(Badiou,2020 - 03 - 26)马克龙的政治隐喻以一种微型叙事的方式简洁有力地唤起了民众对事态严重性的认知。在瘟疫即战争的表述中,一切基于后者的历史认知都被调动到关于前者的想

象当中。而关于疫病的恐惧想象，也在一定程度上被导向了需要以行动来寻求生存可能性的战争思维之中。政治隐喻的微型叙事话语形态，往往被视为感知和理解现实的关键。

巴迪欧的观点体现了对社会现实的理解与诚挚的人文关怀。他批评公共媒介平台所构成的社会网络在疫情期间的主要作用是使麻痹症蔓延，以及传递无节制的谣言和无限翻新的愚昧主义；他呼吁，在这一特殊时期，信息的传播应当基于流行病相关的科学数据，社会政治力量则应留给医院等公共卫生机构和学校等教育机构，并关注弱势人群护理等其他方面。巴迪欧认为对这一时期的社会现实与生命情境的理解，需要在对疫病的认知与反思的前提下开展。而有效的思考始于探讨疫病对社会而言意味着什么，以及这将会给人类生存带来怎样的影响。除了感染、疾病、痛苦、死亡和恐惧，疫病还会从怎样的层面上对我们的生命产生影响？这一问题也敦促我们进一步关注在数字社会共同体中以各种形式涌动的关于疫病的信息洪流以怎样的方式和形态在构建我们关于灾难的想象和基于生存体验的书写，以及关注源于恐慌情绪的叙事。

各种数字形态的疫情地图使人们能够更清晰地看到一个由病毒散布而形成的全球化网络。从个体防护到日益升级的交通管制，再到城市或更大范围内的区域封闭，为避免感染疫病，人们不得不进一步抛开社会文化惯性，致力于减少现实层面的交流。也有学者从全球化与技术发展的角度来反思疫病的广泛传播。如英国学者桑普森（Tony D. Sampson）以病毒的传染和蔓延等隐喻来描述爱情、欲望与恐惧等人类情感在这一时代的传递。新的流行病学范例、形态繁多的传染模型，都被看作感染隐喻的不同形态，"金融危机、社会影响力、创新、时尚，甚至人类情感也被理解为病毒，一切都在互联网上广泛传播"（Sampson，2011，p. 1）。桑普森指出："在当前越来越多的作者从社会科学、人文科学、网络科学、经济与商业等角度出发，思考传染理论与当今时代的相关性，并唤起了人们对传染理论的兴趣。……一些报告指出，网络技术所带来的连接增强可能会引发广泛的社会、文化、政治与经济等层面的传染，从而增加感染机会。"（p.1）社会科学家简·范·迪克（Jan van Dijk）就曾指出，在网络社会连接太多的情况之下可能出现新的技术脆弱性和漏洞。桑普森补充道，范·迪克避开了乐观的乌托邦式网络民主化思路，他设想了"全球交通网络的扩散使得这种社会模式容易受到生物疾病传播的影响"（Jan van Dijk，2006，p.187）①，这也正是今年以来全球人类所面临的严峻现实中的一部分。网络技术带来的连接增多与增强引发了广泛的社会、文化、政治、经济等层面上的感染，过多的连通性导致新的漏洞的出现，使社会容易呈现出类似于生物传染模式的疾病。譬如计算机病毒与蠕虫的破坏性影响，网络规模越大，受到传染的规模也越大，所造成的后果就可能越严重。各种意义上的可渗透边界在全球化与互联网时代作为坚实屏障的有效性备受质疑，政治经济以及社会文化的稳定性就在这一层面上与流行病学的逻辑产生了密切关联。

加勒特在《逼近的瘟疫》中也曾以SARS为例反思全球流行疫病给人们带来的复杂后果，"通过征服者、战争、商人、运输中的动物和食品，疾病早已形成全球流行之势。不过SARS更代表着一种神秘的流行病在一个新世界的出现，这个新世界利用20世纪难以想象的方式，通过经济和空中交通，彼此紧紧地连成一个整体"（2008，pp.3-4）。他认为在互联时代，任何边界都越来越难以阻隔人们之间的联结，特别是"从微生物的角度来看，人类的政治边界从来就没有挡住它们流行，尽管大多数公共卫生官员都采用监测、隔离、接种及其他各种方法，企图将微生物'阻挡'在国门之外。当人和物在地球上还只是缓慢移动，冷战将地球分割成若干禁止出入的区域的时候，通过严厉的公共卫生政策，还有可能减缓微生物越界进入他国的速度。但是现在已经不可能了"（p.4）。他也强调，微生物的生存条件变化究其根本仍是人类行为的后果，而这些行为往往还将给农业和畜牧业以及人类自身的生存带来难以想象的危险。与之有类，杜克大学教授普利希拉·沃尔德（Priscilla Wald）曾援引《新闻周刊》在非典期间的报道文本，总结出其所体现出来的"医学本土主义"，并指出"这一源于历史学家艾伦·克劳特（Alan Kraut）的概念，是用来描述对移民群体的侮辱如何通过其与传染病的关联而被证明是合理的；它暗示了一种近乎迷信的信念，即国界能够提供抵御传染病的保护"（Wald，2008，p.8）。她也认为"全球化是疫病爆发式传播的根源"，在这样的社会情境之中，"微生物通过航空旅行、商业和资本循环而流通，也导致了可预测的接触焦虑"（p.25）。她的这些观点在当下仍可用于描述疫病的全球传播及其所引发的问题。

---

① 简·范·迪克在其著作《网络社会：新媒体的社会特征（第二版）》中分别从经济、政治、文化、媒介与生态系统等方面探讨了网络社会的不稳定性，包括文中所提到的这一跟当前现实相似的情况。（Van Dijk，2006，p.187）

在疫情期间，也有学者发表了类似的观点。英国社会学家戴维·哈维（David Harvey）就在 2020 年 3 月 20 日发布于"雅各宾"网站上的《COVID–19 时代的反资本主义政治》（"Anti-Capitalist Politics in the Time of COVID-19"）一文中强调，"我们生活在一个高度互联的世界"，而全球化的当下后果之一正是"阻止新疾病在国际范围内的迅速传播是不可能的"。这一点已被以往的经验证明，也需要人们基于当下的生存现实来重新理解。他进一步指出，以 SARS 来简单地衡量和预测 COVID–19，是导致世界其他地区未能更好地防御其感染的重要原因。哈维还分析了当前的主要防控思路和方法，并认为中国和新加坡的方法"从总体上来说是极其有效的"，而特朗普拖延了数周这一事实很可能会让民众付出高昂的生命代价。此外，他也强调传染病不会承认阶级或其他社会障碍和界限，同时呼吁关注因所处社会阶层或工作性质而身处于医院或机场等环境中的更容易受到感染的劳动者，以及可能因此而进一步拉开的社会鸿沟。

除了从全球化的后果等层面来探究其原因，哲学家们更多的是从生命政治的角度来探讨这一时期的个体生存与社会问题，思考疫情之后生命与社会形态的可能性，或关注疫情之后的社会秩序与公共理性的重建。

韩裔德国哲学家韩炳哲（Byung-Chul Han）在 2020 年 3 月 23 日发表于《世界报》（*Die Welt*）的文章《我们不应在病毒面前丧失理性》（"Wir dürfen die Vernunft nicht dem Virus überlassen"）中同样强调了数字技术与社会现实的复杂关联与影响。他认为疫病在全球导致大规模恐慌的原因之一正是人类社会的数字技术化。韩炳哲指出，在这样一个"无边界的消极社会"中，"数字化正在消解（abbauen）现实"。确切地说，数字化是通过消解对抗中的否定性来融化现实的。在充斥着假新闻与合成图像的后真相时代，与其相伴而生的是对现实的漠不关心。而在当下，真实的病毒引发了社会剧变，但大多数人对这样的灾难性现实可以说是缺乏现实感的。这种现实感的匮乏主要体现为自美国总统、英国首相到诸多普通民众无法基于现实的变化去调整自身固化的思维模式，而坚持以常态化思维和简单的类比去衡量疫病将造成的后果，更无法在此基础上去建构关于未来的复杂推论乃至想象。关于这一点，已近百岁的法国哲学家埃德加·莫兰（Edgar Morin）也在 2020 年 3 月 18 日接受《新观察家》杂志的采访之际表达了自己的观点，并分析了新冠肺炎流行所带来的全球卫生危机。莫兰指出，隔离对个体而言不应仅意味着一种孤岛式的生存，而是摆脱常规化与机械化的生活方式的契机，病毒和以往的灾难一样，迫使人类思考生态危机、核武器问题、经济发展的紊乱态势，

"这些灾难为人类构建出一个自己尚未意识到的命运共同体"。莫兰除了指出人际关系和时间观念都会发生大的改变,还强调了共同体视角与复杂性思维的重要性。

此外,韩炳哲也就阿甘本与齐泽克等哲学家在疫情期间提出的与社会现实数字化相关的观点发表了自己的看法。他接续了齐泽克的论题,探讨了后者所提出的病毒对资本主义社会形态的致命打击,以及由此萌生出某种意义上的共产主义的可能性。韩炳哲认为整个人类社会系统的数字化监控将在疫情结束之后极大增强,正如阿甘本所担忧的那样,基于算法的数字化治理体系会使例外状态成为常态。①

这些在疫病蔓延期间诞生的哲学论争,在危机情境中运用可能的媒介,以自身的生存与智识的极限为界,尽可能发出声音并就现实议题展开探讨,体现的正是一种具身性的生命政治形态。除了上文略有提及的巴迪欧、阿甘本、齐泽克、韩炳哲、哈维、戴锦华等,还有许多中外学者,如让-吕克·南希、埃斯波西托、拉图尔、弗里德曼、蓝江等,在疫情早期就以论文、访谈或社论等形式迅速就这一社会主题发出声音。除了对疫病的灾难性后果表达关切和从各自的学术领域进行思考,可以看到的是,学者们的关注逐渐汇集到病毒对社会的共同体化重构,各种固有边界在这一重构过程中的交相渗透,以及这一因灾难而得以清晰显现的人类社会共同体在疫病蔓延的危机中对数字技术的依赖。至少现在我们可以看到的是,病毒以生物形态蔓延,信息在数字空间播散,个体的、分离的人类生存在一定程度上打破了原有的社会交流形态,但人们又以融合了数字信息的方式在世界中以新的形态空前紧密地联结共生。

引用文献:

戴锦华,程亚婷(2020-03-24).历史和人民的记忆——亲历"疫情"与"宅生存".

---

① 阿甘本先后在意大利《宣言报》(*Il Manifesto*)和 Quodlibet 出版社的博客上发表了疫情相关主题的社论。齐泽克也在疫情期间发表了若干篇社论,探讨疫情下的多重社会危机以及社会秩序变革的可能性。在2020年3月19日于RT电视台发表的社论《COVID-19疫情的最大威胁不是退回活者生存的暴力,而是人性面具下的野蛮》中,齐泽克明确表示自己不赞同阿甘本的观点。阿甘本在2020年3月17日的《声明》中写道:"我们的社会不再相信赤裸生命之外的任何东西。显然,意大利人愿意为患病的危险而牺牲几乎所有的一切,包括正常生活、社会关系、工作,甚至是友谊、情感以及宗教和政治信仰。赤裸生命以及失去生命的危险,并不会将人们团结在一起,而是让人盲目和离散。"(Agamben, 2020)齐泽克则认为,实际的社会现状并不像阿甘本所描绘的那样清晰,"新冠疫情确实将人们团结在了一起"(Zizek, 2020-03-19)。

获取自 https://mp.weixin.qq.com/s/yyN95xXZcl4tfAFxx13CCA.

加勒特, 劳里 (2008). 逼近的瘟疫 (杨岐鸣, 杨宁, 译). 北京: 生活·读书·新知三联书店.

桑塔格, 苏珊 (2003). 疾病的隐喻 (程巍, 译). 上海: 上海译文出版社.

约翰·霍普金斯大学 (2020). COVID-19 全球实时数据系统. 获取自 https://github.com/CSSEGISandData/COVID-19.

Agamben, G. (2020-03-17). *Chiarimenti*. Retrieved from https://www.quodlibet.it/giorgio-agamben-chiarimenti.

Badiou, A. (2020-03-26). Sur la situation épidémique. Retrieved from https://qg.media/2020/03/26/sur-la-situation-epidemique-par-alain-badiou/.

Gordingley, M. G. (2017). *Viruses: Agents of Evolutionary Invention*. Cambridge: Harvard University Press.

Han, B.-C. (2020-03-23). Wir dürfen die Vernunft nicht dem Virus überlassen. Retrieved from https://www.welt.de/kultur/plus206681771/Byung-Chul-Han-zu-Corona-Vernunft-nicht-dem-Virus-ueberlassen.html.

Harvey, D. (2020-03-20). Anti-Capitalist Politics in the Time of COVID-19. Retrieved from https://jacobinmag.com/2020/03/david-harvey-coronavirus-political-economy-disruptions.

Mitchell, P. (2012). *Contagious Metaphor*. London: Bloomsbury Academic.

Morin, E. (2020-03-18). Le confinement peut nous aider à commencer une détoxification de notre mode de vie. Retrieved from https://www.nouvelobs.com/coronavirus-de-wuhan/20200318.OBS26214/edgar-morin-le-confinement-peut-nous-aider-a-commencer-une-detoxification-de-notre-mode-de-vie.html.

Sampson, T. D. (2011). *Virality: Contagion Theory in the Age of Networks*. Minneapolis: University of Minnesota Press.

Tableau (2020). COVID-19 Dashboard. Retrieved from https://www.tableau.com/zh-cn/covid-19-coronavirus-data-resources.

Van Dijk, A. G. M. (2006). *The Network Society: Social Aspects of New Media (Second Edition)*. London: Sage.

Wald, P. (2008). *Contagious: Cultures, Carriers, and the Outbreak Narrative*. Durham: Duke University Press.

Wu, J., Cai W., Watkins, D. & Glanz, J. (2020-03-22). How the Virus Got out. Retrieved from https://www.nytimes.com/interactive/2020/03/22/world/coronavirus-spread.html.

Zizek, S. (2020-03-19). Biggest threat Covid-19 epidemic poses is not our regression to survivalist violence, but BARBARISM with human face. Retrieved from https://www.rt.com/oped/483528 - coronavirus - world - capitalism - barbarism/.

作者简介：
郭琳，博士，南昌师范学院文学院讲师，研究方向为隐喻理论与数字人文。

Author:
Guo Lin, Ph. D., Lecturer of School of Literature, Nanchang Normal University. Her research interests include metaphor theories and digital humanities.

Email: hayashi77@foxmail.com

从媒介到城市媒介：对象化、调解性、动向性

吴晓虹　曾庆香

摘　要：传统的媒介研究路径依循着媒介作为信道的基本认知。这一基于物质技术和渠道的话语实践虽然符合从印刷时代到数字时代的迭变进程，但由大众传播定形的媒介意涵和数位传播主导的媒介实践却形成了一个关于媒介概念的封闭域，从而将媒介概念的缘起悬置起来，同时也将其他实存排除在媒介概念体系外。因而需要在"信道"基础上，拓宽媒介概念的理解边际，以此来完整理解媒介内涵。本文从概念起源中的媒介内涵、中介视角下的媒介内涵、交往关系中的媒介内涵三条路径依次展开，并借助城市这一媒介展开对媒介内涵的具体诠释，以获得关于媒介内涵的完整理解。

关键词：媒介，对象化，调解性，动向性，城市媒介

From Media to Urban Media: Objectification, Mediation, Motor Intentionality

Wu Xiaohong　Zeng Qingxiang

Abstract: The traditional media researches followed the basic cognition of media as a channel. Based on material technology and channels, these discourse practices are in line with the process of changes from the printing age to the digital age, however, the media connotation of mass communication and the media practices dominated by digital communication formed a closed domain of the concept of media. Consequently, the origin of the media concept has been suspended, and other existence has also been excluded from the media concept system. This paper aims at broadening the margin of the media concept on the basis of "channel" in order to fully understand the connotation of media, and tries to explain media connotation from three paths—the origin, the perspective of intermediary, and communication relationships, and specifically interprets media connotation with urban to obtain the whole understanding of media.

Keywords: media; objectification; mediation; motor intentionality; urban media

DOI: 10.13760/b.cnki.sam.202101021

雷蒙德·威廉斯（Raymond Williams）在《关键词》中提到了对于媒介（medium）的三层理解：（1）"中介机构"或"中间物"；（2）专指技术层面，例如将声音、视觉、印刷视为不同的媒介；（3）专指资本主义。（2005, pp. 299 – 300）实际上，在媒介概念的发展脉络中，这三种理解媒介的方式依序出现。然而，如今人们使用"媒介"一词更多的是表述第二层意涵；同时，由媒介技术层面引申出的另一媒介含义被广泛使用。有学者分析了三种顶级期刊的编辑委员会成员对于"媒介是什么"的回答，结果显示，"信道"这一界定最获认可。媒介作为信道的技术思想源于克劳德·香农（Claude Shannon）对于媒介的阐释，即信道是用来将信号从发射机传输到接收机的媒介。毫无疑问，信道是对媒介的基本理解，信道承载着信息，并在信息流转过程中使双方发生联系。然而，深入理解媒介与社会关系又必然要在信道基础上对媒介做进一步的理解。因为媒介在使人与人之间发生联系的同时，其自身也与社会产生互动关系；同时，媒介自身蕴含着不同的意向性和逻辑（周翔，李镓，2017, pp. 137 – 154）。由此，建立在信道基础上更广义的媒介理解显得尤为必然。

雷蒙德·威廉斯进一步阐释媒介的"中间物"意涵：一种感官（或一种思想）要去体验（或表现）必须有一个中间物，而在大部分的现代科学与哲学里，媒介的"中间物"意涵被弃用。虽然将媒介作为物质技术和渠道的话语实践符合从印刷时代到数字时代的迭变进程，但是这也把媒介概念的缘起悬置起来，同时又将其他实存排除在媒介概念体系外；由大众传播定型的媒介意涵和数位传播主导的媒介实践形成了一个关于媒介概念的封闭域。马歇尔·麦克卢汉（Marshall McLuhan）则积极扩展了媒介概念的范围，他认为除了报纸、广播和电视等常规媒体，媒介还囊括了货币、住宅、道路、数字、时钟和服饰。麦克卢汉的后继学者深化了媒介研究领域，约书亚·梅罗维茨

(Joshua Meyrowitz)打破了传统电视研究集中于探讨媒介内容对特定群体的影响的惯例,转而研究不同媒介给社会观念带来的变化;同时,也突破了传统媒介研究将新的媒介视为原有环境之间的新联系的局限。数字革命带来了学界关于媒介的新认知,弗里德里希·基特勒(Fredirch Kittler)曾指出,以前不同的媒体,电视、广播、电话和邮件,收敛成为标准化传输频率和格式。然而,媒介研究领域的深化只是承袭了麦克卢汉的研究路径,并未像麦克卢汉一样打破媒介概念的阈限。

格奥尔格·齐美尔(Georg Simmel)曾分析指出货币扮演了一种独断的媒介,让世界千差万别的万事万物都能够在价格上等同,以用来交换与消费。雷吉斯·德布雷(Régis Debray)认为建筑是人类传承和传播的重要媒介,物质化或者是建立纪念性建筑物,多少是要使事物形成群体,形成某个地点,使其得以延续。德布雷甚至强调在象征物的发展历程中,起始点是史前巨石建筑群而不是书写符号。(2013,p. 27)实际上,货币、数字、建筑等媒介形式已经难以通过媒介技术层面来把握,因而需要在"信道"基础上拓宽媒介概念的理解边际,以此来完整理解媒介内涵。下面有关媒介的论述将从三个路径依次展开。

一、概念起源中的媒介内涵:对象化

从概念的历史梳理和语义分析入手是促使人们严谨、认真运用概念的重要路径。概念的迁衍是社会和历史发展的表征,也是变化发展的推动因素。因而媒介概念缘起的社会环境和历史背景可以更精确地定义媒介,媒介的本质属性也可以从中得到把握。

Guillory考察媒介概念的起源时指出,媒介最早产生于艺术范畴。亚里士多德(Aristotle)最早提出艺术是人类的模仿活动,而媒介是模仿的一个面向,即媒介是模仿中所用的不同形式和质料。具体而言,颜色和形状构成了绘画,和声与音律构成了音乐,故事和音韵构成了诗歌。随着时间推移,培根(Bacon)等人提出了媒介是表达艺术的工具,后来的洛克(Locke)也继承媒介是表达的工具与手段这一观点,并指出语言是思想的媒介。(2010,p. 322)当印刷术这一媒介将人类的思想呈现规模外化时,威金斯(Wilkins)和坎贝尔(Campbell)等学者也充分注意到了媒介的主体性地位,对此二人采用了两种不同的阐释立场。威金斯采用技术的观点将物质介质本身与消息内容分隔开来讨论,如今关于媒介的"信道观"正是肇始于此。坎贝尔则落脚到人们何以感知到媒介的问题上，他创造性地提出了媒介透明度的问题。坎贝尔指出，当人们能够感知到说话者的观念和情感时，我们所假以的媒介（语言）就是完全透明的；而一旦对象表示不完整或者我们知道信息被错误表示，我们的注意力将立即从对象转移到媒介上，此时媒介的主体性地位就显现出来。依照坎贝尔的观点，媒介透明与否，实质是媒介能否将人的思想、观念表述出来或将其对象化。事实上，媒介的对象化过程可以作为"信道"的观念加以理解，在传播活动中，信道承载着经过编码的人的思想与观念。同理，货币可以将人对事物的价值判断对象化，建筑则能表述出一个时代人们的精神和文明观念。这种理解既承认媒介作为信道的论断，即承载了抽象的信息，同时又在此基础上抽离出媒介的普遍本质——对象化。然而，这尚不足以诠释媒介的所有内涵。

无论是艺术作品还是人类的思想观念和价值判断，在它们假以介质表示或者对象化时，它们就不会被搁置。亚里士多德等人对媒介的理解澄清了媒介的对象化和再现的性质，然而并没有呈现出媒介将事物对象化之后的动向性。

二、中介视角下的媒介内涵：调解性

雷蒙德·威廉斯阐述媒介源自拉丁文，意指中间，这其中就蕴含了中介的思想。德布雷在进一步阐释什么是中介时指出：通过中间媒体，一个被称为作家的个体才能将其头脑中非物质的东西变成可移动、可转让，且在你手中可触摸的物体。基于此可知，理解中介思想是把握媒介概念的另一条重要路径。

实际上德布雷已经给出了明晰的"中介"概念范畴，中介可以指：（1）符号表示的整体过程（清晰连贯的话语、书写符号、类似的图像等）；（2）社会交流规范（说话者或者作家使用的语言）；（3）记录和储存的物理载体（石块、羊皮纸、磁带、胶卷、光盘）；（4）同流通方式相对应的传播设备（手抄本、影印本、数字版）。（2013，pp. 37-38）然而，这些具体示例没有呈现出中介的同一性，即缺乏一个本质属性来统摄中介的上述四个方面。有关对中介的认识，黑格尔（Hegel）以思辨的方式在哲学范畴中进行了精妙的论述。

黑格尔认为人要认识真理需要经过许多必不可少的联系环节，而建立这种联系环节的就是中介。中介概念的基本含义是标示不同范畴间联系的间接性，范畴中一方的本性要通过与其相对的另一方间接反映出来。简单的例证就是当人对"黑色"这一概念一无所知时，可以假借"白色"概念来理解它，此时"白色"就可以视为中介。黑格尔在《小逻辑》中就曾论述中介：举凡两个相异的规定或范畴的统一，并不仅是纯粹直接的或漫无规定的空洞的统一；反之，必须认定其中的一个规定只有通过另一个规定为中介才会有真理——或者可以说，每一个规定只有通过另一个规定的中介才得以与真理相结合。（1996，p. 163）黑格尔在哲学上对中介概念的探讨是在辩证法和真理认识的范围中进行的。

延续黑格尔的论证，人们的类比逻辑其实也是中介思想的延伸；认识和把握真理是一个曲折进展的中介过程，人们借由熟悉事物的类比来认识新的知识边界。"子在川上曰：'逝者如斯夫，不舍昼夜。'"这体现了古人借流水的物理实体去把握抽象的时间概念，其中水就是人们理解时间的中介。乔治·莱考夫和马克·约翰逊指出以物体和物质来理解我们的经验，使得我们可以挑选出部分经验，并把它们当成一个统一种类中的离散实体或者物质（Lakoff & Johnson，2015，p. 23）。一旦我们能够把我们的经验看成实体，我们就能指称它们，将其归类、分组以及量化，从而通过此途径来进行推理。因此当人利用类比逻辑从已知领域向未知领域进发的时候，人的已知领域就呈现出中介性，但已知领域不是简单的介于人的认识和未知领域的中间物。中介最主要的功能是调解未知领域和人的认识，进而使两者建立起通畅的联系。王鹏令总结黑格尔的中介概念时称中介是不同范畴之居间联系的环节，由此引申出中介的一个特殊表现——作为居间调解的环节（1981，pp. 151 - 152）。雷蒙德·威廉斯对"调解"（mediation）一词的注解之一就是：一种传递的方式或是作为中介的媒介，而追溯调解最初的拉丁文释义，可知调解意为分开两半、占据中间位置、作为一个中介。

在明晰中介是调解两个主体的关系并使其建立共通联系后，可以返回来把握媒介的性质。现今学界对媒介化的探讨的底层逻辑就是媒介具有中介的基本性质，不同形态的媒介以自身的逻辑调解社会中存在的关系进而建立起不一样的联系。伊尼斯（Innis）在探究传播工具与文明间的关系时断言，一种新媒介的长处将导致一种新文明的诞生（2003，p. Ⅺ）。事实上偏向空间的媒介和偏向时间的媒介之所以造成不同制度和文明，就在于两种不同媒介调解关系的方式不同，以及形成了不同的组织和联系的方式。表意、象形和字母书写系统在修辞、逻辑和语法方面各不相同，这也导致了不同文明发展的不同轨迹。腓尼基字母书写系统的独特性奠定了欧洲和中国过去长久分裂的一个深层根基，也决定了以贸易和小政府为特点的英美体系战胜以军事、皇权和大政府为核心的大陆体系；中国能够形成超强的、统一的、具有持续性的大帝国，也是由作为媒介的表意文字对关系的调解方式促成的。

Livingstone（2009，p.12）整理归纳出中介三种核心意涵：扮演调和者的角色（调和对立的政治举动），扮演原本分立的各方并使其产生关系，将一种原本无以名状的关系以正式的方式直接表达之（2009，p.12）。唐士哲由此分析指出，无论哪一种理解，中介都意指传播或沟通过程中引致任何主体与其他主体或者与环境产生关系的刻意举动（2013，p.11）。综上所述，媒介不仅要将人的思想和观念对象化出来，同时也居间以自己的方式调解主体之间的关系，进而建立普遍的联系。

三、交往关系中的媒介内涵：动向性

交往的方式限定了媒介概念的使用场景。库蕾等学者就曾指出交流是一种现代概念，"交流"一词出现时是指"聚会的方式"，直到20世纪，"交流"才得到公认并被广泛应用（2005，p.1）。库蕾将交流概念的兴起归因于大众传播方式的兴起。由此看来，大众传播的方式对应的媒介概念自然是报纸、广播和电视，但是人类交流活动远比上述媒介出现得要早，因此库蕾认为当时作为交往空间的古希腊的广场、圣殿、体育学校就成了交流的媒介（2005，p.37）。大众传播方式也确定了媒体的概念，而媒体和媒介概念的混用也延续到数位传播场景。在新的交往场景下，社交媒体的概念延续了大众传播时期对媒介的语用习惯，因而理解媒介本质的第三条路径就是回到交往形式中去。

商贸交流是城市文明最早的交往形式之一，货币则是经贸交往的重要媒介。依据齐美尔的观点，经济交换的逻辑通过引导人们以市场规则为取向进行和平竞争，其实质是在减少竞争和斗争，进而使某种高水平的社会化成为可能。这样的交往场景就赋予货币媒介一个重要功能意义：货币的存在意味着现实生活中无数对抗的化解（秦明瑞，2005，p.228）。货币表面上是在完成商品在人和人之间以价格形式的流通，但本质上是在实践人与人之间的关系调解，并且使一切凝固的、质料的东西都难以扎根。因为货币的存在，一切事物都在人与人之间的关系形式中运动和流动。作为形式社会学的缔造者，齐美尔对社会关系的探讨并没有在货币媒介上浅尝辄止，而是延伸到19世纪出现的新兴大城市空间对社会关系的调解：城市是一个激动、异化的空间，

一个客观文化过度生长导致主观文化萎缩的空间；此间的人们对自己的基本状况是满意的，却没有意识到群体的不满（Hawthorn，1976，p.163）。

齐美尔的形式社会学看到了人与人的社会关系，而马克思（Marx）在精神交往的维度之外又增加了物质交往维度。马克思不认为人的本质是抽象的，因此他并没有像以往的哲学家去探讨人性。马克思强调人是现实的人，人的自我感知来源于他的物质状况，他与生活中重要人物的关系，以及塑造他的重要的经济、社会和政治力量。齐美尔主张研究社会关系的形式而忽略其内容，马克思则更激进地将人的本质寓于物质交往和精神交往之中。在具体解释人类交往活动时，马克思以生产关系串联整个社会结构和关系，正如在《雇佣劳动与资本》中指出的，人们只有以一定的方式共同活动和互相交换其活动，才能进行生产（2009，p.724）。为了进行生产，人们互相之间便发生一定的联系和关系。人们相互影响前，首先是对自然界产生影响。因此在马克思看来，人类的实践和劳动建立起双重维度的关系，第一重是人与物质的交往关系，第二重则是人与人之间的主体交往关系，两重关系彼此影响。此时劳动就可以看作一个中介化的过程，劳动居间调解了人与自然的关系、人与人的关系，而交往方式（生产关系）的不同是受劳动中的生产力变量调解而形成的。马克思对此清晰地注解道：各个人借以进行生产的社会关系，即社会生产关系，是随着物质生产资料、生产力的变化和发展而变化和改变的。

先后梳理齐美尔和马克思有关交往的理论视角，意在说明在不同的交往形式中，媒介不仅仅调解社会中人与人的关系，同时也调解人和物之间的关系。到这里，似乎交往视角下对媒介的理解工作已经结束，可是布鲁诺·拉图尔（Bruno Latour）等人开创的行动者网络理论却颠覆了原有对"行动者"的认识框架，使人们在物质交往形式下得以纵深理解媒介。马克思的交往理论体系紧紧围绕着人本的主体性和意识能动性，自然界则是人们实践和改造的客观对象。但在拉图尔看来，人和非人都可以是行动者，它们都被联结在密不可分的网络之中。在该网络中，人和非人任何一方的因素，都未被赋予特别的优先权，因而人们长久以来所谓的主体和客体实际上是虚弱无力的划分。拉图尔就此批驳人和非人的两分法基础根基：按照传统，一方面，我们宣称社会角色富有意识、言说、意志和意图；另一方面，又必须与服从因果决定论的事物区分开来。人因行动的自由而忽略了其自身也符合因果决定论，事物不配称之为社会角色是因为人将其行动定义为表现。（2004，pp.73-74）可以看出，拉图尔以弥合人和非人的主客体界限来恢复物质等非人类的能动性地位。

总结拉图尔的行动者网络理论可以得出有关媒介的两个论断。第一个论断：媒介作为非人类的实体，本身就是行动者，它媒合原本分立的各方并使其产生关系，就是一种行动。媒介通过触发某种社会关系参与我们的社会化过程，因此媒介具有动向性。同时，根据这一论断可知建筑之所以被称为媒介，不仅在于其象征层面，也在于它触发和调解了行动者之间的关系。人一方面渴望定居，另一方面还是向往、追求游牧生活般的自由。建筑其实一直能动地调解安居与浮生的矛盾（阮昕，2014，p.6）。第二个论断：当媒介居间调解人和事物、事物和事物关系时，非人的事物同样具有能动性并创造出意义。中世纪的罗马都市昏昏欲睡，西克斯托斯五世则将散落在罗马的所有恢宏建筑用笔直宽阔的马路连接起来，这个冲动计划完成了一个理性不可达成的事——杂乱的建筑体觉醒并形成了一个伟大而有生命的城市（吉迪恩，2014，79）。

四、城市：媒介的三种内涵于一体

基特勒（Kittler，1996，pp.255-268）在论述城市即媒介时，将现代技术编织的传送信息的网络（如各类电子媒介与水、道路、电缆等基础设施），由河流、水渠和新闻频道构筑的网络，地图，山河、道路、各类系统与设施的交叉点，数据，地址及命令等视为媒介。他直言，这些渠道的交叉点即城市。基特勒指出了城市中能够作为媒介的一切虚拟和实体物质，以阐释城市中一切可以作为媒介而启动的连接。

在彼得斯（Peters）看来，媒介即存有。在他对于媒介的理解中，一切存有皆可理解为媒介，这些影响着文明秩序的各类器具在人类发展中起着基础性的作用。城市作为人类文明最伟大的产物，成为影响人类生态系统的主要因素。无论是基特勒所言的各类渠道交叉点，还是各类自然环境、基础设施、技术系统、时空媒介、权力与肉身……皆在城市中如洪流般汇聚，其丰富而模糊的符号意义将媒介内涵深植于城市网络之中。可以说，理解了城市，便在很大程度上理解了媒介。

（一）城市的对象化

结合先前对媒介的理解与基特勒对媒介的定义，城市作为媒介，首先是将抽象之物——人类特性，具体化为城市这一事物。20世纪20年代芝加哥学派开启的城市研究，虽未给予"城市"一词一个清晰的概念解释，却提出了一些重要的论点。他们认为，城市不是与人类无关的外在物，其本身包含了人性的真正特征，城市中种族、文化、社会形态不断互动、重新生成，城市各种人类活动的交织成为城市设计的关键所在，各种新型人格在城市环境的培养中产生（帕克，伯吉斯，麦肯齐，2012，p. Ⅶ）。芝加哥学派的城市社会学从人文生态学视角出发，认为城市是一种心理状态，同居民活动紧密相关，是人类属性的产物。具体而言，从三个视角进行理解。（1）城市组织视角：交通、通信等促使人口频繁流动又高度集中的一切，是城市生态组织的首要因素；（2）经济视角：劳动分工是城市经济组织的基础，个人与公众利益相互联系；（3）自然文化视角：城市是文明人类的栖息地，所有伟大文化都是在城市里产生的。基于此，帕克（Park）探讨了城市中的社会关系：涉及城市人际关系的秩序、道德、利益；涉及城市生活的社区、邻里、移民集聚区、隔离区、城市环境；涉及城市运转的城市规划、工业组织、社会控制手段。从媒介视角进行审视，不难发现：整个城市作为一种媒介，其规划、设计本身便传达着人类的行为信息；特别是邻里向社区的发展，改变了人与人的相处模式，社区使人际关系不再如基于情感的邻里般稳定，并且将人们的注意力分散到更广泛的范围，促使人们关心各种利益目标，人们的价值判断不断走向理性。

城市是人类的通泛表现形式，特别是空间分布特性决定着社会关系的表现形式。如城市作为媒介将人的思想具体化为城市规划，在这个框架内，人规定了城市的边界以及各类建筑物的位置，并对这些建筑的性质与作用做出强制性的安排；由此逐渐形成了稳固的生活秩序、物质结构与道德秩序。以北京这一城市为例，元大都的兴建在规划中采取了"九经九纬"的设计理念，通过胡同的建设将城市规划为一个规整的空间，改变了先前游牧民族在广袤空间中生成的自由松散的生活秩序。原来盛行于游牧民族中的骑射等礼仪风俗在城市建筑与空间规划之中逐渐消弭，转而生成了一种稳固的生活秩序。芒福德接续帕克这一认知，并表现得更为激进，他在城市起源与发展的梳理中描述了人类文明与城市发展的共生关系，认为城市实质是人类的化身，城市的每一个部分都携带着当地居民的特性、情感与传统，人在改造城市形式与功能的同时，也在改造自己。杰弗里·帕克在研究从古希腊城邦到现代城市时更为细致地指出，城市中的任何东西都要适应人的规模与需要，其既要容纳人类的文明，同时其结构和功能还要在任何事情上反映出来（2007，p. 4）。综合上述理解，城市将人类的生存、交往等特性对象化，并在此基础上，将由此形成的人类诸多存在的关系——社会关系、权力关系、文化关系、资本关系等对象化。

当先驱们踏上陌生的土地时，他们率先做的事情便是建造城市。一方被他们选中的土地究竟具备何种特性，使其能够发展为城市呢？在选址上，城市一般都位于滨海或河口的位置，这可能是出于军事考量。但无可置疑的是，这些地方一定是适合成为媒介的空间。它们或是在建立之初使人类能有避灾之地，以远离大自然与野兽带来的威胁；或是人们由于自然资源不够丰富，不得不通过贸易或战争等空间扩张的方式实现物品的自足，即城市将人的生存需求对象化，从而作为调解人与自然的媒介而存在；或是它们面向广阔的世界，以便与其他民族或文化接触与交流，即将人的交往特性对象化，通过调解与其他民族的关系，使城市获得文化上的辉煌。

（二）城市的调解性

媒介作为居间调解的手段，在德布雷关于媒介的理解中得到最淋漓尽致的呈现。德布雷所述关于媒介的第一重内涵中，媒介具备传播的特性，使人与人、人与物之间的信息在空间内可以完成瞬时的传递。追溯城市的起源可以发现，所有古希腊城邦都拥有广场、剧院、圣殿等会面、集会之所，成为信息与文化传播之地，它们既为每一位普通公民提供了咨询、解决私事以及参与公共事务的场所，也为城邦的寡头政治提供了观察和参与的空间。从这一角度而言，这些包含建筑空间在内的城市结构事实上作为调解权力阶层与普通民众关系的媒介而存在。由于无人在这些公共场所建立私人住宅，特别是作为公共集会活动的广场，将公共生活与私人生活严格地分开，成为公共空间与私人领地的一个分割带，划分与调解着公共空间与私人空间之间的关系。从第二重内涵即传承角度而言，媒介能够在时间的经久考验中，完成文化的传承。城市中的建筑在罗西的经久性概念中成为其考察城市时间特征的首要元素，正是这些元素形成了城市的文脉与城市的发展。在罗西看来，时间会侵蚀熟悉的特定环境与形象，而建筑却将"过去"带入"现在"，使"现在"也能体验到"过去"，一个城市通过它的建造来记忆，所以保存旧建筑就像保存人类头脑中的记忆一样；建筑由于凝聚了事件与情感而留下了形式印记，这些印记留下的过程即城市的历史，构成印记的这些连续的事件则成为城市的记忆。（2006，pp. 59 - 60）这里需要补充的是，在城市的形成、发展、演变过程中，诸多建筑、空间实体因其功能、地位等的转变而改变甚至消失，从而其承载的记忆也发生断裂，也就是说，并非所有的城市建筑都能够被长期留存而成为记忆的媒介。只有具备经久性的城市建筑体，人们在对其进行解释之时，才能够通过它的演变过程，看到使其发生变化的那些力量。城市记忆作为理解场所结构、城市生活甚至城市灵魂的向导，使得今人能够站在当下的时间点感知过去的历史事件与人类情感，使建筑成为调解代际关系的媒介。

在中国，越来越多的学者认为，中国古代早期的"城"作为政治权力的工具与象征出现（张光直，1985，p. 62）。城市的建造首先是基于政治目的，城市结构本身可以被视为经过周密规划的政治行动（张光直，2017，p. 6），因而城市结构本身作为维护统治的工具，肩负着传达权力中心思想与观念的使命，在其中生活、实践、沟通的城市人在与其长期不断地相遇、编织意义的过程中逐渐生成对权力中心的崇拜与维护，进而使权力中心在更大更广阔的范围内获得更为稳固的地位，继而反过来也巩固城市的社会结构。可见，包含建筑空间在内的城市结构，首先调解着统治者与臣民间的关系，随后逐渐形成一种稳定的交往形态/结构，进一步而言，空间开始表征人类交往形态，调解着人类社会中的交往关系。就北京而言，北京的城址并非一直都在现今所在地，它曾是华北平原上的一个居民点，随后逐渐发展为北方的一座军事重镇，最后才成为国家的政治中心。在漫长而复杂的历史中，蓟城一直充当着调解汉族与少数民族之间关系的媒介。公元前221年，秦朝结束了诸侯长期割据纷争的局面，成立了大一统的国家。燕国的故都蓟城开始成为北方的一个军事要地，调解着封建时代中原与北方少数民族之间的矛盾关系；自秦至唐，每当内部壮大之时，总要途径蓟城这一经略东北的基地而扩张，而当内部力量衰微之时，蓟城便又成为东北部游牧民族内侵时的防守重镇。随着安定局面的稳固，蓟城又很快发展为汉族与北方游牧民族经济文化交流的中心。唐中叶之后，南方经济力量的崛起冲击了曾作为全国行政与经济中心的长安城，加之少数民族史无前例的连续入侵，至辽金时期，北方少数民族入主中原，蓟城（宋代称为燕京）开始由华北平原的门户成为全国最大的行政中心（侯仁之，邓辉，2011，pp. 45-46），北京作为封建王朝统治中心的历史正式开始。由此可以看出，北京城市作为居间调解少数民族与汉民族关系的媒介，促成了一段民族融合的文明史。

(三) 城市的动向性

媒介的居间调解是为了实现多方的交往。芦原义信（1985，pp. 7-9）在建筑学领域提出了积极外部空间和消极外部空间的二元分类。积极外部空间能够充分促进人们的交往,因此在这样的空间中,每个局部都是充满人性关怀的;消极外部空间将重点放在外部秩序,向心式地建造内部空间,使人们缺乏展开对话的机会,但这种空间的构型有利于城市的规划。因此可知,空间的构型对人们的交往关系有着重要的影响,最直接和简单的表现就是交往关系的强弱。

有学者指出,"场景""空间""有形地域"对人际交往及其认识有着特殊作用。墙壁、门和走廊、通道决定人们流动的方向,同时也决定着面对面的交往数量、类型和规模(殷晓蓉,2014,p.21)。当户外空间质量提升时,人的自发性活动的频率就会提高,与此同时社会性活动的频率也会提高。城市广场利用地砖的质地与其他空间区隔开,召集人进入城市广场,同处一个空间,形成一定的密度,就为人与人的交往提供可能和条件。扬·盖尔总结道,确定大空间尺度最适宜的方法是使空间的边界与社会性视域的范围一致。鉴于要看清面部表情,人际交往的最大距离是20—25米,观看活动的最大距离是70—100米。(Gehl,1992,p.152)在人类的城市进程中,街道和广场都是城市中心和聚会场所,而随着功能主义的到来,街道和广场被公路、行人道和无际的草地取代。这种空间很难促成人们建立深入的交往关系。

城市的空间不仅调节了作为主体的人之间的关系,也调节了人与物两个不同类型的主体行动者之间的关系。路边咖啡厅面对着马路空间的座位更容易被选中,人宁愿等红灯也不愿意走天桥;前者是因为可以为我们提供一个观察他人的视角,后者则因为人执着于依循平面空间省力的原则。空间的边际是由实物的区隔确立的,例如建筑立面、廊道、座椅和立柱等都可以确立空间的边际,也可以说空间的边际是介于物质实体和人之间的存在。人们在边际空间调节下和基础设施发生联系时,会在交往互动中获得安全感,这源于边际空间可以给予人视线后方的保护。

城市的物质基础设施在潜移默化地调节行动者之间的关系。人、活动、功能之间相距甚远是新城区的特征,以汽车为主要交通工具的交通系统使人们户外活动减少。人以身体作为媒介与周遭事物建立交往关系时,能捕捉到周围实体的细节;与之相对的是,近百年来出现的汽车每小时速度是人类步行速度的几十倍,因此乘车的人很难捕捉到实体的细节。现代社会往往是为汽车服务的,所以与汽车配套的公共空间、标志物都需要忽略细节,要做得特别大。巨大的建筑、空荡的广场……标志物和人的关系通过汽车紧紧绑定,而细小的实体则受人视域的影响而被遗漏,无法建立互动关系。

因而,城市依靠自身的各种元素不断地在行动者之间建立交往关系,其中的行动者是广泛的，既可是人，亦可是物质。城市就是一个行动者织就的网络，这个网络是开放性的，空间、建筑和城市的基础设施都在调节着主体和主体之间的关系。人和人以及人和物质在城市媒介的调节之下完成磋商。

结语：从媒介到城市媒介

理解媒介的三条路径蕴含了媒介的三重内涵。（1）考察媒介概念的起源可知媒介的对象化属性，即媒介将主体的抽象内容以具象化的形式剥离出来。"媒介是信道"可以有效定义印刷媒介、电子媒介，然而它对空间、语言、建筑、货币等媒介形式的解读是乏力的。媒介的对象化属性则可以提供足够有效的范畴去把握这些媒介形式。（2）媒介毫无疑问具有中介特征。当人们借助"白色"概念理解"黑色"概念，借助方向"上"理解方向"下"的概念时，中介其实是在促成人类理解的可能；其中的"白色"和"上"都是在扮演"调解者"的角色，使主体对象化或剥离出来的观念得以理解。可以说，媒介的逻辑就是中介调解的方式和规则。（3）媒介居间调解和联系的双方无论是人类还是非人类，都具有能动性。媒介同被调解的角色均在行动者网络之中，并且媒介和其联系的行动者不断互动，使传播生成意义。

据此，本文提出城市传播视角下关于媒介内涵的理解：媒介是居间调解的行动主体，它将其他行动主体的抽象内容以具象化的形式对象化，并以调解的方式使其在行动主体间建立普遍的联系进而达成理解和交流的可能。其中，非媒介的行动主体可以是人类或非人类，主体的抽象内容则可以是思想观念、价值判断、意识形态，具象化的形式则指可直接被行动主体俘获的感官经验，如声音和视觉形象。

梅罗维茨用三种隐喻来识别我们认识媒介的方式：媒介分别是"导管""语言"和"环境"。第一种隐喻意味着媒介在一定程度上是包含了一定内容的、客观中立的容器。城市是人们汇聚的场所，因而城市空间承载了人类的交往活动，虽然它不一定是客观中立的，但城市仍不失为"导管"意义上的媒介。第二种隐喻"媒介是语言"意味着每种媒介与语言一样，都具有独特的结构性元素或语法。城市以空间为语言单位展开了人类社会最本初的叙述，即元叙述，人类社会历史的变迁无不受空间这一语言结构的影响。第三种隐喻"媒介是环境"意味着我们所处的外部环境是由特定类型的感性信息组成的。这种媒介环境通常在我们没有意识到的情况下对我们产生相当重要的影响，并且塑造我们的体验。媒介使物成为中间之物，城市也如环境一样始终包裹着人类,将人永恒地置于事物之中。

引用文献:

德布雷,雷吉斯(2013). 媒介学引论(刘文玲,译). 北京:中国传媒大学出版社.

黑格尔(1996). 小逻辑(贺麟,译). 北京:商务印书馆.

侯仁之,邓辉(2001). 北京城的起源与变迁. 北京:中国书店.

盖尔,扬(1992). 交往与空间(何人可,译). 北京:中国建筑工业出版社.

基特勒(2012). 城市,一种媒介. 文化研究,2,255-268.

吉迪恩,希格弗莱德(2014). 时间·空间·建筑(王锦堂,孙全文,译). 武汉:华中科技大学出版社.

库蕾(2005). 古希腊的交流(邓丽丹,译). 桂林:广西师范大学出版社.

拉图尔,布鲁诺(2016). 自然的政治(麦永雄,译). 郑州:河南大学出版社.

莱考夫,乔治;约翰逊,马克(2015). 我们赖以生存的隐喻(何文忠,译). 杭州:浙江大学出版社.

芦原义信(1985). 外部空间设计(尹培桐,译). 北京:中国建筑工业出版社.

罗西,阿尔多(2006). 城市建筑学(黄士钧,译). 北京:中国建筑工业出版社.

马克思,恩格斯(2009). 马克思恩格斯文集(第1卷). 北京:人民出版社.

帕克,R. E.;伯吉斯,E. N.;麦肯齐,R. D.(2012). 城市社会学(宋俊岭,郑也夫,译). 北京:商务印书馆.

帕克,杰弗里(2007). 城邦:从古希腊到当代(石衡潭,译). 济南:山东画报出版社.

秦明瑞(2005). 格奥尔格·齐美尔. 载于杨善华,谢立中(主编). 西方社会学理论,228. 北京:北京大学出版社.

阮昕(2014). 浮生·建筑——有关水平与垂直的猜想(上篇). 建筑师,6,6-12.

唐士哲(2014). 重构媒介?中介与媒介化概念爬梳. 新闻学研究,121,1-39.

王鹏令(1981). 论中介. 中国社会科学,2,151-166.

威廉斯,雷蒙德(2005). 关键词——文化与社会的词汇(刘建基,译). 北京:生活·读书·新知三联书店.

伊尼斯,哈罗德(2003). 传播的偏向(何道宽,译). 北京:中国人民大学出版社.

殷晓蓉(2014). 空间、城市空间与人际交往——人际传播学的涉入和流变. 当代传播,3,21-23.

张光直(1985). 关于中国初期"城市"这个概念. 文物,2,61-67.

张光直(2017). 艺术、神话与祭祀(刘静,乌鲁木加甫,译). 北京:北京出版社.

周翔,李镓(2017). 网络社会中的"媒介化"问题:理论、实践与展望. 国际新闻界,39(4),137-154.

Hawthorn, G. (1976). *Enlightenment and Despair: A History of Social Theory*. Cambridge: Cambridge University Press. 转引自沃森,彼得(2018). 思想史——从火到弗洛伊德(胡翠

娥, 译). 南京: 译林出版社.

Kittler, F. A. (1996). The City Is a Medium. *New Literary History*, 27, 4, 717–729.

Latour, B. & Porter, C. (2004). *Politics of Nature: How to Bring the Sciences into Democracy*. Yew York: Harvard University Press.

Livingstone, S. (2009). On the Meditation of Everything. *Journal of Communication*, 59, 1, 1–19.

作者简介：

吴晓虹，中国传媒大学新闻学院博士研究生，研究方向为新闻理论、传播理论。

曾庆香，中国社会科学院新闻与传播研究所教授，研究方向为新闻叙事、新闻话语、传播符号。

Author:

Wu Xiaohong, Ph. D. candidate from School of Journalism, Communication University of China. Her research focuses on journalism theory and communication theory.

Email: wuxiaohong0723@163.com

Zeng Qingxiang, professor from Institute of Journalism and Communication, Chinese Academy of Social Sciences. She mainly engages in research on news narrative, news discourse and semiotics of communication.

Email: 13683318729@163.com

旅游景观的双轴操作与符号呈现

朱昊赟

摘　要：在旅游业高速发展的当下，旅游景观的符号建构与呈现形态问题日益受到各方关注。对旅游景观进行符号学研究，实际上是对旅游景观进行横向符号建构和纵向意义推演的过程。本文首先承认旅游景观以"物－符号"二联体的形式存在，并通过组合轴与聚合轴的操作，得出旅游景观在符号端意义逐渐丰富、在物端物质构成逐渐趋同的分析结论。基于此，旅游景观的形态表现需要在像似、指示、规约等层面各有侧重，以此凸显其景观的独特性。本研究将"旅游景观"的开发问题纳入符号意义范畴，不仅为旅游景观的理论研究提供新的视角，也为旅游景观的开发实践活动提供参考意义。

关键词：旅游，景观，"物－符号"二联体，符号学

The Biaxial Operation and Symbolic Presentation of Tourist Landscape

Zhu Haoyun

Abstract: With the rapid development of tourism industry, the symbol construction and presentation of the tourism landscape has attracted increasing attention from all parties. The semiotic study of the tourism landscape is actually a process of horizontally constructing the symbol and vertically deducing the meaning of the tourism landscape. This article first recognizes that tourism landscapes exist in the form of "thing-sign", and through the operation of combination and aggregation, draws the conclusion that tourism landscape has gradually enriched meanings on the "sign side" and gradually converged the material composition on the "thing side" simultaneously. Based on the above analysis, the symbolic presentation of the tourism landscape needs to have its own emphasis on the level of icon, index and symbol, so as to highlight the uniqueness of its landscape. This study includes the development of "tourism landscape" into the category of symbolic meaning, which not only provides a new perspective for the theoretical research of tourism landscape, but also provides reference for the development practices of tourism landscape.

Keywords: tourism; landscape; two-fold "thing-sign"; semiotics

DOI: 10.13760/b.cnki.sam.202101006

一、旅游景观以"物－符号"二联体的方式存在

"景观"一词在中国早已有之，只是多用来代称被文人墨客品评的中国风景园林中的具体景致，距离系统化的学术界定尚有很大差距。而学界所研究的"景观"概念，则是由西方学者从地理学角度进行概括汇总而得出的，并经由不同学者对其形态表征（Sauer，1938）、生态问题（Naveh & Liberman，1993）、文化功能（Robert et al，1999）等层面的分析而得到进一步的完善。景观理论体系的完善离不开社会实践的强大支撑。

"景观，从总体上理解的景观，它既是现存生产方式的结果，也是该生产方式的规划……它是对生产中已经做出的选择的全方位肯定，也是对生产的相应消费。景观的形式与内容同样都是对现存体系的条件和目的的全盘证明。景观也是这种证明的持续在场，充当着现代生产之外对所体验时间的主要部分的占用。"（德波，2017，p.4）旅游活动以景观为核心，通过人为的符号化操作，旅游景观最终以商品化方式呈现于游客面前，游客以观赏的方式对旅游景观的意义内涵进行消费。随着旅游业的持续发展，旅游景观的"意义功能"也在逐步地丰富与完善之中。毕竟在现代社会，游客想要通过旅游获得的，不仅仅是美景、美食的尝鲜体验，还有通过亲身参观"外面世界"，获取某种事先已经被创造出来但能够满足此刻某种需求的象征性的符码意义。因此，追寻携带某种意义的旅游景观才是游客旅游动机的关键所在。

旅游景观最初泛指"具有一定景色、景象和形态结构，可供观赏的景

致、建筑和可供享受的娱乐场所等客观实体"（刘宏芳，明庆忠，鲁芬，2014，p.136），研究集中在资源开发、形象设计、传承保护等物质功能层面。但随着游客求新求异需求的持续升级，那些"能让旅游者感受、体验的文化精神现象，甚至以该区域优美的环境条件以及旅游接待服务等内容"（p.136），逐渐被纳入旅游景观的讨论范畴，旅游景观的意义指向功能逐渐显露。

"旅游景观不仅指旅游资源空间组合的客观条件，而且包含人对旅游资源空间组合的主观感知。"（周永博，沙润，沈敏，2009，p.1908）"在文化视野中，商品的生产同时是一个文化的和认知的过程；商品不仅是物质上被生产的物品，而且是刻印了某种文化的东西。"（罗钢，王中忱，2003，p.397）在旅游目的地这个人为构建起来的"景观社会"中，游客之所以能够具有"不虚此行"或"到此一游"的体验，通常是因为参观到了极具标志性的旅游景观。在标志性的旅游景观面前，游客通常更愿意全身心地投入由旅游景观构建的文化或意义氛围，凭借强大的身体感知能力，在有限的时间、空间范围内获得旅游景观传递出的内容信息，最后达到对自身和生命的感悟力的提升，甚至是追求一种新的自由。旅游景观能够带给游客的意义核心，便是这虽然短暂却充满诗意的感知方式。

"景观不能被理解为对某个视觉世界的滥用，即图像大量传播技术的产物。它更像是一种变得很有效的世界观，通过物质表达的世界观。这是一个客观化的世界视觉。"（德波，2017，p.4）现如今，旅游景观研究已经跨越了单一的地理学学科范畴，成为人类学、社会学、历史学、文化学、营销学、符号学等学科都热衷介入的议题。从当前广泛跨学科的运用和普遍性阐释上看，旅游景观俨然成为文化研究领域的关键词或总体性概念，其指涉内容涵盖自然、环境、景色、空间、建筑、文化、符号、形象、消费、意义等层面。因此，现有的旅游景观研究中不仅包括物质的实体景观，也包括审美主体对旅游目的地的艺术想象，以及主体存在于其中的各种社会景观和情感意象。进一步说，旅游景观成为一种文化载体、一种意义方式，是时间、空间的聚集场域，是符号价值的展示舞台。

在"高度符号化时代"（赵毅衡，2016，p.7）的今天，对旅游景观的改造已然是"人类认识自然、改造自然、驾驭自然的一种生动反映"（张启，2010，p.14）。与其说当下学界对旅游景观进行开发与设计研究，还不如说是学界在对旅游景观的意义进行建构与分析。旅游景观作为"物"与"意义"的结合体，只有不断地通过符号化建构和叙述化表达，才可以显现出典型的文本特征，才恰好可以促使景观富有意义。因此，要讨论旅游景观的意义问题，必须首先承认旅游景观是"物－符号"二联体这一前提。

二、双轴操作：旅游景观的基本建构过程

"景观的语言由统治性生产的符号组成，而这些符号同时也是这个生产的最终目标。"（德波，2017，p.5）在宏观层面，旅游景观能够表现出旅游目的地的历史、地理、政治、经济、文化等众多意义；在微观层面，旅游景观亦能影响到游客视觉、听觉、味觉、嗅觉、触觉等具体的感知环节。"呈现的都是好的，好的才得以呈现。"（p.6）这些丰富的景观符号，要按照什么方式挑选、按照何种方式排列，最终才能够完成从"物"到"符号"的跨越而成为意义合一的旅游景观呢？对此问题，需要借助符号的双轴操作对旅游景观的建构予以解释。

符号学中的双轴是指组合轴和聚合轴。组合轴是"一些符号组合成一个有意义的'文本'的方式"（赵毅衡，2016，p.157）；聚合轴是"符号文本的每个成分背后所有可比较、从而有可能被选择（有可能代替）的各种成分"（p.157）。20世纪50年代，雅柯布森将这一概念描述得更加清晰易懂：聚合轴即"选择轴"，其功能是比较与选择；组合轴就是"结合轴"，其功能是邻接和黏合。在对符号文本进行建构时，组合轴形成框架，聚合轴通过比较与选择，筛选出最符合文本性质的成分并放置于组合轴上进行文本填充。

"旅游涉及目的地形象，而任何形象都是建构出来的。事实上，没有形象，就等于没有旅游。"（马凌，2011，pp.31-37）旅游景观之所以不同于其他商品类型，是由于游客在尚未到达旅游目的地之前便已被其深深吸引，心向往之。究其根本，实则是一个形象的判断，是通过符号感知而获得意义的过程。如同穿衣服时的款式挑选、吃饭时的菜肴搭配、盖房子时的添砖加瓦、出行时的交通方式选择一样，符号的双轴操作可以影响符号文本的风格、定位。旅游景观之所以能够区别于其他物而成为可供游客观赏解读的"物－符号"二联体，恰好是由于它在符号操作过程中被人工赋义。通过人工的赋义，最初的自然事物摆脱了"纯物性"，而成为具有吸引力的"旅游景观"。

"现代社会的分析化程度越来越高，可是从另外一个角度看，越是如此，现代化社会就越加出现'标准化'的趋势和倾向。'标准化'程序造就出'标准化的人'和'标准化的社会'。"（彭兆荣，2004，p.214）作为商品类型之一的旅游景观，其吸引力的生产过程就是一个标准的符号过程。麦克奈尔将旅游吸引力的产生分为"神圣化景物的命名状态""框限和提升""奉祀秘

藏""机械化再生产"和"社会再生产"五个环节(彭兆荣,2004,pp. 31 - 32)。这五个环节比较符合标准化生产流程下的"纯物"向"物-符号"二联体演变的进程,存在着一定的合理性,但其中的措辞颇具宗教意味,或许限制了理论的适用性。因此,笔者一方面吸收麦克奈尔的观点,一方面结合组合轴的概念,将旅游吸引力的生产过程总结为景观命名、确定范围和提升、装饰、机械化再生产、社会化再生产五个环节。通过这五个环节的操作,发出者的意图意义将得以向旅游景观传递,通过人为的赋义,将旅游景观由"纯物"转变为"物-符号"二联体。

景观命名、确定范围和提升、装饰、机械化再生产和社会化再生产这五个环节在聚合轴上提供可挑选的对象。在"景观命名"环节,可以通过历史传说、形状形态、地理位置、地貌特征、数目、排名、颜色气味、赞誉赐名、姓氏人名、气象气候、用途、温度等方式确定景观名称。在"确定范围和提升"环节,可以通过大地肌理、生态边界、人工参考物、景观视线分析进行视域范围圈定。在"装饰"时,可以通过空间设限、时间设限、人数设限、价格设限、历史溯源、颁发荣誉等方式进行操作。而"机械化再生产"多涉及传播过程,"社会化再生产"的开始则意味着新一轮景观的建构,囿于篇幅,对此笔者暂不赘述。五个环节具体整理如表1所示:

表1 旅游"物-符号"二联体之偏向符号端的双轴操作

				组 合 轴	
	景观命名	确定范围和提升	装饰	机械化再生产	社会化再生产
聚合轴	历史传说,形状形态,地理位置,地貌特征,数目,排名,颜色气味,赞誉赐名,姓氏人名,气象气候,用途,温度等	大地肌理,生态边界,人工参考物,景观视线分析	空间、时间、人数、价格设限,历史溯源,颁发荣誉等	大众传播媒介,人际传播媒介,户外传播媒介,实物传播媒介等	新一轮的景观命名

虽然聚合轴的筛选和比较最终呈现的效果只有一种,但符号接收者能够感受到之前的被选择成分也是存在着的。在这里,本文以四川省著名景点九寨沟的开发为例来解释符号端的双轴操作过程。

(1)在"景观命名"环节,九寨沟位于四川省阿坝藏族羌族自治州九寨沟县漳扎镇,是白水沟上游白河的支沟,因沟内有树正、荷叶、则查洼等九个藏族村寨坐落在这片高山湖泊群中而得名。

（2）在"确定范围和提升"环节，九寨沟是一条纵深50多公里的山沟谷地，总面积超过6.5平方公里，且大部分为森林所覆盖。

（3）在"装饰"环节，时间设限为旺季（4月1日—11月15日）开放时间为7：00—19：00；淡季（11月16日—3月31日）开放时间为8：00—17：30。九寨沟的美景四季不断、各有不同，尤以秋季中的10月15日至30日为最美。价格设限为旺季时全票价格为190元每人，淡季时全票价格为80元每人。传说、声誉提升方面，九寨沟是世界自然遗产、国家重点风景名胜区、国家5A级旅游景区、国家级自然保护区、国家地质公园、世界生物圈保护区网络，是中国第一个以保护自然风景为主要目的的旅游景区；历史上九寨沟居于南丝绸之路，各族人民在传承和劳作之中留下了宝贵的文化遗产，素有"民歌之乡、琵琶之乡、情歌之乡"的美誉。

（4）在"机械化再生产"环节，则依托媒介进行符号的复刻与传播。比如各类报纸、旅游杂志、旅游手册等印刷媒介，电视、电影、广播、旅游网站、网络直播等电子媒介，口口相传、口碑传播等人际传播，户外灯牌、广告箱、车身广告、路牌广告等户外媒介以及旅游纪念品等实物媒介。

（5）在"社会化再生产"环节，牡丹江威虎山原始森林景区内的"北方小九寨"、四川的天台山景区内的"小九寨"等又凭借"九寨沟"的意义价值而进行新一轮的符号操作，创造新的景观吸引力。

由于旅游是游客离开惯常环境到异地进行体验的过程，故而旅游景观的编码、解码必然以特定的空间范围为前提。旅游景观的建构在依靠空间内其他事物提供物质支撑的同时，也将意义顺带投放到空间内的其他"纯物"之上。最终，这些提供物质支撑的事物亦被容纳进旅游景观的系统性之中，以整体性的方式呈现在游客面前，一并成为游客眼中观赏、阅读的旅游对象。

旅游景观作为一个"物-符号"二联体，从物端的双轴操作来看，一般包括"构建物、指示牌、空间、环境、人群行为"（肖竞，李和平，曹珂，2016，pp.81-90）等符号元素，它们共同构成旅游景观物端的组合轴。在组合轴中的每一个成分中又包括一个聚合轴，例如环境中又有地文环境、水文环境、人文环境等。组合轴与聚合轴组成类似于坐标的系统，通过横纵两个坐标确定了每一个符号在旅游景观中所处的位置以及符号与符号之间的关系。旅游景观的建构正是对当地零散的旅游符号进行组合与聚合的过程。

不过，身处大众休闲的符号时代，各类旅游资源的投资、开发、营销活动开展得如火如荼；各地古镇、主题街区、主题乐园竞相登场。旅游景观数量的飞速增长、旅游经济的快速发展在满足了人们休闲出游需求的同时，也开始让人们不禁产生诸如"古镇风格都差不多""主题公园设施都是一个样"的感觉。比如游客到少数民族聚居区，在寻觅旅游符号时会发现：少数民族的服饰仅供观赏，少数民族的歌舞仅供表演，少数民族的建筑仅供展览。对其意义的解读只能依靠浮于表面、流于形式的集中展示。

"麦当劳化""迪士尼化"等标准化景区的建立，使得旅游景观在物端逐渐趋同，差异日益缩小。越来越多的游客发出类似"旅游目的地（人们进行旅游活动的地方）已经变得与人们日常的社会生活场所越来越没有差异"（王宁，2015，p.172）这样的感叹。一方面，这体现着旅游景观在物端的趋同，"麦当劳化""迪士尼化"等标准化、日常化景区的建立，使得物端差异日益缩小；另一方面，这反映着符号端权重的加大。人们日益需要意义层面的东西来满足精神层面的需要，对纯符号意义的打造将会成为未来旅游吸引力产生的关键。因此，未来旅游文本的编码者想要创造出独具一格的旅游景观，则格外需要在符号端的双轴操作流程上用一番苦心。

三、旅游景观的符号学呈现形态

旅游景观经过了双轴操作之后，已经具有意义属性，它所呈现出来的具体状态则成为"特殊一景"并直面游客，游客通过对景观符号的观赏和阅读，获取符号背后所指称的意义。这种符号与其对象的关系，依据的是一种"本有的"连接。根据符号与对象的关系及皮尔斯符号三分理论，本文亦将旅游文本分为像似、指示和规约三类进行讨论。需要说明的是，大多数符号是混合了这三种成分的结果，并不存在只携带其中一种成分的单纯的符号。因此，以下的探讨也只是在对其中起主导作用的成分进行说明。

（一）以像似符号为主导的旅游景观

像似符号与其对象产生关联，依靠的是其"像似"的属性。正是由于像似属性的存在，符号与对象之间的关系十分明显和直接，所以一个符号才可代替一个对象。"有像似性的符号与对象的关系似乎不言而喻，让人觉得有一种'直接感'。"（胡易容，赵毅衡，2012，p.233）以像似符号为主导的旅游景观是最常见的文本类型。以像似符号作为核心进行旅游景观包装的例子不胜枚举，人们首先容易联想到的就是以图像形式出现的旅游符号。

比如，位于湖北宜昌西陵峡的三斗坪镇棋盘山村的黄牛山顶，因其山峰走势酷似领袖毛泽东侧卧的身姿，其头发、额头、眉眼、鼻口惟妙惟肖，下胸部至肩部形状也十分相似,故而被称为"毛公山"(图1);位于贵州省贞丰县城境内的两座石峰,形状酷似女性丰满的双乳,故而被称为"双乳峰"(图2);位于重庆市巫山县长江三峡风景区内的一块巨石突兀地立于青峰云霞之中,宛若一个亭亭玉立的少女,故而被称为"神女峰"(图3)。

图1　毛公山　　　　　图2　双乳峰　　　　　图3　神女峰

由于符号是携带意义的感知,因此像似性远不止视觉这一种感知途径,听觉、嗅觉、味觉等任何感觉都可以带来像似的体验。比如国内"气味图书馆"纪念品商店的开设,就是充分利用嗅觉像似的结果。该商店通过香料来模拟生活中的气味,比如咖喱、咖啡、泥土、初雪等生活中各式各样的气味,每天进店体验参观的游客络绎不绝。随着人们对健康饮食的追求,许多旅游景区的高档餐厅推出了"仿荤"的全素宴,用面筋做出红烧肉的口感,用豆粉做出狮子头的味道,就是在充分利用味觉的像似,吸引大量游客前去品尝、体验。以上这些像似符号在旅游文本建构过程中的运用,一方面打造出了旅游景观自身的特色,另一方面则是注重游客各种感官体验的结果。

(二) 以指示符号为主导的旅游景观

与像似符号同属于理据性符号范畴的指示符号,亦承担着呈现旅游景观建构成果的重担。不过,指示符号与像似符号有着本质上的差别,指示符号"在物理上与对象联系,构成有机的一对,但是解释者的心智无须关心这种联系,只是在这种联系形成之后注意到它"(赵毅衡,2016,p.82)。

指示符号与对象不具有感知上的相似性,或者说其相似性不明确,其指向的对象有一个明确的物或单元的集合,在强制性地使接收者注意到对象之后即完成符号过程,接收者却不会感知到被指向这种对象的具体原因。指示性成为指示符号的特征,以此呈现符号与对象间的某种逻辑关系(比如因果关系、整体和部分的关系等)。在符号传递过程中,接收者凭借指示的影响,借由符号而感知到对象。

指示符号以各种载体为依托,让符号信息的解释者注意到传播活动中的指称对象。一方面,以指示符号为核心概念的旅游景观日益增多。比如在世界各地开设的 5D 视觉错位艺术馆（图 4）就是一种充分利用指示符号的旅游项目。在 5D 艺术体验馆中，每一个布景都是一个不完整的文本。参与者需要亲自参与文本，弥补文本自设的空缺，与布景构成一个完整的画面，从而获得拍摄 5D 照片的乐趣。同时，当游客进入展馆之后，想要获得新奇、欢愉的拍摄体验，就必须顺着天花板的黄色箭头有序行进。每当到达一个主题的拍摄位置内，摄影者和被拍摄者就需要按照地面的位置标示站位，才能够得到最立体、最逼真的拍摄效果。如若不然，视觉错位的艺术效果将无法实现。

图 4　5D 视觉错位艺术馆

另一方面，指示符号还是任何旅游文本中不可或缺的重要成分。一个成熟的景区，多会在景区入口贩卖景区地图并标注核心景点，在入口处竖立景区游览指示牌，在景区门票背面印刷景区地图，在景区内部多处设置地图并标明"您当前所在的位置"，等等。西雅图的煤气厂公园、成都的东郊记忆、北京的 798 等现代工业遗迹景观中，都存在大量的指示符号。在对这些工业遗迹进行改造的过程中，设计师通过保留与改造原有的道路桥梁、锅炉管道、工厂设备等，为游客指示参观路线和阅读方式。

另外，指示符号的隐喻问题亦值得我们深思。举个例子来说，位于四川省乐山市的峨眉山，是中国旅游、休养、避暑胜地之一，其山路曲折、猴群较多、佛教建筑丰富，素以秀美著称。因此，在其旅游地图之上，这些特色景点被着重标记出来，比如九十九道拐、猴山、舍身崖、清音阁、报国寺、伏虎寺、洗象池、龙门洞等。游客在游览时也会跟随地图指示的路线进行寻觅与参观。但是，如果在地图上没有表明"九十九道拐"或"猴山""舍身崖"等，是否就意味着这些物质不存在，或者意味着游客感知不到这些景色？为什么会有这些指示符号呢？这一疑问又指向了"意义不在场才需要符号"（赵毅衡，2016，p. 46）的符号学悖论。游客作为信息接收者，并不能够在当下位置看到意义。基于此，信息发送者才需要选择特定的符号载体来指示特定对象。指示符号正是由于此时意义的缺场，才能够指向特定对象。假如此时意义在场，那么接收者将会直接面对意义，发送者再选择符号载体进行表意就显得毫无意义。所以，景区指示图上指示符号的作用只是告诉游客："你在这儿"以及"景点在那儿"。

一种符号大量集中出现，其实就说明当下情境之中严重缺少该符号欲表达的意义。在现如今的旅游广告之中，我们经常会听到这样的广告语："世界那么大，我想去看看""重要的不是去哪儿，而是去啊""给自己一趟说走就走的旅行"。这些话语无不强调旅游世界的丰富多彩以及游客向往的自由自在，但当其广泛被提及时就不得不做这样一个思考：正是由于在现实生活中城市青年生存范围狭窄、生活压力大、身心在某种程度上并不自由，这样的宣传方式才会广泛流行；正是由于现实中缺失意义，才需要符号形式予以强调。在宏观层面上，指示符号对社会中的缺失项进行着凸显与强调。

（三）以规约符号为主导的旅游景观

依据业已形成的连接方式对符号和意义进行规定的符号便是规约符号。规约符号与以上两种符号的明显区别在于，其对象与意义之间的连接不受理据性的制约。接收者想要获得相对准确的文本意义，必须依靠社会中已经形成的常识性概念。规约性即索绪尔所说的"任意/武断"特性，它是在文化环境中非常重要的因素，因为符号与指称对象之间的关系归根到底还是要依靠社会文化的规定。无论一个符号有怎样的理据性，在意义解释时或多或少都要联系到规约性，所以纯理据性符号（相似符号和指示符号）少之又少。

纯粹的像似符号，不论它模仿得多么活灵活现，如果没有社会规约的限定，在解释层面仍旧很难被解读出正确含义。纯粹的指示符号，不论它多么清晰，如果没有社会规约作为前提，接收者还是无法理解其符号意义。所以，与像似符号和指示符号不同的是，规约符号的适用范围最大，它是绝大多数符号必备的属性，因为几乎所有的符号类型都具有规约符号的特征。不依靠规约性来释义的话，符号表意目标的实现将会困难重重。

比如上文提及的像似符号——湖北宜昌西陵峡毛公山，其成立的前提恰恰是符号发送者和符号接收者对毛泽东主席个人形象和生平经历的熟悉，基于此才可以观出"毛公侧卧"之形，品出"毛公侧卧"之意，感叹大自然的浑然天成与鬼斧神工。如果是一位完全不了解中国近现代历史文化的游客前来游览，则毛公山作为像似符号的特殊意义也就不复存在了。对规约性的理解与把握，是旅游景观建构的基础与前提。规约性是一种社会属性，不同社会群体中的规约性不可以通用。因此，旅游并非是迁移、定居，而只是游客追寻意义的短期互动行为。这就要求旅游景观建构充分考虑社会规约的差异，以实现意义互通。

经过以上讨论可知，旅游景观是一个典型的"物-符号"二联体，通过双轴操作使其实现从物端趋同向符号端丰富意义的跨越。在旅游景观同质化的当下时代，单纯地依靠某一类符号形态进行文本意义的准确表达，则显得尤为困难。因此，旅游景观的设计者可以通过像似、指示和规约符号的妥善运用，促使旅游景观实现各类符号形态的高效黏合。

引用文献：

德波，G.（2017）．景观社会（张新木，译）．南京：南京大学出版社．

胡易容，赵毅衡（编）（2012）．符号学-传媒学词典．南京：南京大学出版社．

刘宏芳，明庆忠，鲁芬（2014）．旅游地景与地方的关联机理初探——基于空间与文化的交汇视角．人文地理，29，5，134-141．

罗钢，王中忱（编）（2003）．消费文化读本．北京：中国社会科学出版社．

马凌（2011）．旅游社会科学中的建构主义范式．旅游学刊，26，1，31-37．

彭兆荣（2004）．旅游人类学．北京：民族出版社．

彭兆荣（2005）．现代旅游中的符号经济．江西社会科学，10，31-32．

王宁（2015）．旅游社会学．天津：南开大学出版社．

肖竞，李和平，曹珂（2016）．历史城镇"景观-文化"构成关系与作用机制研究．城市规划，40，12，81-90．

张启（主编）（2010）．旅游文化学．杭州：浙江大学出版社．

赵毅衡（2016）．符号学：原理与推演．南京：南京大学出版社．

周永博，沙润，沈敏（2009）．评价与选择：旅游景观文化研究——基于无锡主题公园兴衰的思考．经济地理，29，11，1907-1912．

Naveh, Z., & Liberman, A. S. (1993). *Landscape Ecology: Theory and Application*. New York: Springer-Verlag.

Robert, E. et al (1999). *The Cultural Landscape: An Introduction to Human Geography*. New Jersey: Prentice Hall.

Sauer, C. (1938). *The Morphology of Landscape*. California: University of California Press.

作者简介：

朱昊赟，四川大学符号学-传媒学研究所成员，研究方向为旅游符号学。

Author:

Zhu Haoyun, member of the ISMS research team, Sichuan University. Her research field is tourism semiotics.

Email: 674278257@qq.com

中国传统符号学思想

唐宋佛学的符号学思想及其伦理价值

曹 忠

摘 要：本文主要从佛教法相唯识宗和禅宗出发，以佛教"相"的理论考察唐宋二代佛学的符号思想及其伦理价值。研究发现，作为大乘佛教中少有的"说有"宗派，法相唯识宗对符号世界的世俗性阐释，以及对符号与符号对象物互不相离关系的阐释，与当时唐朝士人强烈的入世精神高度契合，是当时佛学对盛唐气象的某种思想回应。而宋代禅宗倡导的摒弃符号再现体，以及通过符号隐喻机制达到"明心见性"的修行观，成为当时士大夫群体处理内在主体与外在世界关系的理论遵循，并造就了宋代士人"身居世间，心怀出世间"的独特出世精神。

关键词：唐宋佛教，佛学符号，唯识思想，禅宗伦理，入世与出世

Semiotics of Buddhism in the Tang and Song Dynasties and Its Ethical Value

Cao Zhong

Abstract: Based on the theory of "*Xiang*" (concept/image) in Buddhism, this paper examines the semiotic thought and ethical value of Buddhism in the Tang and Song Dynasties. It finds that as a branch of "recognition of existence" in Mahayana Buddhism, the consciousness-only school interpretation of the semiotic world and the analysis of the inseparable relationship between a sign and a sign object were highly consistent with the strong spirit of *Chushi* in the Tang Dynasty, which was a type of ideological response of Buddhism to the prosperous Tang Dynasty. Zen Buddhism during the Song Dynasty advocated "abandoning the sign and achieving a clear mind to see nature" through the semiotic metaphor mechanism, which became the theoretical basis for scholar-officials to deal with their relationship with the external world and created a unique spirit of *Chushi*.

Keywords: Buddhism in Tang and Song Dynasties; Buddhist semiotic; consciousness-only school; Zen ethics; the spirit of *Chushi* and *Rushi*

DOI: 10.13760/b.cnki.sam.202101007

引　言

在近代，许多学者已经自觉地将佛教置于理性哲学的范畴予以考察，而佛学的符号学思想无疑是这一理性哲学范畴中的一个重要议题。实际上，作为一门义理深奥的东方哲学，佛教与现代符号学所研究的诸多议题是高度契合的，因此对中国符号学思想的研究而言，佛学不仅是绕不开的领域，更是需要深度挖掘的符号学富矿。

在卷帙浩繁和义理深邃的佛教经典中不难找到佛教与现代符号学的诸多契合点，其中佛教对"相"的阐释，无论在外延还是内涵上都与现代符号学高度重合，更是呈现出一种别异于西方符号学体系的中国符号学伦理。因而，从"相"的层面对唐宋佛学的符号思想进行考察，更能展现这一东方古老哲学思想的符号逻辑。

资料显示，佛教中的"相"（lakṣaṇa）源自印度哲学，又译"示相"，"指一切事物的外显形状"（陈义孝，1988，p.214），或指"表于外而想象于心者之相状"（丁福保，1984，p.839）。从现代符号学对符号的概念定义来看，无论符号是"概念和音响形象的结合"（索绪尔，1985，p.91），还是"被认为携带意义的感知"（赵毅衡，2016，p.1），都与佛教对"相"的阐释高度契合。

与《易经》中"象"的概念构建了中国本土符号学思想的核心一样，佛教中的"相"作为一种充满着东方智慧的符号思想，必然也将成为中国符号学话语构建的重要一环。但如果要从现代符号学视野阐释佛学"相"的符号学意义，我们就不能不回到人类开始感知并与周围世界建立联系的那一刻，以此思考人与感知到的符号世界的关系。

虽然有形符号世界需要众多的相（符号）来构建，但佛教对相的体认与阐释，却观念各异。中国大乘佛教宗派中的天台宗、三论宗、法相宗、华严宗、密宗、禅宗、净土宗和律宗等主要宗派，都对"相"进行过不同程度的阐释，产生了诸如法相、我相、人相、众生相、寿者相、总相、别相、同相、异相、成相、坏相、有相、无相、实相、因相、果相等相关概念。但从主体认识世界的角度来看，佛教大体是将"相"分为有相和无相两种。丁福保所编的《佛学大辞典》阐述了有相和无相的区分："则凡夫所知色心之诸法，事相显了，心前现行，易了易知，谓之有相。诸法之体性，如幻虚伪，自性即空，无色无形，不存一相，谓之无相。"（丁福保，1984，p. 508）

实际上，有相与无相的区分还体现在小乘佛教和大乘佛教对"法"与"我"关系的探讨上。小乘佛教一般主张"法有我无"，认为诸法缘之体，为因所生，有实体，我为诸法之假和合而名者，其性虚无；大乘佛教不仅主张"人无我"，还主张"法无我"，认为诸法无我，空无自性，一切现象都是因缘而生，并无我的恒常不变的实体与自我主宰的功能。大乘佛教这种"法无我"的思想，体现在阐发诸法"性空假有"的中观学派（大乘空宗）以及阐发"万法唯识"的法相唯识宗（大乘有宗）二派的理论中。

在中观学派看来，世间诸法（相）皆依缘而起，空无自性，但这种空无自性不是彻底的空无，还允许假有的存在。因此，世间诸法（相）既不是实有，也不是彻底虚无的空，而是"既不着有，也不着空"，因此这一理论也被称为"中观道"。而在法相唯识宗理论中，诸法（相）的产生源自人的"八识"（眼识、耳识、鼻识、舌识、身识、意识、末那识、阿赖耶识）。法相唯识宗强调一切法（相）都存在于人的认识之中，而认识又是人的心分别作用的结果，因而世间一切相都是心识分别认知的结果，即所谓"万法唯识"。

但是大乘佛教大多追求实相（无相）境界。大乘佛教理论也大多秉持这种观点：个体如果不执着于外境（符号世界），就能进入涅槃，如果再以般若智慧观照实相真理，则可超越有形与无形，达到佛的境界（无相境界）。

文章主要分析唐宋二代佛学的符号思想及其伦理价值，因此将佛教有相与无相的符号学思想与唐宋社会思想相比较，发现唐朝的社会思想更多显现有相思维，而宋代的文化伦理则更多体现出无相特征。同时，这种有相与无相的符号思想又与唐人的入世及宋人的出世观念相联系，成为二者处理内在主体与外在世界关系的理论遵循。

一、有相唯识与唐朝入世思想

作为有唐一代非常重要并具有重大影响的佛教宗派，法相唯识宗在唐朝前中期得到了较为普遍的接受。个中缘由，一方面是玄奘和当权者的特殊关系，让法相唯识宗得到了统治者的大力支持；另一方面，作为唐朝最重要的佛教宗派之一，法相唯识宗也与当时唐王朝的社会精神有着某种契合和联系。这种联系的关键点则在于彼时玄奘引进中国的唯识学说是有相唯识一脉。作为大乘佛教中少有的"说有"的宗派，法相唯识宗对外在符号世界的世俗性阐释，与当时唐朝社会关注现实世界以及士人强烈的入世精神是相契合的。唯识"带相说"所阐释的符号与符号对象物的互不相离关系，也再次为有相唯识的"依空说有"提供了理论支持。

（一）有相唯识对符号世界的世俗性阐释

对有相唯识的世俗性（入世）特质，学者傅新毅曾进行过专门阐释："所以古学（指'无相'唯识），我想更多还是在出世解脱的层面上，从胜义谛的角度来看，所有都是虚妄分别。而'有相'唯识要进一步解释，就要建立在世俗谛的认识上，解释认识是如何发生的，怎样的认识才是准确的……有相唯识更多是向下的，从世俗解释上建立的。"（傅新毅，2014-02-06）

大乘佛教始终在追寻一个实相的佛性世界。这个实相世界是不同于现实中有形的符号世界的。符号世界在佛教中往往被称为外境。如果要从世俗谛分析"有相"唯识对符号世界的世俗性阐释，那么必然不能避开对外境是否实有以及其与认识主体关系的考察。

佛教对外境（符号世界）的实有性认识并不是一以贯之的。在小乘一切有部的理论中，认识的发生及符号意义的产生必然是因为符号对象的存在。因此一切有部提出了"三世实有"的观念，即世间一切诸法都具实在性，都是恒常存在的，其不仅存在于现在世，还存在于过去世和未来世。而经部则提出"识可缘无"的观念，认为识既能认识实在之物，也必然能认识不实在之物。因此在经部看来，在三世中，现在世是实有的，但过去世和未来世则是非实有的，即所谓的"过未无体"。

而大乘佛教各宗派则大多对外境（符号世界）的实在性持否定态度。不过具有世俗特性的有相唯识，则通过承认"相分"的实有，变相承认了符号世界的相对实在性。而与其相对的无相唯识则不承认"相分"的实有。这种区别的实质是一种基于唯心主义视角的存在论区别，因为，无论是有相唯识还是无相唯识，都主张"万法唯识"，即一切事物都是人的心识变现的结果。作为追求实相的大乘佛教宗派，法相唯识宗与其他大乘佛宗一样，都要求彻底斩断"法执"。为达到这一目的，就要否定我们身处的有形符号世界的实在性。因此，遵循这一理论传统的无相唯识主张"唯心无境"，不仅否定了"相分"的实有，甚至连"见分"（认识活动中的意向性）的实有都予以否定。而有相唯识则选择了"依空说有"，在"唯识无境"的基础上，变相承认了心识变现的符号世界的相对实在性。

这种实在性建立在其"境不离识"的观念之上，是一种"心物一元"的认识方法。不过有相唯识虽然主张"境不离识"，但并不否认"唯识无境"。实际上，与西方的主观唯心主义一样，有相与无相唯识学家都认为人的心识之外的世界是因心识涌动而出现的，并没有独立于心识的客观世界存在。有相唯识和无相唯识争论的"相分"（认识的对象）是由心识产生的，因而对"相分"的真实与否的争论，实际上是对人的心识涌动后呈现的符号世界真实与否的争论。这就涉及一个重要的问题，那就是在承认"相分"实有的有相唯识家眼中，现实世界与心识涌动所呈现的符号世界是否是同一个世界呢？

唯识学主张"万法唯识"。在唯识学家眼中，现实世界不是客观存在的，而是人的心识变现的符号世界。如果从这一认知基础出发对有相唯识的"相分"实有进行考察，则不难发现，有相唯识虽然强调"相分"是存在于心识内部的，是自识之内的对象世界，但由于"唯识无境"，这一心识内部的对象世界实际就是现实的外在世界的映射，即"此我法相虽在内识而由分别似外境现"（韩廷杰，1998，p. 2）。

值得注意的是，有相唯识学这种变相承认符号世界是现实世界的映射的思想，实际上与盛唐时期社会思想主流对现实世界的注重，以及士人强烈的入世观念，形成了一种同频共振的思想契合。

众所周知，唐朝是中国封建社会中少有的士人有强烈入世欲望的王朝。这种强烈的入世欲望产生的直接原因是，唐朝作为中国封建王朝发展的顶峰，在政治、经济、军事和文化等方面都取得了辉煌成就。国力日盛加上开科取士以及军功制度的建立，为唐人在现实世界取得功名、实现人生理想提供了更为宽广的道路。因此，唐人对人生普遍抱有一种积极进取的入世态度，渴望在盛世之中建功立业、出将入相。

这种强烈的入世思想在唐初的边塞诗中体现得淋漓尽致。在现存的唐朝代边塞诗中，有许多诗歌的内容与投军建功有关，如高适的《燕歌行》《塞上》《塞下曲》《蓟中作》等作品，在风格上呈现出鲜明的壮美阳光和积极向上的盛唐气象，透露着奋勇报国、建功边疆的豪情。实际上，初唐到盛唐期间的内地诗人也大多具有这种关注现实、积极建功的入世情怀。即便是高蹈理想主义的"诗仙"李白，也呼喊出了"仰天大笑出门去，我辈岂是蓬蒿人"的入世宣言。

但佛教是一种倡导出世解脱的宗教，"其认为人生的意义是苦，人生的理想在于断除现实生活所带来的种种痛苦，并求得解脱"（方立天，2006，p.7）。为了给这种解脱提供理论支撑，佛教往往会对现实世界的真实性持否定态度，将人生理想的实现寄托于来世。

不过在盛唐时，佛教这种倡导解脱的出世思想与盛唐积极向上的国家精神以及百姓殷实的生活水平并不相适应。因而在唐朝得到迅速发展的佛教，不可避免地开始了轰轰烈烈的世俗化运动。这种世俗化一方面体现为佛教"俗讲"和"变文"的大规模推广，使佛教更方便地从世俗谛角度看待其与世俗社会的关系，并试图在现实社会中发挥作用；另一方面，唐朝著名的玄奘法师从印度将承认符号世界相对真实的有相唯识学说引进中国，并建立了佛教中重要的宗派法相唯识宗，对当时佛教的世俗化运动进行了理论层面的回应。

（二）唯识"带相说"阐释的符号与符号对象物关系

玄奘引入中国的有相唯识学在"相"层面有一个著名理论——"带相说"。"带相"是指"心识生起时，必定带有所认知对象的相状。此相状出现在心识上，所以可被认知，具有'所缘'义；同时此相状既是在心识的内部，所以是有体的实法，可以为因引生心识，具有'缘'义。据此'所缘'与'缘'二义，由心识带起的可被认知的相状就能成为心识生起的'所缘缘'，它是内在于心识的相分，而无需假定另有外部世界存在来引生心识"（傅新毅，2017，p.27）。

从理论源流上看，有相唯识的"带相"理论来源于经量部的"带相说"。经量部认为，"由于极微刹那灭，因此识无法直接认知外境，识所缘之境非境本身，而是以境为依据，由识变现出来的形象，识所知的是识自身的变相"（吴梅梅，2018，p.2）。后来，陈那将这种心识所缘的相安立在心识内部，认为"带相说不是变带外境的相状而起，境本在心识之中，是变带心识内的境而起"（吴梅梅，2018，p.2）。陈那对经部"带相说"的改造，形成有相唯识"带相说"的理论雏形。

但是有相唯识"带相说"提出后,因为无法解决"无分别智亲证真如"的难题,遭到了一些佛学家的质疑。如般若毱多就在《破大乘论》中提出:"无分别智不似真如相起,应非所缘缘。"(《大正新修大藏经》,第43册,1960,p. 500)其意为,在用根本无分别智亲证真如时,由于真如是无相的,故而这一亲证就不能在心识上变现出真如的相状,而是直接证得了真如本身。为解决这一问题,玄奘法师对有相唯识的"带相说"进行了修正和完善,提出了"挟带"理论。在《制恶见论》中,玄奘对此做了如下解释:"汝不解我义。带者是挟带义,相者体相,非相状义。谓正智等生时,挟带真如之体相起,与真如不一不异,非相非非相。"(《大正新修大藏经》,第43册,1960,p. 500)

在这一论述中,玄奘提出了一个关键概念——体相。著名佛学家太虚法师曾将法相唯识宗涉及的"相"分为相貌之相、义相之相以及体相之相。其中,相貌之相大约指日常生活中由眼睛感觉到的事物的相状;义相之相指人的意识所分别、判断及思维的相;体相之相指的是直接感觉到的相,也包含意识与前五识合作而生成之相。(太虚,2010,p. 23)由此可知,相貌为感官意识到的相状,义相则是意识分别思辨之相,而体相就是具有本质意义的相状。

按照太虚法师的说法,体相是"直接感觉到的,较平常所言直觉更为单纯……而且此相须有实体刺激才能感觉到。如声来才有声觉,味来才有味觉也。然意识与前五识(眼识、耳识、鼻识、舌识、身识)合作所感觉,亦可称体相之相,此中唯加上意识之义相耳。乃至第八识(阿赖耶识)所觉到亦是体相之相,以第八识所觉到亦有实体故"(太虚,2010,p. 23)。这一阐释,充分说明了体相的直觉性,更揭示了哪怕是阿赖耶识所觉之相仍是体相,仍是实体,进一步佐证了有相唯识中"相分"的实有性。

如果从见分与相分的关系看,玄奘所提出的"挟带"还有一种逼附之义,即"能认知的心识逼近、亲附所认知的对象,二者虽有能、所之别而互不相离,犹如日常所说的身上佩带刀剑"(傅新毅,2017,p. 27)。因此,在玄奘看来,用无分别智亲证无相的真如时,虽然不能将真如的相状"变带"出来,但是能将真如的体相"挟带"出来。这种真如体相与真如"不一不异",是一种"无相之相"。

"不一不异"体现的逻辑哲学关系源于古代印度吠檀多派哲学中的"不一不异论",亦称"异同说""二而不二论"或"有差别与无差别论"。其认为"梵与我之间既一致又不一致,即梵与我在本质上一致,是全体与部分,蕴涵与被蕴涵的关系;但在形式上相异,梵是永恒的、不被创造,我则被非永恒的器官所局限,被梵所创造"(金炳华,2001,p. 1511)。因此,与真如"不一不异"的体相,从某种程度上来说,与真如也是一种部分与全体、被蕴含与蕴含的关系。

从认知符号的视角看,如果将真如视为符号对象,将认识中"挟带"的体相看作符号,就可发现在用无分别智亲证真如这一过程中,对象与符号的关系变成了全体与部分的关系。这与现代符号学理论中对象与符号的关系相一致。

事实上,现代符号学也将符号与符号对象物的关系阐释为一种部分与全体的关系,即符号只是符号对象物的某部分特性呈现,这一现象在现代符号学中被称为符号表意的"片面化"特性。赵毅衡先生曾将片面性作为符号表意两个核心特征之一。他提出:"符号的一个重要特点,是把符号的'物源'的品质片面化。一件物成为符号,不是因为它作为物的整体存在,恰恰相反,符号载体只是相关可感知品质的片面化集合。"(赵毅衡,2012,p. 115)

因此,在现代符号学的视野中,符号对符号对象物的替代只是一种片面化的替代。不过符号对物的替代,也并不是只选择了对象物的一个特性,而是将对象物相关可感知的品质进行了集合。这种集合使符号本身就具有了物本质特性共相的意义。在西方哲学中,柏拉图也对"相"与"物"的关系进行过阐述。徐长福就曾谈到,柏拉图著名的"相论"认为同类的具体事物具有个体的差异,相则代表了它们的统一性。(2008,p. 59)

只是这种相的集合仍旧是片面的,也仅对符号对象物的某种同类特质进行集合,因而不可避免地舍弃和忽略了那些不那么重要的特性。所以,符号永远是不能真正表达对象物的全面特性的,我们也无法通过符号真正认识对象物。这种符号表意的片面性对我们的现实生活影响不明显,但是一旦符号对象物上升到真知、佛性等领域,符号表意就陷入了困境。比如,佛教中的真如作为一种无相的存在,我们无法窥知其任何特性(因为其没有任何特性),也就无法对其进行符号化。在佛教中,真如作为一种不可符号化的对象物,体现了一种符号和对象物间的新关系:符号和对象物之间需要是一种整体对整体的关系,即能表达真如的符号必须是一种能彰显对象物全部相状和特性的符号。这种符号是否存在呢?答案是否定的,因为这与现代符号学强调的符号表意的片面性相违背。

在佛教中,"无相"被当作一种具有无限意义的符号。真如作为一种

"无相之相"包含了这样一种逻辑:真如集合了对象物所有的特性,即集合了整个物质和精神世界(佛教的器世界和有情世界)的特性,是一种符号"总相"。

佛教讲凡夫"取相",是讲凡夫因生无明而不能彻底摆脱取相生着的认知范式,因而在面对有形的符号世界时,凡夫不能正确地理解名与义。而且凡夫由于"过于依赖感性的五根,尚未启蒙意根法眼,故不能理喻超越感性世界的细微法则"(成中英,冯俊,2009,p. 286)。意即凡夫在认识符号世界时,一方面依赖感性的五根,不能超越感性世界的局限;另一方面,凡夫容易被世间名相迷惑,无法看到整个世界的符号总相。因而要证得真如,就需要在见道位以无分别智亲证。这一亲证过程中,心识"挟带"的体相是一种超脱了有形符号的纯粹感知,因而能"逼附"真如,并与其形成一种互不相离的状态。

二、禅宗的"离言绝相"与宋人的出世思想

禅宗是一种与中国传统思想充分融合的本土化宗教,不仅完全融入了中国的本土文化体系,而且对中国的文学、艺术以及社会伦理道德等产生了深远影响。作为与中国传统文化深度融合的佛教宗派,禅宗以"教外别传,不立文字,直指人心,见性成佛"(孙昌武,2019,p. 11)为思想核心,在符号学维度呈现出鲜明的"无相"特质。在社会影响上,与唐时的有相唯识彰显的某种程度上的入世精神不同,两宋时期,诸多儒学家和文学家纷纷从禅宗汲取思想精华,构建起了宋朝士大夫群体"身居世间、心怀出世间"的独特出世精神。

唐朝有相唯识宗从"八识"认识现实世界,宋代禅宗主张从"本心"出发认识外在世界。这种认识方式可以归结为简单的"明心见性",即要摒弃世间的一切杂念,洞察被杂念遮蔽的佛性。具体到文人士大夫群体,则是要摒弃世俗观念,率真任性地生活和表达心性。而要做到摒弃杂念和世俗观念,就需要做到"无相"。

比较可知,禅宗的"无相"思维与无相唯识学的"无相"思想是相似的,都认为意识之外的外在符号世界是虚妄不实的,甚至连认识本身也是虚妄不实的。如《成唯识论》言:"三界心及心所由无始来虚妄熏习,虽各体有一,而似二生,谓见、相,即能、所取。如是二分,情有理无。此相说为遍计所执。二所依体,实托缘生。此性非无,名依他起。虚妄分别缘所生故。"

(《大正新修大藏经》，第31册，1960，p. 46）但与唯识学说所争论心识内二分的实在与否不同，禅宗主张一种"即事而真"的无相观，即从"心"这一角度出发，主张摒弃"不真"的万事万物，以达到真正意义上的"实相无相"境界。因此，禅宗开宗之初，曾极度反对语言符号，大力倡导"不立文字"。

只是禅宗这种"不立文字"的做法，虽自慧能创宗便已主张，但非常不利于宗派的传承。因此，到了禅宗成熟的宋代，禅宗已经从"不立文字"发展到了"不离文字"，"文字禅"一度成为主流。不过宋代禅宗对文字符号载体的重新重视，并不是由此思想转变而来。在现有的对禅宗"不立文字"思想的研究中，大多学者都认可"不立文字"并不是彻底摒弃文字，而是以这一极端主张号召信徒在修行佛法的过程中，破除无明与执念，从而直达内心佛性。

而为直达佛性的境界，禅宗一方面要求修佛者摒弃符号再现体，使符号的对象与解释项直接对接，从而使符号对象成为佛法的承载体，形成禅宗"佛法在世间，不离世间觉"的独特修行观；另一方面，禅宗为破除名相的迷惑，一直试图通过符号隐喻机制，引导修行者通过参悟"机锋妙语"所隐喻的新符号意义，以达到"明心见性"的目的。

（一）摒弃符号再现体后"佛法在世间"的修行观

宋代文化的一大特征是儒、释、道三教的融合发展。实际上，"入宋以后，儒、佛、道三教在新的社会环境中出于生存、发展的共同需要而相互融摄、相互渗透、相互补充，在思想层面上开始了深层的、广泛的、有机的融合，逐渐形成了以儒学为主体，佛、道为辅翼的'三教合一'的思想文化格局"（张玉璞，2011，pp. 107－108）。

因此，宋代文人士大夫身上有着兼具儒佛文化的精神特质。儒家作为一种积极倡导入世的文化，赋予了宋朝士大夫强烈的社会责任意识。而他们身上的佛学修养又使他们有了一种出世的情怀，追求一种隐逸和闲适的生活。宋人这种儒佛兼修的文化行为，使诸多宋代士人在入世与出世间徘徊，最终导致宋朝士人身上呈现出一种独特的"圣贤气象"。这种气象将人的社会责任与个人精神追求进行了区分与融合。其在社会责任上追求心怀天下，主张文人积极参与政治，为君解忧，为民请命；在个人精神追求上，又希望拥有洒脱适意的人格，过上闲适安乐的个人生活。

"圣贤气象"使宋代士人大多将"身居世间、心怀出世间"作为自己处事的准则。这种思想强调心性的作用,从源流上看,明显是受到了这一时期最为盛行的禅宗"心性论"的影响。方立天就曾提到,"心性论"是禅宗的核心理论要旨(2002,p.365)。禅宗因重视心的作用而主张"以心传心",直传佛的心印,故被称为"佛心宗"。这种"以心传心"的主张最早可追溯到禅宗著名的"拈花微笑"公案。《五灯会元·七佛·释迦摩尼佛》曾如此记载其内容:"世尊在灵山会上,拈花示众,此时人天百万,悉皆罔措,独有金色头陀破颜微笑。世尊言:吾有正法眼藏,涅妙心,实相无相。微妙法门,不立文字。教外别传。付嘱大迦叶。"(释普济,2008,p.11)

在现代符号学看来,这种"以心传心"的"离言绝相"修行观是一种摒弃符号再现体的行为。不过我们需要思考的是,从现代符号学层面分析,这种摒弃符号再现体,使认识主体直达意义真知的做法是否有可行性。皮尔斯曾说过这样一段话:"真的(true)是一个只适用于再现以及被视为再现的东西的形容词。该词意味着再现与其对象相一致。"(皮尔斯,2014,p.133)这段话透露这样的信息:在皮尔斯看来,在达到"真"这一境界时,符号的再现体和对象已经合为一体。按照这一逻辑,禅宗摒弃符号再现体,将符号的对象与解释项直接合二为一是可行的,因为在禅宗修行者顿悟佛性真如的情况下,符号的对象和再现体已经合二为一。

另一问题是,在直达佛性真如的过程中,禅修者是否能做到真正彻底抛弃符号再现体。要讨论这一问题,先要明白佛教中的一对概念:安立与非安立。于凌波《唯识名词白话新解》这样解释这对概念:"安立即施设差别的意思。亦即用语言、名相来区别种种事物。反之,无差别、离名言者为非安立。非安立乃超越相对的差别,不以语言、名相表示。"(2016,pp.203)而在佛教看来,未悟到佛性真如的凡夫是被无明羁绊的,这种羁绊表现为凡夫对各种世间安立之物名相的执着。为了破除这种世间名相带来的无明与烦恼,佛教各宗派大多主张破除名相(符号再现体)。

但是有一点需要我们注意,无论是破除无明还是消除执念,都需要以自身的"心"直达无相的佛性真如。其遵照着这样一种思维:佛性真如是无相的,要体悟无相的真如,就必须摒弃一切符号,因为任何符号载体都有其表意的局限性。禅宗正是看到了这种符号表意的局限性,才选择了摒弃符号,试图直达佛性真如的修行之法。

在具体修行层面,曹洞宗的"默照禅"和临济宗的"看话禅"就是两种倡导摒弃符号再现体以达佛性真如境地的禅修方式。默照禅修行主要着力"默"和"照"两字。其中,"默"乃是无言静坐之义,修行者通过这种静坐使自己进入一种万物皆空的"离言绝相"状态，以此关照佛法真如；"照"是一种观照内心般若的意识活动，即要求修默照禅者"不触事而知，其知自微；不对缘而照，其照自妙"（华人学佛网，2014-09-07）。在这一过程中，修行者进入一种真空静寂的空幻境界，以达到对佛性的体认。

虽然默照禅试图通过"默"和"照"的形式使修佛者达到"离言绝相"的空相遇空念境地，以此直达佛性，但其强调的静坐形式，使其陷入了形式主义的泥淖，不是真正意义上的"离言绝相"。而看话禅又必须借助文字，未能跳脱语言文字的束缚。从这一事实可知，禅宗修行者在直达佛性真如的过程中，对符号再现体并没有做到真正意义上的摒弃。禅宗修行者一直在做着将符号再现体真正摒弃的努力，但这种努力注定不会取得真正意义上的成功，因为修行者和其修行的世界都是有形的，这注定了修行者无法真正做到形式上的彻底虚空。因此，禅宗修佛者要直抵真如之境，必须借助符号。

故而，禅宗不得不对佛教的出世做出某种妥协性改造，这种改造的结果便是开始强调"佛法在世间，不离世间觉"的禅修思想。这种"世间性"从侧面佐证了修行者要达到佛性境界，必须借助有形的符号世界。但是禅宗作为一种将"心性论"作为核心主旨的佛教宗派，并不将考察外在符号世界作为重点。相反，以"心性论"为核心的禅宗更加重视"从人的心性方面去探求实现生命自觉、理想人格和精神自由的问题。而禅师们则把实现自我觉悟，开发自己心灵世界，作为人生的主要任务和最大追求。此外，禅宗强调要自识本心、自见本性，实现自我超越，解脱烦恼、痛苦和生死，在有限、短暂、相对的现实中实现无限、永恒和绝对"（方立天，2002，p. 368）。

为了实现这种"无限、永恒和绝对"，禅宗主张人与无限永恒的自然达到同一（与道家的"道法自然"相似）。因此，禅宗和受禅学影响的宋代文人士大夫，都表现出一种强烈的"自然性"，并希望达到"天人合一"的精神境界。实际上，"北宋的士大夫与前代相比，更加关注真实的自我与外在通人通天的合一，即天人合一，甚至不仅仅是'合'，而是大人一体不二。二程认为，孔子之天然纯成才是真正的圣贤气象。士人们身在具体的人性的善恶、私欲之中，通过心性修养，发明本心，复归天理，完全找回自己的本质"（邢爽，2015，p. 32）。同时，这种"自然性"还体现为僧人和文人士大夫都热衷到自然之空间过自然之生活。这种思潮，大大推动了宋代僧人在山间结庐修行以及文人纵情山水间的隐逸风气。

如前所述，如果用符号学考察禅宗的"佛法在世间，不离世间觉"思想，则会发现禅宗虽然在这一过程中极力摒弃符号的再现体，但是并不能真正彻底摒弃。相反，禅宗在后来的发展中高度重视符号再现体以及符号对象在体悟佛性中的作用，以至于将无相的真如佛性融进自然之物，与日常琐事融为一体，从而使人终极关怀的佛性真如与现实世界的日常生活符号联系在了一起。

（二）"机锋妙语"背后的符号隐喻机制

禅宗主张破除名相，要求修行者在修行过程中要"离言绝相"，从而达到"明心见性"的目的，其中"性"指事物的真正本质。如果把禅宗的"明心见性"看成一个符号过程，则会发现对"性"（真知）的意义参悟，无疑是一种独特的符号隐喻机制。

从历史实践来看，禅宗对佛性真如的隐喻式参悟可谓多种多样。如宗密主张"知之一字，众妙之门分"，南岳系的马祖道一提倡"触类是道"，青原系石头希迁号召修行者要"即事而真"。而之后的曹洞、云门、法眼，以及伪仰、临济等宗派，更是趋向于舍弃经论文字，扫除玄句，大辟机用，以求顿悟成佛，形成了"四照用""五位君臣""三句"等教学模式，机锋棒喝、超佛超祖甚至呵祖骂佛等教学手段，以及文字禅、看话禅和默照禅等参悟手段。（方立天，1989，p.10）禅宗的历代修行者在禅修实践中形成了大量的公案，这些公案记录了禅宗修行者各种隐喻式参悟佛性的方式。翻看这些公案，会发现为了引导修佛者参悟佛性，禅宗大多要求修佛者通过参悟非符号层面的符号意义达到"明心见性"目的。

隐喻作为一种重要的符号修辞，有悠久的发展历史。索绪尔就曾指出："符号的能指是音响形象，由语音体现；所指具有表达意义的功能和在此基础上使意义向外延伸的特征。这种延伸性会使符号的能指和所指合并在一起，共同成为延伸后符号的能指，语言由此产生隐喻意义。……而在近现代，学者们开始逐渐认识到，隐喻不仅仅是一种修辞手段，更是一种基本的认知方式。"（转引自黄华新，2020，p.48）而从认知取向上看，"隐喻是以人类经验为基础，以相似性为支撑点，是一种以抽象的意象图式为基础的映射，从一个简单、具体的源域映射到一个复杂、抽象的目标域。通过映射，人们在源域与目的域之间建立联系，实现隐喻化"（陆国君，2007，p.117）。通过这些关于隐喻的概念阐述，我们不难发现隐喻这种认知方式与禅宗倡导的参禅方式有非常大的相合性，即禅修者通过符号隐喻的方式进行抽象推理，从而理解无相佛性这一抽象概念。在这一过程中，禅宗修行的引导者往往会将日常生活中的符号进行隐喻化，再通过这一隐喻化的符号，映射一个抽象概念，以此引导修行者参悟佛性。

这种引导首先是日常生活符号的隐喻化。这种隐喻化需要以日常的生活经验为基础，以凡夫所见的日常之物作为隐喻化的对象。如在禅宗著名的公案"拈花微笑"中，世尊就选取了生活中常见之物——花，作为符号隐喻的对象。为何要选取日常生活经验之物作为符号隐喻的对象呢？这是因为禅宗认为"佛法在世间，不离世间觉"。所以，禅师们在教导弟子的时候，选择了将"即事而真"作为引导弟子开悟的方式。其中，"事"是日常生活中所见之物，是符号隐喻的对象，是一种引导开悟的"入口"或"机缘"；"真"是佛性真如，是无法用符号阐释的抽象存在。要理解这种极度抽象的佛性，就要试图将日常生活中的符号与佛性结合，而在禅师看来"青州布衫""镇州萝卜"等世俗世界日常之物就是佛性。

其次，禅师对符号的隐喻化主要体现在符号文本的"无意义化"处理上。禅宗公案记载了许多异常有趣的禅修故事，这些故事中，禅师往往使用在常人看来无法理解的方式诱导弟子开悟。如有僧人问从谂："万法归一，一归何处？"从谂回答："我在青州作一领布衫，重七斤。"有僧人问省念僧人："如何是佛心？"省念回答："镇州萝卜重七斤。"龙牙问义玄："什么是佛祖西来意？"义玄拿起蒲团便打。（李守钰，1995，p. 58）

如果从符号层面解读这些有趣的"答非所问"的故事，就能觉察到这样一种理路，即禅师作为符号意图的发送者，故意选择了一个隐喻化的符号文本（"青州布衫""镇州萝卜"等）。这一符号文本在符号意图的发出者（禅师）看来是正确的，但在符号的接收者（弟子）看来往往是无法理解的。在这一过程中，禅师的真正意图是用"答非所问"的文本向弟子阐释佛性是无法用符号表达的，任何的语言解释都不能表达佛性，因此要跳脱符号修禅，方能证悟佛性。

最后，禅宗公案的"答非所问"，造成了符号理解上的解释漩涡。符号学者赵毅衡曾这样定义这一概念：同层次元语言冲突被称为解释漩涡（2016，p. 231）。据此，在禅宗公案中出现的诸如问"如何是佛心？"却答"镇州萝卜重七斤"的例子，就是同层次符号元语言冲突造成的解释漩涡，因为弟子在将"镇州萝卜"与"佛心"的能指与所指结合过程中，便会使用自己的元语言对"镇州萝卜"这一符号文本的意义进行阐释，得出自己元语言下的符号解读。如果弟子和禅师使用的不是同一套元语言，那么弟子将无法理解禅师"无意义"符号文本的真实意图。

此外，禅宗公案这种"答非所问"的符号文本，还会使符号文本意义得到延伸，从而生出新的符号意义。就如赵毅衡先生所讲，"当两套意义标准出现在同一个解释行为之中，诸种元语言因素很有可能协同产生一个意义"。法国符号学家巴尔特也曾指出："意指可被理解为一个过程，即能指和所指结合的行为过程，这一行为及由其联结起来的能指与所指构成一个意指系统。意指也指这一行为过程的结果，一种更深层次上的意义。"（转引自陆国君，2007，p.118）

所以，禅宗公案中禅师那些"答非所问"的引导修行方式，正是为了让弟子对那些毫无意义的字句及其非字面意义做反复参悟，以图透过文本，大发疑情，从而生出新的符号意义。如龙牙问义玄："什么是佛祖西来意？"义玄拿起蒲团便打。龙牙对"义玄拿起蒲团便打"这一符号文本意义会大发疑情：是义玄不想回答，并恼怒而打他，还是义玄觉得这一问题是无法用语言符号表达，因此不该问这样的问题？不过，符号的解释漩涡终究会在一个高一层的符号元语言层次得到解决。比如，只要掌握"禅宗始终主张'以心传心'，倡导破除名相，希望以'心'直指佛性"这一套元语言，就能一通百通地明了这些有趣的"答非所问"禅宗公案背后的符号隐喻逻辑和文本意义。

引用文献：

陈义孝（编）(1988). 佛学常见词汇. 北京：文津出版社.

成中英，冯俊（编）(2009). 康德与中国哲学智慧. 北京：中国人民大学出版社.

大正新修大藏经 (1960). 东京：大正新修大藏经刊行会.

丁福保（编）(1984). 佛学大辞典. 北京：文物出版社.

方立天 (1989). 禅悟思维简论. 五台山研究，1，9–14+25.

方立天 (2002). 佛教哲学要义. 北京：中国人民大学出版社.

方立天 (2006). 佛教哲学. 长春：长春出版社.

傅新毅 (2014-02-06). 认识是如何可能的——从唯识古学的无相说到有相说. 获取自 http://blog.sina.com.cn/s/blog_af3c5b1b0101gsy7.html.

傅新毅 (2017). 法相唯识宗的义学创新. 法音，1，26–30.

华人佛网 (2014-09-07). 曹洞宗宏智正觉禅师《坐禅箴》. 获取自 http://wuming.xuefo.net/show2.asp?id=129772.

黄华新 (2020). 认知科学视域中隐喻的表达与理解. 中国社会科学，05，48–64+205.

金炳华 (2001). 哲学大辞典. 上海：上海辞书出版社.

李守钰 (1995). 禅宗"即事而真"的哲学、美学意蕴. 北京社会科学，3，57–61+67.

陆国君 (2007). 隐喻产生的符号学分析及认知机制. 外语学刊，1，117–120.

皮尔斯（2014）．皮尔斯：论符号（赵星植，译）．成都：四川大学出版社．
释普济（2008）．五灯会元：插图本．沈阳：万卷出版公司．
孙昌武（2019）．禅宗十五讲．北京：中华书局．
索绪尔（1985）．普通语言学教程．台北：弘文馆．
太虚（2010）．法相唯识学．北京：商务印书馆．
吴梅梅（2018）．有相唯识带相说之研究．硕士学位论文．南京：南京大学．
邢爽（2015）．佛学与北宋士大夫的精神世界．博士学位论文．长沙：湖南大学．
徐长福（2008）．异质性的得而复失——柏拉图《巴曼尼德斯篇》读解．复旦学报（社会科学版），2，59-68．
玄奘（译），韩廷杰（校释）（1998）．成唯识论校释．北京：中华书局．
于凌波（2016）．唯识名词白话新解．北京：宗教文化出版社．
张玉璞（2011）．宋代"三教合一"思潮述论．孔子研究，5，107-116．
赵毅衡（2012）．符号表意的两个特征：片面化与量化．福建论坛（人文社会科学版），5，115-119．
赵毅衡（2016）．符号学：原理与推演．南京：南京大学出版社．

作者简介：
曹忠，四川大学文学与新闻学院博士研究生，四川大学符号学-传媒学研究所成员，研究方向为符号学、新闻与传媒和戏剧电影与电视艺术。

Author:
Cao Zhong, Ph. D. candidate, School of Literature and Journalism, Sichuan University; member of ISMS research team, Sichuan University. Research interests are semiotics, news and media, drama, film and television art.

Email: xbsdcaozhong@163.com

符指六要素视域下的五行灾异符号分析：以《汉书·五行志》为例

兰 兴

摘 要：五行灾异是中国古代符号学当中用来解释祥瑞异象的重要范式。作为天人感应中的重要媒介，五行灾异这套学说在长久的历史书写中得以保留与发展，其本源出自《汉书·五行志》。过往关于《汉书·五行志》的研究往往着力于其文献学等方面的价值，而对其在符号学研究上的潜力尚未充分挖掘，本文则试图在这个方面加以阐发。根据《汉书·五行志》四重层叠的文本结构特点，本文选择借助雅柯布森的符指六要素为理论工具对其四层文本逐一讨论，并分别确认其在建构五行灾异符号中的不同功能，从而更好地理解五行灾异符号系统的机制与功用。

关键词：五行，灾异，雅柯布森，汉代

Semiotic Study of the Five Phases from the Perspective of Roman Jacobson's Model of the Functions of Language

Lan Xing

Abstract: When we examine traditional semiotics in China, the *Five Phases* is a paradigm for the interpretation of disasters and portents. The paradigm that is believed to link Heaven and the human world has become a tradition in Chinese history writing. In retrospect, the *Treatise of the Five Phases* in *Han Shu* is the basic set of the paradigm. The text affords fruitful research space, but other studies focus mainly on examining its philological value and ignore its potential in semiotic study. Therefore, this study endeavours to fill this gap. Because the text features a quadruple textual layer with different functions, this study uses Roman Jacobson's model of the functions of language, which consists of six elements, as the main method. In discerning all four layers of the text, the study refers to Jacobson's model to identify the function of each layer. In doing so, this study better reveals the mechanism and functions of the system.

Keywords: the *Five Phases*; abnormality; Roman Jacobson; the Han Dynasty

DOI: 10.13760/b.cnki.sam.202101008

在中国古代符号学思想中，五行灾异是极有代表性的组成部分。简单来说，五行灾异可以被认为是天人感应的一种具体实现方式，上天通过传递以五行为媒介的灾异现象，对统治者给予警示与劝诫。在正史当中，从《汉书》首创这一体裁之后，其间虽偶有中断，但《五行志》连同脱胎于其中的《符瑞志》《灵征志》始终都是中国历史书写中不可或缺的一环，是精英知识分子解释自然现象与历史事件的主要依据（张书豪，2017，p.1）。[①] 而在民间，五行灾异这套观念后来也广泛被《五行类应》与《五行类事占征验》等民间术数文本承袭，成为中国人的集体潜意识。有鉴于此，本文试图从《汉书·五行志》出发，来讨论五行灾异这套符号解释传统是如何被建构的。

一、研究方法与目的

本文之所以选择《汉书·五行志》作为研究对象，理由大致有两点：首先，《汉书·五行志》是五行灾异思想的奠基性文本，此后历代《五行志》与《符瑞志》等类似文献基本上都以此为蓝本；其次，相比其他版本的《五行志》，《汉书·五行志》的文本结构最为完整，材料也最为丰富，很好地还原了这套解释传统的构建过程与组成元素。

严格来讲，《汉书·五行志》中的符号解释传统很早就已经被注意到，目前也有若干相关研究成果，比如陈侃理《〈洪范五行传〉与〈洪范〉灾异

[①] 《汉书·五行志》中的文献考证直到今天依然还是一个饶有趣味的话题，近些年也陆续出现了可观的成果。其中，张书豪教授于2017年出版的《汉书五行志疏证》一书对《汉书·五行志》进行了极其详尽的考辨疏证，其结论也翔实可靠。本文为节省篇幅，难以对所涉及的《汉书·五行志》词句一一考辨，所以基本上沿用此书的结论。对于张书豪教授的殷切鼓励与惠赠著作，本文在这里一并道谢。

论》，张书豪《汉书五行志疏证》。这些研究的价值很高，但其角度与方法主要聚焦于文献方面的考辨疏证。而就符号思想这个特定角度而言，这样的路径并不能算是最高效的方法。有鉴于此，本文尝试以雅柯布森的符指六要素为理论框架，并结合近年来西方关于古希腊等文明中的早期符号学的研究，来对《汉书·五行志》进行跨文化探讨。

雅柯布森的符指六要素虽然在中国影响极广，但不同汉语译本出入较大。为方便讨论并保持术语的统一性，本文结合近年来的相关汉语翻译，对雅柯布森关于六要素的诠释加以重新译述。

语言的研究必须要考虑其所有的功能。而要概括其功能，就需要对任何言语事件与语词交际行为中的构建因素做简要考察。其发送者（addresser）把信息（message）传送给接收者（addressee）。文本要得以运行，就必须有一个所指的对象（context），该对象要能被接收者掌握，而其自身要么是言语形式，要么就是可以被言语化；符码（code）是发送者和接收者之间完全或者至少部分达成的共识；媒介（contact）是发送者和接收者之间的一条物理渠道和心理联系，它使得双方能够保持沟通。①

上述文字可以用下图直观展示：

图 1　雅柯布森符指六要素示意图

如图所示，符指六要素向我们完整传达了任何一次沟通或者交流所需要的必要条件。通过这样一个模型，我们可以有的放矢地对《汉书·五行志》四层文本的作用与功能做具体分析，看看这四层文本是怎么样组织、展示这六个要素，继而完成"天人感应"这样一个传播过程的。②

二、四层文本的分别讨论

《汉书·五行志》由四层文本重叠构成，即"经""传""说"和"事

---

① 原文参看 Jakobson & Rudy（1985，p. 113），其中术语的汉语翻译以赵毅衡（2012）为参考，为保留行文简洁，上述译文没有保留雅柯布森原文括号中的附加信息。
② 《汉书·五行志》大致分为"五行""五事"和"皇极传"三个部分，其中最为重要的是"五行"部分。为紧扣主题，本文基本上围绕着"五行"展开。

证"："《五行志》先引'经曰'一段，是《尚书·洪范》文；次引'传曰'一段，是伏生《洪范五行传》文；又次引'说曰'一段，是欧阳，大小夏侯等说，乃当时列于学官，博士所习者；以下则历引《春秋》及汉事以证之，所采皆董仲舒、刘向、歆父子说也。"（王鸣盛，2013，p. 148）

（一）第一层文本：发送者

第一层文本明确传达的是发送者这一因素。《汉书·五行志》在开篇就传达出了这层含义："《易》曰：天垂象，见吉凶，圣人象之；河出图，雒出书，圣人则之。刘歆以为伏羲氏继天而王，受《河图》，则而画之，八卦是也；禹治洪水，赐雒书，法而陈之，《洪范》是也。"（班固，1962，p. 1315）。

上述引文清晰表明符号的发送者是天，而"天"之所以"垂象"与"见吉凶"，其目的是向人间传达自己的情绪。作为《汉书·五行志》思想的重要贡献者之一，董仲舒对灾异的诠释更为清晰地表达了这层关系："天地之物，有不常之变者，谓之异，小者谓之灾，灾常先至，而异乃随之，灾者，天之谴也，异者，天之威也，谴之而不知，乃畏之以威，《诗》云：'畏天之威。'殆此谓也。凡灾异之本，尽生于国家之失，国家之失乃始萌芽，而天出灾害以谴告之；谴告之，而不知变，乃见怪异以惊骇之；惊骇之，尚不知畏恐，其殃咎乃至。"（苏舆，1992，p. 259）。

此外，这一层文本还揭示出天和人之间存在着彼此共通的符码，也就是伏羲和大禹从上天处得到的《河图》与《雒书》。这里虽然并没有交代其中的符码究竟是什么，但已经揭示了承载符码的文本及其来历，这些都是此后沟通能够顺利进行的必要条件。

这种将信息发送者归于上天或者某种超自然力量的做法，在其他文明当中也能找到类似的例子。Kim Beerden（2013，p. 107-138）就认为在人类早期的文明中，外部信息的导入主要是依靠占卜，而占卜所依据的符号往往都是来自超自然的力量。而古希腊历史学家希罗多德在其《历史》一书当中也认为在巨大的灾祸降临之前，神往往都会先降下某种征兆（Hollmann，2011，p. 56）。

（二）第二、三层文本：符码、媒介

在明确了发送者之后，第二层和第三层文本主要解释了其中的符码与媒介因素。其中，第二层文本是对符码与媒介的简要表述，而第三层文本则可以看作对第二层文本的进一步阐释说明。这两层文本关系相当紧密，本文在这里将其一并讨论。

第二层文本首先传递出了《汉书·五行志》这套符号系统的具体符码，认为如果统治者在执政中出现了某种过错，那么上天就会使五行中相应的物质失去本性，并以此作为警示："传曰：田猎不宿，饮食不享，出入不节，夺民农时，及有奸谋，则木不曲直……传曰：弃法律，逐功臣，杀太子，以妾为妻，则火不炎上……传曰：治宫室，饰台榭，内淫乱，犯亲戚，侮父兄，则稼穑不成……传曰：好战攻，轻百姓，饰城郭，侵边境，则金不从革……传曰：简宗庙，不祷祠，废祭祀，逆天时，则水不润下。"（班固，1962，pp. 1318 - 1342）。

上述这五种以"If P, then Q"形式呈现的因果关系，便是天人之间交流的具体符码。这一套符码集合，便组成了《汉书·五行志》中关于五行灾异的元语言。

如果单独观察第二层文本，其中所表述的符码看上去就有些令人难以捉摸，比如说"田猎不宿"为什么会导致"木不曲直"这样一个结果。而第三层文本则为我们解答了这一疑惑，那就是上述的原因与结果中存在着相似性的链条。正如艾柯（1997，pp. 53 - 55）所言，宇宙感应的观念都是有凭借的，即便是类似赫尔墨斯主义这样看上去神秘莫测的符指，背后往往都存在着某种或明或暗的相似性。

我们选取一例加以说明，这个例子所衔接的就是上面那一段引文："说曰：木，东方也。于易，地上之木为观。其于王事，威仪容貌亦可观者也。故行步有佩玉之度，登车有和鸾之节，田狩有三驱之制，饮食有享献之礼，出入有名，使民以时，务在劝农桑，谋在安百姓：如此，则木得其性矣。若乃田猎驰骋不反宫室，饮食沈湎不顾法度，妄兴繇役以夺民时，作为奸诈以伤民财，则木失其性矣。盖工匠之为轮矢者多伤败，及木为变怪，是为木不曲直。"（班固，1962，pp. 1318 - 1319）

"木"在这里首先被解释为"地上之木"，然后又被解释为《易经》中的观卦，其背后的相似性为"坤下巽上，观。巽为木，古云地上之木也"（王先谦，2012，p. 1904）。接下来，观卦又被解释为统治者的"威仪容貌"。通过上面这两次推导，"木曰曲直"的本性就和统治者自身的威仪容貌产生了联系。在正常情况下，当统治者能够维护自己"可观"的威仪容貌时，木就维持其本性；当统治者做不到这一点时，木就会失去本来性状，其结果便是失去本性，变得形状怪异而难以加工。

除了阐明"木不曲直"背后的相似性推导，第三层文本对其他四组符码背后的逻辑也加以详细解说。相似性的建立往往都十分灵活，正如艾柯所说，"只要能够确立联系，用什么标准倒无关紧要"（1997，p. 55），《汉书·五行志》中另外几组符码所选取的路径也各不相同，并不完全是在儒家经典当中找寻依据，比如对"火不炎上"的诠释就主要来自直接的感官体验："说曰：火，南方，扬光辉为明者也。其于王者，南面乡明而治。《书》云：'知人则悊，能官人。'故尧舜举群贤而命之朝，远四佞而放诸野。孔子曰：'浸润之谮、肤受之诉不行焉，可谓明矣。'贤佞分别，官人有序，帅由旧章，敬重功勋，殊别适庶，如此则火得其性矣。若乃信道不笃，或耀虚伪，逸夫昌，邪胜正，则火失其性矣。自上而降，及滥炎妄起，灾宗庙，烧宫馆，虽兴师众，弗能救也，是为火不炎上。"（班固，1962，p. 1320）

这段材料以火本身能带来光明的属性为出发点，引申到帝王治理天下时也应该保持贤明。因此，如果出现了"信道不笃""耀虚伪"等有悖贤明的做法，那么作为贤明象征的火就会失去本性而引发火灾。

在解释符码之间的逻辑关系之外，这两层文本也共同揭示了天人交流的媒介，也就是天人之间的感应究竟是通过怎样的渠道被感知到的。简单来说，这其中的媒介便是"五行失性"所带来的各种灾异与变怪现象，也就是此前我们提到的"木不曲直"等变怪，我们在这里再做详细的说明。

五行中的五种物质，其本身属性都是可以为人所用的。《汉书·五行志》中曾引述了《尚书·洪范》来说明五行的原本属性："经曰：'初一为五行。五行，一曰水，二曰火，三曰木，四曰金，五曰土。水曰润下，火曰炎上，木曰曲直，金曰从革，土爰稼穑。'"（班固，1962，p. 1318）

上述引文中"水曰润下"和"火曰炎上"相对来说都比较好理解，而其他三项可以借助王先谦辑录的注解略加解说："木曰曲直"是指木头有被改变外形的属性，"可揉而曲，可矫而直"；"金曰从革"是指金属有可以被熔炼的属性，"从，更也，可更销铸也"；"土爰稼穑"是指土地有能生长农作物的属性，"种之曰稼，收之曰穑"。（2012，p. 1903）

在正常情况下，上述五种物质都会保持自身的特性，可以为人的衣食住行提供服务。而当统治者德行欠缺时，就会产生"木不曲直""火不炎上"等"五行失性"的变怪。媒介本来就是为了被感知而存在的，"五行失性"这样的抽象的解说并不能充分地体现这一因素。而在第三层文本当中，我们则能清晰地看到"五行失性"的具体表现（表1）。

表1 "五行失性"的具体表现

木不曲直	盖工匠之为轮矢者多伤败，及木为变怪
火不炎上	自上而降，及滥炎妄起，灾宗庙，烧宫馆，虽兴师众，弗能救也
稼穑不成	亡水旱之灾而草木百谷不孰
金不从革	盖工冶铸金铁，金铁冰滞涸坚，不成者众，及为变怪
水不润下	雾水暴出，百川逆溢，坏乡邑，溺人民，及淫雨伤稼穑

通过第三层文本的解说，"五行失性"的表现变得直观具体，基本上都是灾异变怪，比如水灾、火灾以及其他的怪异现象。这些现象无疑大大提升了"五行失性"这一媒介的可辨识度。

其他文明的早期符号学中也有"符号起于变怪"的认知。符号之所以常常以让人觉得怪异可怖的形象出现，是因为这样能够很快地被辨认出来（Beerden, 2013, pp. 125-126）。希罗多德在其《历史》一书中记录的符号往往都是一些灾害或者怪异现象，比如说地震、异兽、日食、突发的瘟疫等（Hollmann, 2011, p. 51）。同样，古罗马文明把值得注意的符号分为四个种类：天上的自然现象，地上的自然现象，动物的行为以及人类的行为（Rasmussen, 2003, pp. 53-116）。和《汉书·五行志》中各种灾异一样，这四种符号的具体表现往往也都是一些怪异或少见的现象与事物，比如雷电、地震、毒蛇、怪兽以及畸形人等。总的来说，第二层和第三层文本共同揭示出元语言以及媒介。其中的元语言可以归纳为"如果人间统治者行为不端，就会引发'五行失性'"这样一个"If P, then Q"模式，而媒介的具体表现则是"五行失性"所导致的灾异现象。

（三）第四层文本：信息、对象、接收者

第四层文本信息量最大，其主要内容便是将从春秋到汉代以来的种种灾异用此前的那套元语言系统加以试推。这一层文本包含了信息、对象以及接收者三个因素。为方便讨论，下文先引述两个典型例子加以讨论。

春秋桓公十四年"八月壬申，御廪灾"。"董仲舒以为先是四国共伐鲁，大破之于龙门。百姓伤者未瘳，怨咎未复，而君臣俱惰，内怠政事，外侮四邻，非能保守宗庙终其天年者也，故天灾御廪以戒之。刘向以为御廪，夫人八妾所舂米之臧以奉宗庙者也，时夫人有淫行，挟逆心，天戒若曰，夫人不可以奉宗庙。桓不寤，与夫人俱会齐，夫人谮桓公于齐侯，齐侯杀桓公。刘歆以为御廪，公所亲耕籍田以奉粢盛者也，弃法度亡礼之应也。"（班固，

1962，p. 1321）

定公二年"五月，雉门及两观灾"。"董仲舒、刘向以为此皆奢僭过度者也。先是季氏逐昭公，昭公死于外。定公即位，既不能诛季氏，又用其邪说，淫于女乐，而退孔子。天戒若曰，去高显而奢僭者。一曰，门阙，号令所由出也，今舍大圣而纵有罪，亡以出号令矣。《京房易传》曰：'君不思道，厥妖火烧宫。'"（班固，1962，p. 1329）

如果不考虑其中的推理过程，上面两个例子中的信息也可以用表2更加清晰直观地加以展示：

表2 "八月壬申，御廪灾""五月，雉门及两观灾"两例第四层符号分析

信息（事件）	对象（事件原因）	接收者（解读者）
桓公十四年"八月壬申，御廪灾"	［桓公］君臣俱惰，非能保守宗庙（董仲舒） 夫人有淫行，挟逆心（刘向） ［桓公］弃法度亡礼（刘歆）	董仲舒，刘向，刘歆
定公二年"五月，雉门及两观灾"	［定公］奢僭过度（董仲舒，刘向） 君不思道（京房）	董仲舒，刘向，京房

通过上述例子，我们再来对这三个要素加以审视。事件本身便是被传递的信息。这层文本在陈述事件之后，紧跟着便是以董仲舒、刘向等西汉儒家精英作为符号的接收者或者解读者，利用前面两层文本所构建的元语言对所引述事件外延意义加以试推，其对应的便是对象和接收者。所以，简单来看，第四层文本体现了五行灾异这套元语言的验证与运行。

当然，如果要论证五行灾异这套元语言的建立，仅仅通过单方面引述《汉书·五行志》本身的例证，似乎还不算中肯或有说服力，并且有陷入循环论证的风险。所以，本文也尝试选择其他角度——唐代史学家刘知几对五行灾异的驳难这种对立的论点，来证明五行灾异这套元语言在《汉书·五行志》当中已经得到了充分的接收与使用。在刘知几看来，《汉书·五行志》"芜累尤甚"。除了主观层面上的不满，刘知几也从事实层面对《汉书·五行志》提出了诘难。

一方面，刘知几观察到董仲舒、刘向等人对于同一个灾异现象往往见解不一，因此认为五行灾异说杂驳不纯："且每有叙一灾，推一怪，董、京之说，前后相反；向、歆之解，父子不同。遂乃双载其文，两存厥理。"（刘知几，1978，p. 66）

刘知几所言的"前后相反"与"父子不同"的情况确实存在，但是这些

不同的理解并不能作为质疑五行灾异这套元语言的依据。如前文所引，在面对春秋桓公十四年"八月壬申，御廪灾"时，董仲舒认为这和桓公非能保守宗庙有关，刘向认为其原因是桓公夫人"有淫行，挟逆心"，而刘歆则认为是桓公"所亲耕籍田以奉粢盛者"的做法不合礼仪法度。这三种解读方式确实有所不同，但都一致认同桓公或者其夫人不合礼法的行为是灾异发生的原因，归根结底依然遵循了五行灾异元语言的底层逻辑。所以，这些不同的解读并不应该被当作相互矛盾的歧见，而是反映了解读者在能力元语言方面的区别。① 因为即便在认同相同元语言集合的前提下，不同解释者也完全有可能由于各自能力元语言的区别而选择不同元素搭配（赵毅衡，2012，p. 234）。

对此，《汉书·五行志》其实已经有过相关说明："董仲舒治公羊春秋，始推阴阳，为儒者宗。宣、元之后，刘向治谷梁春秋，数其祸福，传以洪范，与仲舒错。至向子歆治左氏传，其春秋意亦已乖矣；言五行传，又颇不同。"（班固，1962，p. 1317）

所以，刘知几提出的"前后相反""父子不同"的质疑使我们得以更为细致地观察不同解释者所使用的元语言，并最终发现这些看似不同的观点实际上在底层元语言的选择上达成了共识。

而另一方面，刘知几也观察到《汉书·五行志》所描述的十余处史实存在错误，并给予了严厉的批评。略举一例加以说明："《春秋》釐公二十九年秋，大雨雹。刘向以为釐公末年公子遂专权自恣，至于弑君，阴胁阳之象见。釐公不悟，遂后二年杀公子赤，立宣公。案遂之立宣杀子赤也，此乃文公末代。辄谓僖公暮年，世实悬殊，言何倒错？"（刘知几，1978，p. 559）

刘知几的质疑不可谓不中肯。但是平心而论，刘向、刘歆在当时都是饱学之士，按常理揣度并不应该如此频繁地犯这种类型的错误。在本文看来，这一类错误的根本原因，很可能是刘向等人在使用五行灾异这套元语言的前提下，为了使其能够更好地解释符号文本，做出了必要调整。

这其中的原因并不难理解。一旦五行灾异这套元语言得以确立，那么任何相关的灾异都必须在其中获得相应的解释。如果某个灾异不能被这套元语

---

① 关于董仲舒是否严格使用过五行这套概念来解说灾异这个问题，目前依然有争议，但是这一争议并不会对本文的论证有实质影响。首先，本文所讨论的班固所编撰《汉书·五行志》并非严格意义的汉代学术史；其次，今人的文献考证虽然就董仲舒的学说提出了新的认识，但是客观上也无法完全还原当时的知识背景、学术文献以及班固本人的意图。因此，本文的讨论依然以《汉书·五行志》文本作为主要依据。

言解释，那么这套元语言的有效性必然会大打折扣。所以，在利用五行灾异来解释各种现象时，即便是存在某些年代或者史实上的出入，刘向等人也必须在此基础上得出一个结论，此时已经"不是符号文本要求相应的元语言来解释它，而是元语言强迫符号文本产生可解的意义"（赵毅衡，2012，pp. 227-228）。明白这一层关系后，前面那些在刘知几看来难以接受的不足，实际上很可能正是刘向、刘歆等人为了使所有灾异符号文本都能够被五行灾异这套元语言合理解释而做出的一些必要调整。这样一些折中的"不足之解"却很忠实地证明了五行灾异这套元语言的强大。

所以，刘知几为批判五行灾异而提出的诘难反而成了对五行灾异元语言的构建、接收与有效运转的极佳注解，客观上论证了五行灾异这套元语言的根深蒂固与深入人心。

在西方的符号学传统中也有和《汉书·五行志》第四层文本类似的书写。Rasmussen（2003，pp. 35-36）就注意到古罗马的占卜家所记录的符号解读案例一共分为六个要素，即文献来源（literary sources）、年代（chronology）、地点以及时间（geographical locations and incidents）、事件内容（substance of the events reported）、祭司解读（priesthood involved）、救赎方式（expiations prescribed）。这样的排列和《汉书·五行志》的处理方式极其相似，所包含的也同样是信息、对象和接收者。

三、结论

综上，本文借助雅柯布森的符指六要素，逐一研究《汉书·五行志》中的四层文本，分别探讨每层文本中的符指要素，以揭示这套元语言及符号解释范式是如何建构并正常运转的。同时，本文也借助了近年来关于其他文明早期符号学的相关研究，以讨论中国古典符号学思想中的共性与个性，试图为中国古代符号学带来更多可借鉴的角度与参照。就五行灾异而言，其背后还有很大的阐释空间，比如说符指六要素分别所对应的功能表现，欧阳修、王安石等宋儒试图通过怎样的途径来消解这套元语言，等等。本文只能算作抛砖引玉，希望能够引发更多的讨论。

引用文献：

艾柯，翁贝托（1997）. 诠释与过度诠释（王宇根，译）. 北京：生活·读书·新知三联书店.

班固（1962）. 汉书. 北京：中华书局.

刘知几（1978）. 史通通释（浦起龙，释）. 上海：上海古籍出版社.

苏舆（1992）. 春秋繁露义证. 北京：中华书局.

王鸣盛（2013）. 十七史商榷. 上海：上海古籍出版社.

王先谦（2012）. 汉书补注. 上海：上海古籍出版社.

张书豪（2017）. 汉书五行志疏证. 台北：学生书局.

赵毅衡（2012）. 符号学：原理与推演. 南京：南京大学出版社.

Beerden, K. (2013). *Worlds Full of Signs: Ancient Greek Divination in Context* (Religions in the Graeco-Roman World, V. 176). Leiden: Brill.

Hollmann, A. (2011). *The Master of Signs: Signs and the Interpretation of Signs in Herodotus' Histories* (Hellenic Studies, 48). Washington, DC; Cambridge, Mass.; London: Center for Hellenic Studies; Distributed by Harvard University Press.

Jakobson, R., & Rudy, S. (1985). *Selected Writings 7, Contributions to Comparative Mythology; Studies in Linguistics and Philology*, 1972–1982 (Selected Writings / Roman Jakobson, V. 7). Berlin, New York: Mouton.

Rasmussen, S. (2003). *Public Portents in Republican Rome* (Analecta Romana Instituti Danici. Supplementum, V. 34). Rome: L'Erma di Bretschneider.

作者简介：

兰兴，爱丁堡大学中国研究专业博士研究生，研究方向为符号学、阐释学、文献学。

Author:

Lan Xing, Ph. D. candidate at the University of Edinburgh. His research interests are semiotics, hermeneutics and philology.

Email: lxgoalsky@gmail.com

《诗经·泂酌》的教育符号学意义

季 宏

摘 要：符号是由再现体、对象和解释项三元结构组成的。再现体又是由文字、语言、音乐、色彩、线条、舞蹈、建筑等人类的文明成果呈现出来的，并且有其明确的指示对象。符号与其对象一般是对应关系，解释项是解释者根据自己的理解去解释出的符号的意义。我们用符号的三元结构解释《诗经·泂酌》的本来意义，认为"泂酌"行为是在隐喻人才的培养过程，主要指向教育场所、教育过程和教育目标，后来出现的辟雍、泮宫、稷下学官、太学、私塾、学校等名词都是其作为符号的解释项。

关键词：符号学，诗经，大雅，泂酌，教育

Pedagogic Semiotics in *"Jiongzhuo"*, *The Book of Songs*

Ji Hong

Abstract: A sign is composed of the representamen, object and interpretants. A representamen is presented as the achievements of human civilisation, such as words, languages, music, colours, lines, dance, architecture and so forth, and it clearly indicates an object. There is generally correspondence between a sign and its object, and the interpretant is the meaning of the sign to the interpreter. The triad is adopted to explain the meaning of *"Jiongzhuo"* in *The Book of Songs*. The behaviour of *Jiongzhuo* is a metaphor for the process of talent cultivation, which mainly refers to pedagogic places, the pedagogic process and pedagogic objectives. *Biyong, Pangong, Jixia Xueguan, Taixue, Sishu* (private school) and *Xuexiao* (school), are the interpretants.

Keywords: semiotics; *The Book of Songs*; "*Daya*"; "*Jiongzhuo*"; pedagogy

DOI: 10.13760/b.cnki.sam.202101009

《诗经》是上古学者编辑的一本教材，主要帮助学生认识自己、了解社会。《诗经》按国风、小雅、大雅和颂的结构体例对收集的诗歌进行编排，以帮助学生了解民风民情，学习治国治家经验，加强道德修养。在毛诗解释系统中，《诗经·泂酌》的意义一直不明朗。为了进一步解释《诗经》，我们借助符号学理论，对其本来意义进行解读。

一、符号学的三元结构：再现体、对象和解释项

皮尔斯符号学认为"所有的思想都是借助符号得以表达的"（2014，p.3），他认为符号主要由再现体、对象和解释项组成。再现体又由文字、语言、音乐、色彩、线条、舞蹈、建筑等人类文明的成果呈现出来。这些再现体作为符号有明确的指示对象，符号与其对象是一一对应的关系，但在不同的语境中，同一对象也可能有不同的符号。对象是符号合法存在的基础。如果说对象是物质性的，那么符号就是精神性的，是人类为了超越物质实在性而创造出来的抽象记号，这个记号同时又能被解释者深入解读，得出符号的对象意思和引申意义。赵毅衡把符号定义为"携带意义的感知"（2012，p.1）。我理解他所说的"感知"就是符号的"再现体"，即通过感觉器官，看到颜色、线条、舞蹈、雕塑，听到音乐、言语等，这些看到的、听到的、触到的、闻到的等符号都是人类文明成果的再现，是能够用感觉器官感知的。而符号的"意义"则是"符号对象"和"符号解释项"。任何符号都有明确的对象，我们在解释符号时，首先要说清楚这个符号的对象是什么，再进一步解释其深层意义。当然，"一千个人眼中有一千个哈姆雷特"，每个人对符号的解释都必然融入自己的理解和看法，要宽容地倾听和接纳不同角度的解释和具有个性的看法。所以，在分析《诗经》的意义时，既要参考"毛诗"解释系统的内容，也要参看"韩诗""鲁诗"和"齐诗"等解释系统的内容，更要有自己的观点和看法。这才是符号学解释项赋予我们的学术力量。

卡西尔说"人是符号的动物"，他把人类的所有文明成果都统而笼之用"符号"表达，"在语言、宗教、艺术、科学中，人所能做的不过是建造他自己的宇宙——一个使人类经验能够被他所理解和解释、联结和组织、综合化

和普遍化的符号的世界"（2017，p. 261）。他把语言、宗教、艺术、科学看成不同的符号系统，每个符号系统都有自己独特的符号，有自己的特殊品性和特殊结构。在语言学领域，符号运动大致经过命名、分类和运用几个过程。人类通过给自然世界的万事万物赋予名称，建立起对世界的最初视域；学习者在学习研究解释中，创造出更多的符号，以获得更加广阔的客观视界和理论视域。声音和线条是命名的基本方式，它们与对象之间是自然的联系而非约定的联系，这种命名以汉语的词根最为突出，它与对象是一个模仿的关系，但这个模仿并不是把对象的全部特征都摹画出来，而是抓住对象的某一个显著特征进行摹画。比如汉字"水"，它模仿河流的流动形态，而水的其他特征并没有被模仿。这就需要解释者对水的其他特征予以详细解释。汉字符号的再现体和对象之间的关系以象形的文字符号呈现出来，符号与客观实在是一一的对应关系，这就决定了这个符号是坚实可靠的。汉字符号的象形性决定了中华文明的符号大厦是修建在厚重的大地上的，坚实牢固，屹立巍峨。符号命名以后，就要按它们的共同特征进行分类，有的按文字分类，有的按语音分类，有的按应用分类。汉字按偏旁部首分类，其词性与它的偏旁有直接的关系，比如以"木"字为偏旁的汉字，都有树木的特性。汉语的读音抑扬顿挫，这与四声有关，读音大致分为平仄两类，平声是一声，仄声是上、去、入三声。同一个汉字在不同地方的声调不同，方音差异很大。汉语文字和读音分离的特征，使文字相同、方音不同的现象得以存在。文字"书同文"，使得整个国家政体相同、情感相同、世界观相同。方音不同，则照顾到生活在不同自然环境的人们所具有的独特特点。在应用上，汉语在句法上分为主语、谓语和宾语。谁是主导言说者，谁就是主语，倾听者就是宾语，谓语是连接主语和宾语的动词。不管在民间还是在国家层面，主场外交都是重要的活动，诸如安排活动时间、地点、参加人员和活动议程等，主人都占据主语的位置，客人只能占据宾语的位置。《诗经》在上古时代构建了一个庞大的语言场，有字形、读音和应用，是上古人们对文字语言符号研究成果的集大成之作。其中既有自然万物的命名成果，又有人们的认识和反思的成果，形成了上古时期中华文明最具代表性的文化符号体系。我们选取其中的一首诗《泂酌》，分析它的符号意义。

二、《泂酌》有三组符号直接指向兴学办校这件事情

《泂酌》作为诗歌，用三组形象的符号：沉淀浑水、祭祀祖先和衣食住

行，来描写兴学办校、培养人才这一中心思想。第一组符号，用了"洞"（山川乡村远处的水）、"酌"（用勺子舀酒水）、"行潦"（流水、积水）、"挹"（把水盛出来）、"注"（把水灌进去）、"滋"（将水倒进水缸、水池等盛水的器皿）等字词展现一组直观的行为：到乡村的河流中把浑水舀进水桶中，再担回来倒进水池里，让浑水沉淀，分离出清水和浑水来，用于比喻学生从广大的城镇乡村被招录到学校来。第二组符号是介绍沉淀水的用途。"饎"（蒸饭）、"餴"（熟食）、"濯"（清洗）、"罍"（大型的盛酒的酒器或者礼器）、"灌溉"（灌溉）。清水用来制作食品，赡养父母，祭祀神灵；半浑水用来清洗祭祀礼器和生活器皿；泥水用来灌溉土地，生产粮食。沉淀下来的清水比喻在学校中学习成绩好的学生，他们通过学习修养发展智力、提高能力，言行举止有规范，如同清水一样。还有一类学生，由于智力贫弱或者用功不足等原因，学习成绩比较差，如同还没有澄清的浑水一样。第三组符号说明"岂弟君子"既可以成为接班人，又可以作为建设者。前者叫"民之父母"，后者则回到家乡，担负起赡养父母、教育子女的重任。

《洞酌》把这三类现象放在一起，是为了表达学校是培养人才的机构这一主题。每个学生由于天赋不同、用功程度不同，学习结果也就不同。《洞酌》用"民之父母""民之攸归"和"民之攸塈"分别介绍三类学生的命运。第一类学生是"岂弟君子，民之父母"，这类学生"学而优则仕"，被任命为一个地方的长官，他们要负责管理本地的治安、刑罚和衣食住行的供应等，就像父母对待自己的孩子一样，关心孩子的教育和衣食住行等具体事项，被民间称为"父母官"。第二、三类学生回到家乡后，成为劳动生产、经济发展的主力军，负责种植粮食蔬果、制作衣服、建筑修缮房屋等，是父母、兄弟的依靠。这三类学生虽然工作性质不同，但都是为人民服务，都有一个共同的名字——"岂弟君子"。

"岂"是手敲击鼓的象形，意思是得胜以后敲击军鼓，演奏乐曲。《说文》："岂，还师振旅乐也。""弟"是用绳子按顺序次第缠绕的象形。《说文》："弟，韦（皮绳）束之次第也。""岂弟"意思是鼓声连绵不绝。"岂弟"用于形容君子，意思是君子说话做事能够善始善终、善做善成。用"岂弟"来形容作为具有民事行为能力的君子，具有深刻的道理。不管是指挥一场战斗还是负责一项工作，从开始谋划到执行计划，最后取得胜利、获得成功，都需要智慧、勇气和决心，不是随随便便、不花气力就能够办到的。所以，"岂弟君子"实际上是指那些取得成功、接受祝贺的人。不管这些君子处在什么岗位上，是当大官还是为小民，是公务人员还是盖房子的工人，都能把自己的工作干好，都能坚守自己的职责，成为父母兄弟的依靠。

三、《泂酌》在"公刘组诗"中的符号意义

现在，再看看毛诗是如何解释《泂酌》的。《毛传》："泂酌，召康公戒成王也。言皇天亲有德，飨有道也。"孔颖达解释道："尊者莫过于上天，犹以道德降灵乡亲，是王不可以无德，故戒王使修行之。"（郑玄，2013，p. 1624）朱熹的《诗集传》继承了上述观点，认为这首诗歌是告诫成王要加强道德修养的。与毛诗不同的是韩诗解释系统。《韩诗外传》第六卷第二十二章专门解释"岂弟君子，民之父母"，认为君子"筑城而居之，别田而养之，立学而教之"（韩婴，1980，p. 228）。修筑城市房屋，发展农业生产，办校兴学、培养人才，是一方"父母官"的责任。韩诗的解释已经脱离了毛诗"美刺"解释套路，从诗歌的实际隐喻着手。清朝人王先谦在其著作《诗三家义集疏》中认为《泂酌》是献给公刘的诗歌，他说："由公刘居豳之后，别田而养，立学以教，法度简易，人民相安，故亲之如父母。"（p. 228）公刘建立古豳国以后，耕田种地，发展农业生产，人民安居乐业，要保持这个良好的局面，就必须大力地兴办学校、培养人才，否则，将会后继无人，已经获得的成果也将昙花一现、不复存在。《大雅》集中用《公刘》《泂酌》《卷阿》和《民劳》四首诗歌记录公刘的丰功伟绩。《公刘》介绍周人先祖迁居黄土高原建立古豳国的事迹，《泂酌》介绍公刘兴办学校、培养人才的事迹，《卷阿》描写人才由"岂弟君子"成长为国家栋梁的事迹，《民劳》介绍"岂弟君子"奉献治国方略的事迹。著者是按从建国到富国，从兴办学校到人才培养，从选贤任能到建功立业这样一个合理的逻辑顺序精心编排四首诗歌的。我们把这四首诗歌合称"公刘组诗"，《泂酌》是"公刘组诗"的有机组成部分。

毛诗在《泂酌》前加个"小序"，认为诗歌是为召康公告诫成王而创作的。毛诗诞生于汉朝，《诗经》创作于周朝。从公元前771年西周结束到公元前206年汉朝立国，有五百多年历史，毛诗是从哪个文献中判断《泂酌》是"召康王戒成王也"的？如果把召康王和成王看成符号，那么它们在诗中的对象是什么？《泂酌》没有一句诗介绍这两个人，可见，召康王告诫周成王这句断语应该是毛亨等人的一面之词。反倒是"诗三家"认为这首诗歌是为公刘而创作的说法比较可信，因为这个结论有形式和意义上的逻辑。从《诗经》的编排顺序看，《公刘》的下一首诗是《泂酌》，而据《史记》记

载，孔子删减编辑了《诗经》。是否可以由此推定，这个顺序在孔子时期已经存在？从意义逻辑看，公刘在黄土高原上建立古豳国，在教民稼穑、发展生产的同时，立教兴学、培养人才是明智的选择。

从安徽大学保存的"安大简"的研究成果看，"安大简"收录的国风57篇，是按书籍的模式编排的，其中并没有后世看到的毛诗中的"诗大序"和"诗小序"。目前"安大简"是现存最早的《诗经》版本，是没有被秦火焚烧的战国初期的诗经版本。后世流传的四家诗是秦朝焚书坑儒以后，由人们凭记忆背诵下来，经过记录编辑而成，或者是从古宅里发现的用古文写成的。四家诗形成的《诗经》解释项，带有传承者的个人理解，以毛诗的"诗大序""诗小序"最具有代表性。所以，我们在解读《诗经》的时候，只能把毛诗看成一部参考文献，而不能奉为圭臬，事事以它为准。"安大简"是用大篆写成的，解释《诗经》时应该把大篆看成符号，分析大篆字词句的对象和解释项。

四、培养"岂弟君子"是《泂酌》的目标

《诗经》关于"君子"的诗篇有60余篇，诗句有180余句。《国风》中的君子多指成年的男子，是一家之主或者即将成为一家之主的男子。他们手执赡养父母、养育子女的权杖，是一个社会系统中最小的长官——家长。《小雅》所描述的君子已经有了更大的权杖，成为一个单位、组织或者诸侯国的领导人，仪容、车驾上都有威仪，君子前面加了一些形容词，如"乐之君子""显允君子""岂弟君子""允矣君子"等。《小雅》记录了君子迎来送往、待人接物的礼仪，穿着打扮、车驾马匹的威仪，行政管理、奖赏惩罚的作风，等等。《大雅》对君子的形容集中用"岂弟"一词，如《旱麓》"岂弟君子，干禄岂弟"，《假乐》"假乐君子，显显令德"，《泂酌》"岂弟君子，民之父母"，《卷阿》"岂弟君子，四方为则"，等等。

用甲骨文、篆字书写的"君"字，抓住了君子最本质的特点，即用言语运行权力的人。"君"字由"尹""口"两个字符组成，"尹"又由"手""丨"两个字符组成，"丨"表示权杖。权力是用言语表达、用奖惩兑现的，它至少有三个来源：武力获得、亲密赠予和权力让渡。武力获得和亲密赠予的权力是非平等权力，它是压倒性的支配权。初级权力运行者——家长，其权力来自婚姻契约，他要赡养父母、教育子女。权力由律法保证，是社会成员共同商议并制定的契约。社会成员通过权力让渡，赋予执法者以权力，来

保护共同契约——法律的权威性。君子有一个共同的特点，都是成年人，并且是言语清晰、言行一致，能够为自己的言行负责的成年人。

《泂酌》诗中的"岂弟君子"集中地体现"君"字的造字意图，描述了君子的本质特征。君子既要在学校得到培养，还要在实践中加以锻炼。只有那些善做善成的人，才能称为"岂弟君子"，才能成为父母兄弟的依靠。为了将君子培养成"岂弟君子"，《诗经》用风、小雅、大雅、颂分别为"君子"教育提供教材。《国风》为君子提供观察人民疾苦、了解基层民众喜怒哀乐的窗口；《小雅》为君子提供治国理政的经验、原则和方法；《大雅》以文王为典型例证，展现文王成长为"岂弟君子"的基本过程；《颂》则展现"岂弟君子"建立丰功伟绩以后受到人民的崇拜和敬仰的盛况。《诗经》这本教材结构严密、内容丰富、情感充沛，是上古人民精心创作编制的用于培养君子成为"岂弟君子"的教材。孔子作为老师，以《诗经》作为主要教材，取得了巨大成功，培养了三千弟子、七十二贤人。

《孟子·滕文公上》介绍了上古的学校名称，"夏曰校，殷曰序，周曰庠"。"校"有校正之意，学校通过对学生的言行思想进行校正，达到培养人才之目的。《礼记·王制》："大学在郊，天子曰辟雍，诸侯曰泮宫。"汉班固《白虎通·辟雍》："天子立辟雍者何？辟雍所以行礼乐，宣德化也。辟者，璧也。象璧圆，以法天也。雍者，雍之以水，象教化流行也。""诸侯曰泮宫者，半于天子宫也。明尊卑有差，所化少也。半者，象璜也。"从辟雍、泮宫这些办学机构的布局来看，其与《诗经·泂酌》描写的办学机构是一脉相承的，其中都有对水的描述。《泂酌》用浑水沉淀成清水比喻学有所成，而"辟雍"则用围绕讲学宫殿的流水比喻教化之流行。《诗经·鲁颂·泮水》"既作泮宫，淮夷攸服"可以作为诸侯有"泮宫"的证据。从《泂酌》到辟雍的变化，表现出教育制度和教育机构不断规范的过程。《泂酌》反映公刘时期的教育场景，在地处黄土高原腹地的古豳国，公刘带领人民发展教育，培养"岂弟君子"，延续文明脉络。到了周朝以后，从中央到地方都纷纷筹办教育。中央办"辟雍"，诸侯办"泮宫"。现在，在国子监还有"辟雍"，为北京"六大宫殿之一"。国子监辟雍修建于清乾隆四十九年（1784年），是我国现存唯一的古代学堂。虽然从周朝的"辟雍"到清朝的"国子监"，再到现代的大学，其教育对象、教育制度和教育规模都发生了翻天覆地的变化，但没有变动的是"育人"功能。这种把弟子培养成"岂弟君子"的努力是永恒不变的动力，这个动力的源头，应该正是《诗经·泂酌》所传递的教育理念。

《泂酌》至少讲了三种教育理念。第一，学校是培养学生成才的基地。各地学生汇集到学校，在老师传道、授业、解惑的过程中，身体、心灵、情感、思想、性格、艺术等方面都得到不断提升，逐渐成才。第二，学习是一个提升、沉淀的过程，也是一个不断觉悟的过程。学生在言行举止、行为规范上校正自己，在心理、性格、修养上提升自己，达到心态积极、性格开朗、精神上进、学业有成的境界。但学生的先天资质各有差异，学习结果也大不相同，有的学习优异，有的后劲不足，尽管如此，《泂酌》却一视同仁，都称为"岂弟君子"。第三，学生毕业，进入社会以后，职业各有差异，有的当了"民之父母"，有的从事基础工作，虽然职业不同，但赡养父母、教育子女、造福乡里的职责是相同的。这些都成为后来教育一直坚持的理念。

培养人才、任用干部是国家不断发展壮大的保证。《大雅》认为培养干部有三个层次："岂弟君子"、凤凰式的干部和栋梁之材。第一个层次"岂弟君子"由《泂酌》一样的学校来培养。第二个层次是那些带领团队为民众服务的凤凰式干部，他们带来"百鸟朝凤"一样的效果，团结各类人才，向上服务于天子，向下服务于"庶人"。《大雅·卷阿》："凤凰于飞，翙翙其羽，亦集爰止。蔼蔼王多吉士，维君子使，媚于天子。……媚于庶人。"把君子比喻成凤凰，《诗经》是最早的。"凤凰"一词最早出现在《山海经》。《山海经·南山经》写道："有鸟焉，其状如鸡，五采而文，名曰凤皇，首文曰德，翼文曰顺，背文曰义，膺文曰仁，腹文曰信。是鸟也，饮食自然，自歌自舞，见则天下安宁。"凤凰身上有"德""顺""仁""义""信"的花纹，预示着凤凰式的君子有高尚的品德。《卷阿》歌颂道："有冯有翼，有孝有德，以引以翼。岂弟君子，四方为则。颙颙卬卬，如圭如璋，令闻令望。岂弟君子，四方为纲。"这些"岂弟君子"像凤凰一样，成为四方百姓效仿追随的对象，他团结各地的仁人志士，上为国家服务，下为黎民百姓服务。第三层次是由这些凤凰式的干部成长为的国家栋梁之材。《大雅》分别歌颂了五位国家栋梁：《崧高》歌颂申伯，《烝民》歌颂仲山甫，《韩奕》歌颂韩侯，《江汉》歌颂召虎，《常武》歌颂南仲。

这些国家的栋梁之材为国家安宁、天下太平做出了巨大贡献。《大雅·民劳》专门描写一位栋梁之材提交的治国宏文。诗中也第一次提到"中国"和"小康"的关系。可见，早在两千年前，诗歌就描述了"小康"的样子："民亦劳止，汔可小康。惠此中国，以绥四方。"人民通过辛勤劳作，就可以达到衣食无忧、安居乐业的"小康"状态。该诗告诫我们，人民富裕以后，有五种现象要谨防。一是预防饱暖思淫欲，发生黄、赌、毒等丑恶现象；

二是预防假冒伪劣、欺行霸市的无良现象；三是预防利用职务之便谋取小圈子、小团体的不当利益；四是预防别有用心的人利用突发事件，大搞吵闹、起哄、游行等活动以谋取不当利益；五是预防各种极端事件。诗歌分别用"丑厉""无良""缱绻""惛怓""罔极"五个关键词描述以上五种现象。对于这些影响社会稳定的现象，诗歌明确表示要坚决打击，不留后患，打早打小，防患于未然。

五、结论

学校作为符号，其对象正如《泂酌》所暗喻的那样：学生来自各地，学习成果各不相同，毕业以后都有职业。在不同时期、不同环境下，其解释项也各不相同。在中央叫"太学""辟雍"，在诸侯叫"泮宫"，在地方叫"序""庠""私塾""校"等。学校名称不同，培养的目标也不相同，《诗经》培养"岂弟君子"，孔子私塾培养"君子"，我们现在的各级各类学校所确定的培养目标是"社会主义的建设者和接班人"。

引用文献：

韩婴（1980）. 韩诗外传. 台北：中华书局.

黄德宽，徐在国（编）（2019）. 安徽大学藏战国竹简（一）. 上海：中西书局.

卡西尔，恩斯特（2017）. 符号形式的哲学（赵海萍，译）. 长春：吉林出版集团股份有限公司.

皮尔斯（2014）. 皮尔斯：论符号 李斯卡：皮尔斯符号学导论（赵星植，译）. 成都：四川大学出版社.

王先谦（2010）. 诗三家义集疏. 长沙：岳麓书社.

赵毅衡（2012）. 符号学：原理与推演. 南京：南京大学出版社.

郑玄（笺）（2013）. 毛诗注疏. 上海：上海古籍出版社.

作者简介：

季宏，安康学院陕南民间文化研究中心高级教师，研究方向为中国古典文献符号学。

Author:

Ji Hong, senior teacher of Research Center of Folk Culture in Southern Shanxi, Ankang University. His main research field is semiotics of classical Chinese literature.

Email: jihong-6767@126.com

艺术符号学 ●●●●●

视觉·图象·存在：潘诺夫斯基图像逻辑辩证

罗绂文　高雪蓉

摘　要：潘诺夫斯基的图像学理论是西方视觉中心主义文化的延续与发展，主要以"图像志"研究图像的方法为对象，揭示图像为人所认识的规律。本文通过对潘诺夫斯基图像认识论的梳理，即当下的、动态的视觉图像是艺术图像产生的原因，也是历史的、抽象的艺术"图象"显现的结果，且认为图像学研究不应该局限于认识论视域中，而应该基于本源之"图象"，阐明图像符号的历史性与时代性所共同构成的精神图像世界，也即人的存在。

关键词：潘诺夫斯基图像学，视觉，"图象"，存在，逻辑辩证

Image, Vision and Existence: Dialectic Study of Panofsky's Iconology

Luo Fuwen　Gao Xuerong

Abstract: Erwin Panofsky's iconology theory was formed under the influence of Western visual centrism. It mainly focuses on the method of iconography and reveals the laws by which people recognise icons. This article analyses the epistemology of Panofsky's iconology and finds that current and dynamic visual images are the cause of visual art and the result of the appearance of historical and abstract artistic images. Moreover, it is believed that iconology research should not be limited to epistemology but based on the original image to clarify the spiritual image world composed of the historicity and timeliness of images, that is, the existence of human beings.

Keywords: Panofsky's iconology; vision; image; existence; logical critique

DOI: 10.13760/b.cnki.sam.202101010

当世界被把握为图像时，作为艺术的"图象"率先从历史的桎梏中解放出来，它们不再仅仅作为一种视觉的静态的艺术图像，而是成为存在者之存在的显现方式了。潘诺夫斯基的图像学理论以"图像志"研究图像的方法为研究对象①，呈现出艺术史家认识图像的基本规律，即"前图像志的描述""狭义图像志的分析""深义图像志的解释"②三个层面。事实上，这一理论亦构筑出一幅关于存在者的图像——图像何以通过视觉被知觉，诸多视觉图像何以通过"图象"被认识以及存在者之存在何以由图像呈现。

一、视觉：图像之发生机制

从古希腊以来，视觉就一直被认为是至上的，眼睛也一直被强调是最高贵、最可靠的器官，赫拉克利特认为"眼睛是比耳朵可靠的见证"（1981，p.26），亚里士多德说"诸感觉中，尤重视觉"，"较之其他感觉，我们都特爱观看"（2012，p.1）。这些都体现了自古希腊始西方文化对眼睛的信任，也是对视觉的依赖，人调动"视"能力，借助"光"产生图像，进而为自己所"觉"，这是获得"知"的第一步。

---

① 本文采取目前国内图像学界较为流行的译法，将"iconography"和"iconology"分别译为"图像志"和"图像学"。潘氏说："图像志是艺术史的分支，它只涉及艺术史当中诸艺术作品的'主题'（subject matter）或'意义'（meaning），与其'形式'（form）相对。"从这个描述来看，图像志只涉及与艺术作品的形式对立的内容，图像学则是关于对"图像志"的研究，试图呈现出图像志的研究自身内在的逻辑来。

② 这里潘诺夫斯基图像学三层面理论之名称取自《图像学研究：文艺复兴时期艺术的人文主题》一书，而不是《视觉艺术的含义》一书中的"前图像志的描述""图像志分析""图像学解释"，理由有二：其一，前者直接在名称中呈现潘诺夫斯基的研究对象——图像志的方法，可以直接从名称中看出他的逻辑层次；其二，如果采用后者，不能直观地把握这三者的逻辑关系，还有可能使初步接触该理论的人产生误解，觉得只有第三层面"图像学解释"才是潘氏的主张。事实上，这三个层面的理论共同构成潘氏图像学理论的全部。

潘诺夫斯基的图像学理论的第一个层面就是讨论"形式"问题，也即人通过视觉来获得认识的问题。潘氏称第一层面理论为前图像志描述（pre-iconographical description），也称作伪形式分析（pseudo-formal analysis），它研究和解释的对象是"第一性或自然的主题"（primary or natural subject matter）。这一主题可分为两个部分，即"事实性（factual）主题"和"表现性（expressional）主题"。关于"事实性主题"，他是这样表述的："我们可以通过辨识（by identifying）纯形式（pure forms），如线条与色彩构成的作品的确定形式，或者青铜、石块构成的不规则的团块，它们（纯形式）是对人、动物、植物、房屋、器具等等的自然对象（natural objects）的描绘（representations）。"（Panofsky, 1972, p. 5）这一段话是潘诺夫斯基对"事实性主题"的阐述，其中，有两个地方值得我们关注：第一，"自然对象"指的是什么；第二，什么是"纯形式"。

我们先来分析第一个问题。从潘诺夫斯基的英文表达中可以看出"自然对象"不是主客二分的客体（objects），原因有二：其一，在"objects"前加了形容词"natural"，如果只是想表达在我们之外的客体，那么"objects"足矣，而加上"natural"就恰恰说明潘诺夫斯基的逻辑，即不是单纯地站在主客二分的角度说明自己的图像学；其二，他将"人、动物、植物"归于这一类自然之物当中，这与我们直觉所经验的外在于我们的客体对象是相悖的，换言之，我们从来不会说我们是对象或我们的地位和器具等其他物的地位是一样的。海德格尔在《艺术作品的本源》一文中区分了几种"物"的定义："在哲学语言中，自在之物和显现出来的物，根本上存在着的一切存在者，统统被叫作物。"（2004，p. 5）海德格尔说凡是一切自在存在之物和自在存在之物所显现出来的物都被称为"物"，上帝、人以及自然界内活的动物都被归入这种广义上的、在哲学语境中的"物"的概念。但是我们又如此真实地感受到我们不是物，甚至那些在自然界中有生命的动物也不是物，所以我们需要进一步确定"纯然的物"（p. 6），于是就有了古希腊人对于"物"的鉴定，即"具有诸属性的实体"（p. 8），这是借助语词呈现一个命题来定义"物"。海德格尔说这种对"物"的定义是不可靠的，它在表面上看起来好像是认识到了物，实际上是"人把自己的陈述中把握物的方式转嫁到物自身的结构上去"了，这种定义物的方法也是行不通的。最后，他说物从来就不是离我们太远，它不需要我们刻意去安排认识它的途径，去布置接触它的场域，我们时时刻刻在与物打交道，我们通过我们自身具有的能力，即"视""听""触"等能力来与物的形式和质料进行平等交流和对话，于是"物是感性之物，即，在感性的感官中通过感觉可以感知的东西"（p.10）。潘诺夫斯基在这儿提到的"自然对象"就是在这个意义上谈的，我们能经验到的人（包括自我）、动物、植物等被称为"自然对象"。

第二个需要我们澄清的概念是"纯形式"。针对"纯形式"这一概念，潘诺夫斯基首先对其进行限定，即它们是"对自然对象的描绘"。可以看出，潘氏从认识论的角度对"纯形式"进行规定，有再现的意味，这种再现不仅仅是如实如真的反映，同时还强调人在其中的能动性，这是"纯形式"的第一层含义。其次，他举了两个例子来说明"纯形式"——"线条与色彩构成的作品之确定形式"以及"青铜、石块构成的不规则的团块"。我们如果仔细分析这两个例子就会发现，色彩与线条构成之确定的形式是针对二维的绘画而言，而青铜、石块构成之团块是针对三维的雕塑而言，也就是说，他的图像学理论同时也是一种观看理论，"视觉"作为图像发生的前提被悄悄给予出来。在这个意义上，"纯形式"的原初形态就是"几何"，物的"纯形式"第一次以"几何"的方式被给予我们，此即"物像"。

在潘诺夫斯基给予的"事实性主题"中，我们从两个关键语词的分析中得到了"物像"，而他对"表现性主题"的阐释就是我们提到的"视像"。继"事实性主题"的阐述之后，他紧接着说："我们也可以把它们的相互关系当作事件（events）进行辨识，以及把那些表现性的特征看作一个姿势或手势的忧伤特性或内心的舒适祥和。"（Panofsky，1972，p.5）这里主要是说把纯形式的"诸自然对象"的再现视为"事件"（events），这些"事件"就构成了"表现性主题"。那么"事件"在这儿又要作何理解呢？潘诺夫斯基在他的《图像学研究》开头举了一个"熟人在大街上向我脱帽致意"的例子，通过他的分析，我们看到的"事实性主题"要素有：一个人的形式，包括高矮胖瘦、衣物等的颜色以及是否戴着帽子等，而当他"脱帽致意"时，"我"通过他的这一行为本能地认定他是一位绅士，这就进入了主题与意义的最初领域，已经超越了形式问题。而在这一例子中被看作"事件"的举动就是"脱帽"。我们看到这一动作，已经不是从线条、色彩等纯形式角度进行辨识了，而是进入了一个认识阶段，就是对象之形式的变化。这个形式不是那些线条的再现，而是在不改变对象质料的条件下细微变化的再现，即"我"看到"脱帽"这一动作，这并没有改变对象是人的这一属性，而只是对象的外部形态的变化。所以，潘诺夫斯基认为的"事件"是直观到自然对象的纯形式后，其形式细微变化的一种形态。

"事件"既为我们再现的纯形式赋予了鲜活的内容，同时又是开启主题和意义之门的钥匙。它为我们提供了一种接受物像的刺激后产生视像的可能。这里我们可以借助海德格尔对"表象"一词的解释来理解"视像"。海德格尔认为的表象与康德意义上的表象不同:"这种表象的含义最早由repraesentatiot 一词表达出来了。表象在这里的意思是:把现存之物当作某种对立之物带到自身面前来,使之关涉于自身,即关涉于表象者,并且把它强行纳入到这种与作为决定性领域的自身的关联之中。"(2004,p. 93)视像把作为现存之物的物像当作对立之物,从而让作为主体的我们关涉独立于我们之外的客体之物,强行建立认识论的关联性错觉:我们在认识物,或我们已经认识了物。

那么,"物像"与"视像"又如何区别呢?事实上我们在论述"物像"时用康德意义上的"表象",而在论述"视像"时却用海德格尔对"表象"的鉴定。康德的"表象"与他的感性直观是分不开的,我们被物自体刺激后,以时间和空间作为表象外物的方式,即一种经验外物的感性直观能力。这种表象是在物自体的刺激与人的先天直观能力的共同作用下形成的,且缺一不可,这就相当于熟人"脱帽"之前,"我"规定他为"人",是因为"我"通过感性直观能力经验到他所在空间中的量(这个人的体态作为几何的形式在空间中规定自己)以及他所在时间序列中的质("我"表象这个人为"熟人"),这是我们利用自己的表象能力对"物"的认识,即"物像"。我们理解海德格尔的"表象"需要格外注意一个词——"关涉",这种表象不关心"物为何物",而关心"物何为物",这时,作为物的规定性被消解了,而作为人的能动性得到彰显。因此,"视像"区别于"物像"而存在。

综上,"物像"是我们表象物的方式,"视像"则是我们通过物像关涉自身的方式。那么,物像与视像何以成为图像呢?这就必须有"光"的介入。柏拉图说:"你们的眼睛里虽然拥有视觉的能力,你们也试图去使用这种视觉能力,虽然对象中有颜色存在,但是,如果缺乏了一种为适合这一目的而特殊构造的第三种东西存在,那么人的视觉就会什么也看不见,颜色也不能看见……自然我所指的就是你们叫作光的东西。"(高秉江,2013,p. 40)从柏拉图对颜色与光之关系的论述可以看出,他还是在一种感性层面进行认识,并未对光及光谱科学有所认识,但是这并不影响"光"作为客观存在之一在视觉中扮演极为重要的角色这一事实。"光"既不属于物的属性,也不属于物像或视像的属性,但是如果没有光,物将不为人所感,物像就不存在,不会进入眼睛当中,视像也不会存在,物不为人所知。

自柏拉图始,光就是这样一种存在,它既是一切的原因,一切又必将回归于它。在《洞喻说》中，光的存在出现了两次：一次是"火光"，它的存在直接给予囚徒假象和错觉；一次是"日光"，即逃脱者直面的那个刺眼的太阳光本身。"火光"是使"囚徒"相信眼前之影像便是真实之物的原因，对于"转身的囚徒"而言，"火光"又使他得知真相；"日光"也是如此，"转身的囚徒"被强制带离洞穴之后，由于从暗处到亮处，眼睛还未适应，便会"觉得眼前金星乱蹦金蛇乱窜，以致无法看见任何一个现在被称为真实的事物"（柏拉图，2017，p.277）。而等这位囚徒的眼睛适应后，他也能像认识墙壁上的阴影一样，看到日光下的阴影，进而看到人和物在水中的倒影，接着他看到人或物本身，等日光消失在黑夜中时，他的眼睛能看到夜空中的星光和月光。至此，他真正认识到了太阳，"造成四季交替和年岁周期，主宰可见世界一切事物的正是这个太阳，它也就是他们过去通过某种曲折看见的所有那些事物的原因"（pp.277-278）。"日光"同样是那些阴影、人、事物甚至月光和星光被感知的原因，而我们通过认识被光普照的事物从而认识"日光"的本相，所以一切又回归于它。

潘诺夫斯基说通过第一层面对图像的认识实际上可以得到两种主题——事实性含义与表现性含义。前者主要是一个辨识过程，呈现在视觉中的图像是对处于时空中的物的纯形式之辨识；后者则是一个关联过程，物在时空中具体的展开与人息息相关。这两种不同的主题以图像的方式呈现，是物像与视像各自作用的结果，物借助光刺激我们的"视能力"，在视网膜中形成物像，而"视能力"刺激"觉能力"使得物像转变为视像（某人视觉之像），这一过程亦即人的认识能力和认知逻辑的体现。

二、"图象"：图像之形成机制

不管是物像还是视像都以"像"的符号方式呈现并且共同构成图像世界，这个图像世界由可见的视觉图像和不可见的精神图像构成，然而它们终归是杂乱无章的。"象"是中国语境中的词，它与"像"的关系，在《说文解字》中有很详细的解释："按古书多假象为像。人部曰。像者，似也。似者，像也。像，从人象声。许书一口指事。二曰象形。当作像形。全书凡言象其形者，其字皆当作像……"（许慎，2006，p.459）这里将"像"与"象"的关系概述为二：一是"假象为像"，说明"象"比"像"在字源以及使用上都更本原；二是只要言说的场域是对"形"的一种描述，那么都用"像"来指称，也就是说"像"是一种结果性的存在。这里的使用语境主要是"象"的辩证，是将多样的、杂乱的图像进行整合。它是如何整合的呢？这就是潘诺夫斯基图像学第二层面探讨的问题。

此前我们已经对第一层面"前图像志的描述"进行了梳理，认为利用视觉能力对图像进行的观看是任意的、杂多的。潘诺夫斯基发现有一类风格的作品总是有其固定的、可辨识的形式，且艺术家不约而同地给这一类形式赋予了一定的主题，这就不单单是视觉或者形式所能解释得了的。所以他说当我们开始识别图像符号的含义或者主题时，我们其实已经进入了第二个层面的研究——"狭义的图像志分析"。

"狭义的图像志分析"是潘诺夫斯基图像学的第二个层面，它解释的对象是"第二性或传统的主题"（secondary or conventional subject matter），这种图像构成了图像、故事和寓言的世界。第二层面的图像志构成主要有三个世界，即图像世界、故事世界和寓言世界，这三个世界尽管都归属于狭义的图像志分析层面，但是其内部也有一定的逻辑。潘诺夫斯基说："我们是用主题和概念来联系艺术母题与艺术母题的组合（艺术作品）。因此，作为被看作是第二性的或者传统的含义所承载的母题可以被称为'图像'（images），图像的组合被古代艺术理论家称作'创造'，我们习惯于叫它们为故事和寓言。"（Panofsky, 1972, p.6）我们都知道，潘诺夫斯基的图像学中的"图像"是特定的，它主要指以描述《圣经》中的故事为主的艺术图像。而这类图像往往是由很多形象构成不同的母题，母题与母题之间的组合叙述故事，所以潘氏第二层面中的图像世界就是指构成艺术图像的那些诸多形象。这些形象分为两类：一类是不具有象征意味的形象，它们构成的母题联系起来形成"故事世界"；一类则是具有象征意味的母题，它们构成"寓言世界"。

潘氏在《图像学研究：文艺复兴时期艺术的人文主题》中称第二层面为"狭义语词意义的图像志分析"（iconographical analysis in the narrower sense of the word），而在《视觉艺术的含义》中，则直接称第二层面的分析为"图像志分析"（iconographical analysis）。其实，这里潘诺夫斯基的意思很明确，"语词"层面强调的是语词的能指和所指之功能；语词的功能在图像上也就表现为具有主题和概念意义的图像，也就是说，这类图像既具有能指的具体对象，又具有所指的主题或概念。这类图像本身就具有拟人（personifications）或者象征（symbols）意义，且潘诺夫斯基格外强调这种象征不是卡西尔意义上的象征，而是语词层面上的，即语词的能指和所指。因此，潘氏认为达·芬奇《最后的晚餐》实际上是"善与恶的搏斗"，画面将人物按照一定的顺序排布开来，每个人物的姿势和神态都给观者一个直观的感觉，尤其是背叛耶稣的犹大的不安神态与耶稣平静祥和的表情形成鲜明的对比，表现善与恶之搏斗冲突最为激烈的一幕。这幅图所具有的能指意义就是《圣经》中的耶稣与十二门徒共进最后一次晚餐这一题材，而其所指则是善与恶的搏斗。可见，在第二层面的分析中，不管是图像世界还是故事世界或寓言世界都不是从它们的表现形态上来说的，而是从它们所构筑的意义世界上来说的，这种意义的构筑就是语词的能指功能与所指功能。

在第二层面"狭义的图像志分析"中，对作为语词象征层面的图像，潘诺夫斯基规定我们的研究一定不能脱离开"类型史"（history of types）。类型史是在不同的历史条件下，我们对对象和事件所表达的主题或者概念的考察，也就是一些形象仅仅表达一定的母题，一些母题的组合仅仅表达一定的主题或者概念，这是在历史中形成的，也是历史规定的。潘诺夫斯基分析了提香的《关于节俭的寓言》（图1）来作具体阐述。首先潘氏通过对画面中的箴言[①]分析这幅画的概念和主题为"时间"和"谨慎"，箴言中的"时间"这一主题在画面中如实反映，上方从左往右分别为老年、壮年、青年的人头，而下方三个动物的头像则分别为狼头、狮头和狗头。其次，他在考察下方动物头像何以表示"时间"这一概念时，分别对三种动物形象进行图像志考证，通过考察古代传统的诗句、典籍和其他一些文献，找到三种动物头颅同时出现的图像，并且找到其除了具有"时间"的象征义，还有"谨慎"的象征义，即"不仅要研究现在，而且要思考过去和未来"（Panofsky，1982，p.161）。最后，他就"三动物头"之形象来解释提香作此画的目的，同时通过对整幅画母题与事件的分析得出"时间"与"谨慎"的主题，试图揭示作者绘这幅图的意图。在这一案例中，我们大概可以知道潘诺夫斯基把第二层面的分析规定为语词意义意图：第一，图像中有语词或文字来确定图像所要表达的主题，所以对图像的考察最后归结于对图像上的语词的证实；第二，图像本身就是一个或多个主题和概念的表达，主题和概念都是语词层面的，它们既具有能指功能，又具有所指功能，所以对图像的这一层面的研究就是在语词意义上的研究。由此，我们在进行第二层面的解读时就不能超出类型史，因为一旦超过类型史，我们就无法对图像中的母题与事件（三头像）所要表达的主题（时间、谨慎）进行准确无误的把握，更不用说进一步的解释了。

[①] 箴言的内容是："过去之（经验），教人现在谨慎行事，免得损害未来的活动。"（潘诺夫斯基，1987，p.173）

图 1　提香的《关于节俭的寓言》

"图象"一词是专门用来抽象表示潘诺夫斯基图像学的第二层面理论的。这里的"图"是"图像"的意思。在中国文化中,"图"指称的绘画作品不管在技术性上还是在艺术性上都高于"画"。刘成纪对"图"与"画"之关系进行了辩证阐释:"……一是'图'比'画'具有更深邃的表意功能;二是'图'比'画'包含更广泛的人类经验;三是'河图'在中国文明史中的神圣地位,使与此建立关联的绘画获得了价值提升。"(2018,pp. 5 - 12)因而用"图"指涉图像志意义上的"图像"是十分恰当的,这种图像本身就是具有象征意味的,而中国的"图"具有广泛而普遍的意义,且在文化的意义上也具有同"神圣"含义的价值关联。

而"图象"中的"象"在中国的语境当中同时具备语词意义的象征义。"象"是中国文化话语体系中的一个字,甲骨文是𧰼,形似一个竖立的大象,段玉裁注《说文解字》:"象,南越大兽。长鼻牙。三年一乳。象耳牙四足尾之形。凡象之属皆从象。"(许慎,2006,p. 459)从"象"的甲骨文形状以及其文字构造上说,它是对大象骨架的真实刻画,但是象有大小之分,何以用这种骨架表示大小各异之象?这样的追问其实就涉及一种由普遍到一般的思维形式。"象"本身就是"诸大象之形"的表达,所以"象"具有语词意义的象征义,它的能指体现在"诸大象",它的所指体现在"诸大象之形",这就与潘诺夫斯基在图像学第二层面的研究中指出的"概念与主题"相呼应了。"象"在中国文化中影响更深的是《易》之"象"。《易传·系辞上传》中说:"圣人有以见天下之赜,而拟诸其形容,象其物宜,是故谓之象。"(周振甫,1999,p. 27)《周易》中的"卦象"作为一套推算象数的符号系统，是中国古人"仰观天象，俯察地理"的结果，是对宇宙万物杂多之表象的抽象。孔颖达云："且易者，象也，物无不可象也，作易所以垂教者。"（黄侃，1990，p. 5）象是易的另外一个层面，象物而成易，成易而垂教。所以不管是从构字法还是圣人制卦象之初衷来看，"象"都是指人的知性能力对杂多之物的一种抽象；前者仅是对大象这一物的认识，后者则是对天文地理之运行形式的抽象。

潘诺夫斯基的"狭义的图像志分析"主要揭示的是具有象征意味的艺术图像被人知觉进而被科学地认识的过程。对艺术图像中主题的考察实际上就是对图像自身的形成过程的考察，可以说艺术图像就是"图象"，它是一种集能指的诸多图像与所指的诸多图像于一体的图像，是艺术图像最高存在形态。

三、存在：图像之意义机制

"图象"是可见图像的最高存在形态，诸多视觉图像不断地被抽象成"图象"，那么它就不止具有语词方面的能指与所指之意义了，而且也作为符号存在。卡西尔说："人不再生活在一个单纯的物理宇宙之中，而是生活在一个符号宇宙之中。语言、神话、艺术和宗教则是这个符号宇宙的各部分，它们是织成符号之网的不同丝线，是人类经验的交织之网。"（2013，p. 43）卡西尔的"符号"就是人类整体的生命本质的展开。从这个意义上说，作为艺术的"图象"，就是人类所创造出来的符号；"图象"作为符号的一种形式，既是诸图像之观念的抽象，又是诸观念之图像的显现。

潘诺夫斯基图像学理论的第三层面探讨艺术图像（即"图象"）的意义问题。关于第三层面的名称，潘氏仍然有一个"再认识"的过程，在前期的著作中，他称第三层面为"深义的图像志解释（图像志的综合）"（iconographical interpretation in a deeper sense [iconographical synthesis]），后期则直接改为"图像学解释"（iconological interpretation）。潘氏对名称的修改由重描述变为重总结，是要表达第三层面的宗旨，即综一切之合对图像进行解释。也可以说，他认为这种艺术图像（"图象"）是综合后的产物，是抽象的产物。第三层面解释的对象是艺术图像（"图象"）自身所蕴含的"内在意义或者内容"（intrinsic meaning or content），这种"深义的图像志解释"构成了符号意义的"象征价值"（symbolical values）世界，而这种"象征"正是卡西尔意义上的。潘诺夫斯基的图像学理论深受卡西尔符号学理论影响。卡西尔说："……这些生命体也就各有一套察觉之网和一套作用之网——一套感受器系统和一套效应器系统"（2013，p.42），所有有机体都具备这样一整套系统来维持自己的生命活动；他进一步说人之为人，与动物最大的不同之处在于"在人那里还可发现可称之为符号系统的第三环节，它存在于这两个系统之间"（p.42）。可见，卡西尔意义上的"符号"起着一种中介作用，人的符号系统只有被感受器系统刺激了才存在，人启用自己的符号系统来进一步产生效应，文化就是各种符号的最后完成方式，所以符号连接"人"与"文化"，人自身就是符号的原因，文化是符号的结果。潘诺夫斯基强调在第三层面对艺术图像（"图象"）解释的过程中我们不能逾越"文化象征史"（history of culture symptoms or "symbols"），即它们所承载的意义（不管是作者的还是艺术图像自身所具有的）都不能超出主题和概念所表达的人类意识之基本倾向。

艺术图像（"图象"）作为一种符号，必定具有符号的象征意义，而对它们的认识，对其背后意义的揭示，实际上就是对文化的探求。潘诺夫斯基说："人文主义的诸原则是在寻求内在意义或内容这一平面相遇的，而不是互相充当婢女。"（Panofsky，1972，p.16）这样一个认识"图象"的过程既充实了文化符号，又将寻求那最普遍的意义当作终极目标。它是一种科学的人文主义，这种科学性既是对图像解释的实证主义的强调，亦是人对真理的揭示，是人通过理性主义对自我的确证。

人文主义的科学性往往从历史中来，潘诺夫斯基说："每个历史概念明显地建立在空间和时间的范畴之上，书面记录以及其所暗含的东西必须被表明时间和地点。"（Panofsky，1982，p.7）从这里可以看出，潘诺夫斯基承认以概念为真面目出现的历史具有极强的有限性，其所发生的时间和地点作为坐标能且只能表明历史中的一瞬，并为后人所知，缺了任何一方都无法确定时间轴上的历史。除此之外，作为书面记录的历史并不是孤独的，它与它所暗含的东西一齐沉淀下来，而它的呈现方式按卡西尔的说法就是作为文化符号呈现，我们研究历史，实际上就是在研究符号。

"图象"是历史的产物，而历史是由时代构成的，所以"图象"也是时代的产物。"图象"的时代精神被潘诺夫斯基用一个词概括，即"有机境域"（organic situation）（Panofsky，1982，p.9）。首先，"有机境域"是被给予的境域（situation）。这种境域是以"图象"为中心的整体，正如潘诺夫斯基自己说的那样："没有身体的两条腿不能行走，没有腿的身体也不能行走，但是一个人可以行走。"（p.9）这种整体性不是构建的，而是一次性被给予的，它当中的各部分同时存在，共同构成了这一整体。这也是我们仅凭部分就可以直观到整体的原因，因为整体本身已被给予出来，而整体中的部分则是被显现出来。这种整体性境域使得"图象"永葆其时代性：其一，假如没有这样一个整体性境域的存在，那么艺术图像也是不存在的，因为它没有能显现出来的条件；其二，正因为有整体性境域的存在，各式各样的视觉图像才有存在的场域；其三，整体性境域的存在让本身有限的"图象"能承载这种整体性境域中的其他部分。整体性境域既为图像的产生提供了土壤，又为图像的发展提供了场所，这是极为重要的，它们共同确立了艺术图像自身的存在。正如潘诺夫斯基所引尼采的观点："狄奥尼索斯"与"阿波罗"不是对立的，它们共同统一于一种一致当中，即"'阿波罗'是一种潜在的'狄奥尼索斯'，'狄奥尼索斯'是一种显现了的'阿波罗'"（p. 269）。

其次，"有机境域"是有机的（organic）。存在于整体性境域中的诸多图像之意义表现出两种特性——变与不变，这两种特性共同构成了这种有机性。"变"的特性使得每一幅图像是其所是地显现自身存在的意义和价值，而"不变"在潘诺夫斯基看来就类似于一种考古研究（archaeological research）。考古研究针对现有的图像或者寻求现有图像的谱系来对图像进行考察，进而对其中"变"的部分进行辨证研究；对"变"之因素的研究是一种直觉审美再创造（intuitive aesthetic recreation），它也是"不变"中的"变"。所以，考古研究与直觉审美再创造是相辅相成的。考古研究的基本精神就是尊重历史。艺术史家们不厌其烦地搜集、整理资料，试图对一个形象进行全面的、理性的分析，但是每一个形象及母题并不完全相同，它们总有"变"的部分，而这种"变"正是每幅艺术图像自己的价值所在。直觉审美再创造是一种能力，不管是对图像颇有研究的艺术史家，还是把图像当作艺术品欣赏的观众，他们首先要调动自己的感官对图像进行直觉，直觉到图像形式的同时对图像进行审美感受。这一过程有两个可能的结果，一是有目的的，一是无目的的。有目的的再创造产生的"像"就是图像本身具有的意图，而无目的的审美感受则将人引向自由；前者是对图像进行考古研究时采用的，后者则是作为艺术的图像向人敞开的结果。观者对图像中的形象、主题等因素了解得越多，对图像自身所具有的意图就越清楚，对图像之审美感受也就越深刻，他是在理性的基础上对图像进行诠释的，而他调动审美直觉再创造的能力对图像的诠释与考古研究相吻合（Panofsky, 1982, pp. 14 - 18）。这就是考古研究与直觉审美再创造在"变"与"不变"中呈现出来的有机性。

潘诺夫斯基说："如果人的存在只是被认作一种手段而不是目的的话，

那么人类活动的记录其本身的价值就很少。"（Panofsky，1982，p. 4）人类活动记录的价值大小取决于人的存在是一种目的而非一种手段，人要是仅仅作为一种手段而存在，那么他与动物无异。动物的存在就是以一种手段维系的，它们捕获猎物、寻求食物等对生存资料的获取构成了生存的全部意义，它们的存在就是一种手段——维持机体的一切所需，使生命得以延续。然而，人却不一样，一旦生存问题得到解决，人就会天然地去寻求一种存在的意义，人活着不仅仅是为了满足自己的机体需要，人的存在是不断地去存在（to be），他永远只是作为一种存在的目的而存在。在世界被图像化的今天，图像化既是人的存在手段，也是人的存在境域。人的本质不断地建构自身的存在，视觉的图像不断地被图像化，被图像化的"图象"又不断地建构人的存在。人类活动的记录是人类存在方式的记录，它们共同形成了卡西尔意义上的"文化"，艺术图像就是文化中的一部分，它是人的存在在图像世界中的印记，是集历史性与时代性于一体的对人的存在的记录，并且诠释着"每一幅图像都是图像史"的含义。

四、结语

图像学是西方视觉中心主义烛照之下之艺术理论之关捩所在，最初以"iconography"命名，现代意义上的图像学是瓦尔堡在1912年的讲演中第一次提到，随后潘诺夫斯基的《图像学研究》一书出版，图像学"脱离辅助地位成为艺术史研究的必不可少的学科"（潘诺夫斯基，2017，p. 3）。潘诺夫斯基的图像学既是系统的图像理论，又是完备的图像诠释方法，在图像学历史上有着承前启后的作用。除此之外，潘氏的图像学理论以图像志研究图像的方法为对象，实际上是人认识艺术图像的思维呈现，以视觉这种感性直观的方式获取图像，进而通过形象与母题辨识艺术图像的主题与意义，"图象"承载着诸多视觉图像而成为主题与意义的最终存在形式。这是潘诺夫斯基图像学理论在认识论中的全部呈现。然而，显现出来的"图象"背后有无数的图像，这些图像不只是历史的、过去的，也是现实的、未来的，所以不管是图像还是"图象"，都共同记录和诠释着人的存在。这是图像之存在的全部意义。

引用文献：

柏拉图（2017）．理想国（郭斌和，张竹明，译）．北京：商务印书馆．

高秉江（2013）．现象学视域下的视觉中心主义．武汉：华中师范大学出版社．

海德格尔，马丁（2004）．林中路（孙周兴，译）．上海：上海译文出版社．

赫拉克利特（1981）．赫拉克利特著作残篇．载于北京大学哲学系外国哲学史教研室（编译）．西方哲学原著选读（上），21-28．北京：商务印书馆．

黄侃（句读）（1990）．周易正义（王弼，魏康伯，注；孔颖达，等正义）．上海：上海古籍出版社．

卡西尔，恩斯特（2013）．人论：人类文化哲学导引（甘阳，译）．上海：上海译文出版社．

刘成纪（2018）．中国画史中的图、画之辨．文艺研究，3，5-12.

潘诺夫斯基（1987）．视觉艺术的含义（傅志强，译）．沈阳：辽宁人民出版社．

潘诺夫斯基，E.（2017）．图像学研究：文艺复兴时期艺术的人文主题（戚印平，范景中，译）．上海：上海三联书店．

许慎（2006）．说文解字（段玉裁，注）．郑州：中州古籍出版社．

亚里士多德（2012）．形而上学（吴寿彭，译）．北京：商务印书馆．

周振甫（1999）．周易译注．北京：中华书局．

Panofsky, E. (1972). *Studies in Iconology: Humanistic Themes in the Art of the Renaissance*. Oxford: Westview Press.

Panofsky, E. (1982). *Meaning in the Visual Arts*. Chicago: The University of Chicago Press.

Plato (1941). *The Republic of Plato* (M. Cornford, trans. and notes). London: Oxford University Press.

作者简介：

罗绂文，博士，贵州大学哲学与社会发展学院教授，博士生导师，研究方向为图像学、诗书画论。

高雪蓉，硕士，贵州大学哲学与社会发展学院研究生，研究方向为图像学。

Author:

Luo Fuwen, Ph. D., professor of School of Philosophy and Social Development, Guizhou University. His research fields include image, poetry, calligraphy and painting.

Email: luofuwen74@126.com

Gao Xuerong, master degree candidate of School of Philosophy and Social Development, Guizhou University. Her research field is iconology and image.

Email: 1095496594@qq.com

中国古代宫廷百戏展演的符号交流功能探究

魏云洁

摘 要：百戏自先秦始，到秦汉发展成熟，于隋唐时发展至顶峰，后又不断演变。一般认为，百戏是一种为观者助兴的单纯的娱乐演出活动，但事实上，如果将百戏展演的过程作为整体的符号看待，除娱乐功能之外，百戏还具有重要的交流功能。作为对共同音乐文化背景要求最低的音乐演出，在朝会宴、酺宴与宴外蕃三种典型的宴会场合中，百戏在君臣之间、君民之间以及不同的文化集团之间，传递着不同的意义。

关键词：百戏，交流功能，酺宴，朝会宴，宴外蕃

Communicative Functions of "*Baixi*" in Chinese Ancient Courts

Wei Yunjie

Abstract: "*Baixi*" came into being before Qin dynasty, matured in Qin and Han dynasties and psospered in Sui and Tang dynasties. *Baixi* is simply acknowledged as a performance to entertain an audience. However, if we regard the progress of *Baixi* performance as a sign, it also possesses multiple communicative functions. As a music performance that requires the least common music and cultural background, the meanings conveyed by *Baixi* differed between the monarch and his subjects, between the monarch and his people, and between various cultural groups in the banquet of *Chaohui*, *Puyan* and diplomatic settings.

Keywords: *Baixi*; the function of communication; *Puyan*; diplomatic settings;

banquet of *Chaohui*

DOI: 10.13760/b.cnki.sam.202101011

百戏最早出现于《后汉书》，秦汉时称"角抵"，后多称"百戏"，唐以后又被称为"散乐"。百戏起源于先秦，成熟于秦汉，到隋唐发展至顶峰，其后亦有延续。百戏的表演内容随时代变化不断增加，但以杂技、幻术、歌舞戏、人物及动物扮演等为主，是一种综合性的展演形式。尽管其表演更偏向于视觉艺术，但因为在百戏演出中往往伴有音乐，于是中国古代一般将其归入音乐的范畴。

百戏是从民间发展起来的，后被上层阶级用于宫廷之中。宫廷中的百戏演出又多用于宴会，属宴乐范畴。与其他宴乐相比，百戏能够最大限度跨越不同文化、阶层之间的壁垒，实现不同对象间的交流。本文聚焦宫廷宴会中的百戏，以对臣、对民、对外三种宴会形式中百戏的使用，探究百戏的交流功能。

一、"百戏"溯源考察及发展概述

对于百戏的界定，学界多有讨论。任半塘认为，百戏"表现体力、器械、动物之技巧，配合简单音乐，其效果使人惊奇而已，乃后世所谓杂耍或把戏，近代属之马戏范围"（1984，p.1）。李纯一指出，"中国杂技有着悠久的历史传统……随着社会历史的发展，以及国际文化交往的增多，中国杂技也获得不断的进步。由于节目日益繁多，内容日益丰富，杂技乃由初名角抵戏逐渐改为百戏、为散乐、为杂戏或杂伎"（2004，p.210）。夏野总结"百戏是各种杂耍技艺的总称，源出周代的'散乐'，到汉代已发展的相当丰富多彩。据张衡的《西京赋》记载，就有扛鼎、寻橦、冲狭、燕跃、跳丸、走索、吞刀、吐火、曼延等许多种"（夏野，1989，p.56）。这些观点都将百戏的定义限定在杂技、杂耍等偏重行为、力量以及技巧的范畴。

也有更宽泛的界定。杨荫浏解释汉代百戏时指出，"它里面包含着许多与武术有着联系的花样……也包含着鸟兽鱼虫的扮演，人物故事的扮演等；有音乐、有歌、有舞、有动作，有时还应用着活动的布景，与戏剧相仿"（1981，p.124）。叶大兵认为，"'百戏'是我国对古代乐舞、杂技表演的总称。它上承夏代的乐舞、周代的'散乐'与'讲武'，下启魏、晋、隋、唐、宋、元、明、清各代的戏曲、乐舞、杂技艺术的发展"（1985，p.1）。王建纬指出,"古代的乐舞、杂技表演笼统被称为'百戏',秦时已有之,汉代最为繁荣,有时也称作'角抵戏'、'百戏'包括的内容颇为庞杂,粗略可分为有装扮人物的乐舞,装扮动物的'鱼龙曼延',有简单故事情节的'东海黄公'以及各种杂技如吞刀、吐火、角力、扛鼎、寻橦等。其中,所占比例最大者,要算杂技"(1994,pp. 40–41)。吴钊、刘东升认为百戏是"杂技、歌舞及民间各种新的音乐技艺总称"(1983, p.77)。此种界定认为,百戏内容丰富,以杂技为主,同时有幻术、扮演人物或动物的表演等类似戏剧的成分。

这两种观点从不同角度出发,不存在对错之别。同其他艺术形式一样,百戏来自民间,具体起源时间不可考,但其中的一些表演能够追溯到先秦。在长安沣西客省庄第104号墓出土的长方形铜牌(图1)上出现了两人作摔跤状的图案。据考古人员推测,这座墓修建时间应当在战国末年或更晚一些。因此最晚在战国时期,就已经有了与"角抵"类似的活动。《国语·晋语》中"侏儒扶卢"(左丘明,2002,p.363),是对春秋时期"竿戏"的记载。《庄子·徐无鬼》有"市南宜僚弄丸",可见跳丸之戏能追溯到战国时期。但这些记载的都是单独的表演活动。

图1　客省庄第104号墓出土铜牌(考古研究所沣西发掘队,1959)

从秦汉开始,关于"角力"表演的记载更加丰富。《史记》载,秦二世曾于甘泉宫作"觳抵优俳之观"(司马迁,1982,p.2559),颜注引应劭曰:"战国之时,稍增讲武之礼,以为戏乐,用相夸示,而秦更名曰角抵。"(p.2560)可以推知,"角力"在秦时已被称为"角抵"。李斯鲜明地反对此事,因此可以认为,角抵在秦时已经不是战国时期单纯为了"讲武之礼"进行的表演,而是与俳优一同进行的表演,其娱乐性和观赏性都得到了进一步提升。

汉代的文献中出现了"角抵"或"角抵戏",又作"觳抵""角觚"等。有现代学者认为,角抵戏和角抵,一个是戏剧表演,一个是单纯的力量角逐的竞技游戏,二者完全不同。(吴国钦,2003,pp. 1 – 6 + 121)但在汉代文献当中,两者并没有严格区分,处于混用的状态。相较于秦代,汉代角抵有了更丰富的内涵。张衡《西京赋》总括"角觚之妙戏"(萧统,1986,p. 75),其后写到跳丸、走索、爬杆等杂技表演、幻术表演、乐舞表演,以及《东海黄公》这样有简单故事情节的表演。可见角抵在东汉时已经成为一种综合性演出。

之后,"名此乐为角抵者,两两相当角力,角技艺射御,故名角抵,盖杂技乐也。巴俞戏,鱼龙蔓延之属也。汉后更名《平乐观》"(班固,1962,p. 194)。《北史》载"近代以来,都邑百姓每至正月十五日,作角抵戏","鸣鼓聒天,燎炬照地,人戴兽面,男为女服,倡优杂伎,诡状异形"(李延寿,1974,p. 2624)。可见角抵戏依旧作为总称,包括角力、扛鼎等杂技,幻术,以及装扮人物、动物等演出。

在使用"角抵"称谓的同时,"百戏"这一称谓也逐渐出现。《后汉书》中最早有"百戏"的用法,《后汉书·孝安帝纪》有"罢鱼龙曼延百戏"(范晔,1965,p. 205),《后汉书·南匈奴列传》中亦有"飨赐作乐,角抵百戏"(p. 2963)。可见,百戏最早作为一种量词来概括角抵的类别。汉以后,"角抵"意涵内缩,逐渐开始单指与"角力"相似的竞技活动,"百戏"反而成为综合性演出的总称。《隋书·乐志》中首次记载百戏表演之状,并将百戏与秦角抵之流正式关联起来:"始齐武平中,有鱼龙烂漫、俳优、朱儒、山车、巨象、拔井、种瓜、杀马、剥驴等,奇怪异端,百有余物,名为百戏。周时,郑译有宠于宣帝,奏征齐散乐人,并会京师为之。盖秦角抵之流者也。"(魏征,1973,pp. 380 – 381)。隋唐以后,"百戏"开始正式成为古代乐舞杂技的总称。

唐以后,百戏又与散乐等同起来,《旧唐书》及《通典》《唐会要》都认为百戏就是散乐。但认为百戏是音乐的观念并非从唐代开始。《宋书·乐志》中就记载了汉代流传下来的百戏曲目,魏、晋及六朝时期依然存有六首,梁时又新增七曲。可见,百戏展演有专用曲目。王建《寻橦歌》言:"人间百戏皆可学,寻橦不比诸余乐。"(彭定求,1960,p. 3387)胡震亨《唐音癸签》言:"其陈也,必佐以致语篇唱,优人辞捷者谓之斫拨。则亦皆乐曲之余，不可遗也。"（1981，p. 160）这些文献都认为百戏当属音乐范畴。由是，百戏在中国古代应当是一直被划入音乐范畴的。

宫廷中的百戏多用于宴会。百戏的发展经历过两次高潮。第一次发展在秦汉时期，尽管史书中的材料不多，但是从目前出土的画像砖来看，百戏表演经常与宴会图及庖厨图置于同一画面当中，由此可知其被广泛用于汉代贵族的宴饮活动中。于是可以合理推测，百戏是汉代宴乐的重要组成。同时，百戏演出明显未局限于宫廷内部，而是蔓延到了整个上层阶级。

魏晋南北朝时的百戏演出时有进行。《三国志》引《魏书》，言曹丕于邑东大飨六军及父老百姓，"设伎乐百戏"（陈寿，1982，p. 61）。北朝亦于宴中作百戏：北魏仿汉晋之旧，北周明帝于紫极殿用百戏（令狐德棻，1971，p. 59），宣帝"广召杂伎，增修百戏，鱼龙曼衍之伎常陈于殿前，累日继夜，不知休息"（杜佑，1988，p. 3728）。可见百戏依旧活跃在宫廷宴会当中。

隋唐重新统一中国之后，百戏又一次得到了空前的发展，其演出模式、使用频率、表演类型较秦汉两代有过之而无不及。炀帝大总天下奇伎，唐玄宗、武则天、唐敬宗、唐昭宗等均于宴中奏百戏，又以玄宗朝为盛。当时宫宴中作百戏的情景，出现在宴会应制诗中，直接展现了百戏的盛状。张籍《寒食内宴二首》言："朝光瑞气满宫楼，彩纛鱼龙四面稠。廊下御厨分冷食，殿前香骑逐飞球。千官尽醉犹教坐，百戏皆呈未放休。"（彭定求，1960，p. 4337）除张籍外，张九龄、杨炯、张说、崔国辅等均有相关诗作。

此外，《北梦琐言》载"唐乾符中，绵竹王俳优者，有巨力。每遇府中飨军宴客，先呈百戏"（孙光宪，2002，p. 396）。元稹《西凉伎》言："哥舒开府设高宴，八珍九酝当前头。前头百戏竞撩乱，丸剑跳踯霜雪浮。"（彭定求，1960，p. 4616）杜甫《陪柏中丞观宴将士二首》也有"一夫先舞剑，百戏后歌樵"（p. 2542）。如此种种，可见百戏在唐时宴会中的使用情况。

唐以后，随着政治和文化的变化，百戏在宫廷宴会中的使用逐渐减少，但依然存在。《宋史》"宴享"目明确记载宴享有百戏，"赐酺"条亦有"百戏竞作"（脱脱，1985，p. 2700）；宋明宗曾于应圣节"宣教坊乐及左右厢百戏以宴乐之"（王钦若，2006，p. 24）；刘筠《大酺赋》云"百戏备，万乐张"（吕祖谦，1992，p. 26）；元诗有"楼前百戏排倡优，百官陪宴酬未休"（杨镰，2013，p. 26）；《明史》"大宴仪"条有"奏百戏承应舞"（张廷玉，1974，p. 1361）；清元正朝会时有元会宴，宴会中有"童陈百戏"（赵尔巽，1977，p. 2628）；《思益堂日札》载康熙两元夕盛典，于乾清宫宴群臣，"诏进百戏。都卢、寻橦、拍张、觳觗。毕陈于前"（周寿昌，2007，p. 224）。

可以看到，一直到清代，宴会中依然作百戏。

本文选取朝会宴、酺宴、宴外宾三种典型宴会类型，来探究百戏展演的交流功能如何实现。

二、朝会宴：君主权威与君臣相和的传递

朝会是君臣相见的重要场合，是诸侯、大臣和外国使者朝见天子的重大仪式。《册府元龟》总结朝会的基本功能，说其"所以训上下之则，正君臣之序，教庶民以事上，示率土以大同也"（王钦若，2006，p. 1163）。可见其承担了维系君臣关系的重要作用，这种君臣关系，是中国古代朝政结构的决定性因素。（渡边信一郎，2006，p. 363）

朝会始于汉，汉初即有关于朝会仪的记载。这一仪式源于汉高祖对朝廷君臣关系混乱无序的不满，于是叔孙通定礼仪，群臣于长乐宫朝天子，始有高祖"吾乃今日知为皇帝之贵也"（司马迁，1982，p. 2723）的感叹。在这一重要的仪式过程中，宴飨是其中的基本要素。东汉元会仪即有"百官受赐宴飨，大作乐"（范晔，1965，p. 3130）的记载。渡边信一郎指出，这时已经将元会仪分为"朝与会两部分……后半部分会仪的中心，是上殿称万岁、举觞和殿庭的宴飨、作乐"（渡边信一郎，2006，p. 366）。而百戏在朝会中则被安排在"会"这一宴飨部分。

西汉朝会宴具体如何作乐不详，但李贤注《后汉书》引蔡质《汉仪》，对东汉朝会宴中作乐的情况有较详细的说明："作九宾散乐。舍利兽从西方来，戏于庭极，乃毕入殿前，激水化为比目鱼，跳跃漱水，作雾障日。毕，化成黄龙，长八丈，出水遨戏于庭，炫耀日光。以两大丝绳系两柱间，相去数丈，两倡女对舞，行于绳上，对面道逢，切肩不倾，又踏局出身，藏形于斗中。钟磬并作，倡乐毕，作鱼龙曼延。"（范晔，1965，p. 3131）可以看到，在国家最重要的仪式场合中，百戏占据了重要的位置。盛大的百戏表演构成的恢宏奇观能够给人强烈的感官冲击与视觉震撼，从而进一步指向君主权威。宴会的主办者向参与者传达出一种明确的意义，即君臣之间主宰与被主宰的关系。依靠视觉效果及氛围的百戏演出，其奇观性与震慑力指向君主权威的宣示。

百戏在朝会宴中还传递出君主对于臣下的恩惠之意。君主通过赐宴及宴中赐食、赐乐的形式来表达对君臣相和的期待。百戏在汉朝的宴会中大量使用，其基础是政权下移，贵族世袭制被打破，宫廷宴会参与者对音乐的欣赏

能力不再建立在一个统一的文化符号体系中。尽管孟子有"至于声，天下期于师旷，是天下之耳相似也"（焦循，2015，p. 1668）的观点，认为人对音乐的欣赏能力是相似的，但音乐文本产生于特定的文化背景中，只有同处于一个符号域中的人，才有可能共享某种音乐。

符号域即"一种符号体系存在和运作的文化空间"（陆正兰，2015，pp. 4-9），一般情况下，任何一个符号，只有在一个符号域的映衬中，才能被理解以及发生作用。"有时符号域是一种社会语境……包含了音乐的社会力量……拥有相似的文化和教育背景的人，这样的人因而也分享了同样的音乐能力。若没有理解音乐之所以然的必要能力，音乐作为符号就不可能存在。"（塔拉斯蒂，2015，p. 7）但百戏相较于其他宴乐，能够越过不同的符号域，在不同文化背景的接受者间进行意义的传递。音乐在百戏表演中以背景乐或节奏乐的身份存在，演出的视觉效果才是决定意义的部分。相较于听觉，视觉的刺激能够更直接地达到观者的感性层面，观者也更容易获取相应的信息，由是更好地完成信息的传递。宴外蕃与酺宴常用百戏，部分也是基于同样的原因。

三、酺宴：幻象的建构与阶层弥合

酺宴是天子施恩于天下、面向臣民而设之宴。汉律规定，三人以上无故饮酒要被处以高额罚金，但天子又经常在特殊的日子允许天下大酺，是谓王者布德，即宋太祖言："王者赐酺推恩，与众共乐，所以表升平之盛事，契亿兆之欢心。"（脱脱，1985，p. 2699）可知酺宴一方面呈现太平盛世之场景，另一方面与民同乐，建立更良好的君民关系。

酺宴的对象是一般民众，百戏雅俗共赏的特点，使得其成为酺宴宴乐的重要组成部分。尽管没有对酺宴使用百戏的直接记载，但《汉书》中已经提到了汉武帝令京师民众于上林平乐观观赏角抵的事（班固，1962，p. 198）。到唐代，对酺宴中作百戏的记载逐渐增多，其中以唐玄宗时期为盛。

唐朝也多有皇帝设酺宴作百戏的记载，其中以唐玄宗设酺宴为最多。《资治通鉴》载："上皇每酺宴……继以鼓吹、胡乐、教坊、府县散乐、杂戏……又教舞马百匹，衔杯上寿；又引犀象入场，或拜，或舞。"（司马光，1956，p. 6994）郑綮《开天传信记》载："上御勤政楼大酺，纵士庶观看。百戏竞作，人物填咽。"（2012，p. 84）《乐府杂录》载："观者数千万众，喧哗聚语，莫得闻鱼龙百戏之音。"（段安节，2012，p. 125）《明皇杂录》言明皇大酺，"大陈山车旱船，寻橦走索，丸剑角抵，戏马斗鸡"（郑处诲，1994，p. 26）。可见百戏在酺宴中的使用频次及演出规模。

酺宴中百戏演出的特点，与朝会宴和宴外蕃时重宏大场面与奇观略有不同，它更注重场面的热闹。对酺宴中的百戏演出的描述，都给人一种喧哗、热闹的直观感受，观众沉浸其中。具有良好的体验与互动效果的百戏可以达到与民同乐的目的。"与民同乐"最早由孟子提出，是孟子的政治主张之一，孟子的音乐思想也与此相关。他认为，"仁言不如仁声之入人深也"（焦循，2015，p. 1840），在传递"仁"的方面，音乐具有比语言更强的力量，在这一点上，孟子与孔子、荀子相通。此外，孟子还有"今之乐犹古之乐"的音乐观，即只要能够发挥同样的功效，雅俗之乐都可以使用。

百戏恰好具有这样的政治功能。百戏的展演能够在一定程度上消弭君民之间的阶级对立。这是建立在幻象上的，而幻象的建构，正是艺术的一个基本功能。"在组成文化的各种表意文本中，艺术是借形式使接受者从庸常达到超脱的符号文本品格。"（赵毅衡，2018，pp. 4-16）艺术通过制造幻象使接受者脱离庸常。

现代艺术建构的幻象，是围绕个体自身产生的，通过艺术作品的形式直观，对观赏者的感性状态形成直接刺激。宴会中百戏建构的幻象与现代艺术建构的幻象有区别。百戏建构的幻象不指向个体的审美感受，而是指向一种自上至下的意识形态传输，与儒家提倡的"善民心""易风俗"异曲同工。百戏演出的喧闹建构起太平盛世、君民和乐的氛围，这是百戏作为符号最直观的意义指向。在君臣关系的维系中，这种幻象为民众接受君民同乐的意识形态提供了有效的路径。从这一角度而言，百戏应该值得一些更为正面的看法。当然，这种幻象是短暂的，需要被反复巩固，这也是众多庆典存在的原因之一。但尽管短暂，百戏也确实实现了音乐的政治功能。

四、宴外蕃：国力的夸示

百戏演出的功能之一是夸示。《汉书·刑法志》记载战国时就有用百戏"相夸视"（班固，1962，p. 1085）的情况。但先秦之前是否有专为外国宾客设宴之事，以及宴乐具体是何形态，目前并不能确定。直到汉代，才有宴外蕃以及在宴外蕃时使用百戏的明确记载。在有限的记载中，百戏是宴外蕃时的重要内容。《史记》中记载武帝时迎外国宾客："散财帛以赏赐，厚具以饶给之，以览示汉富厚焉。于是大角抵，出奇戏诸怪物，多聚观者，行赏赐，酒池肉林，令外国客遍观各仓库府藏之积，见汉之广大，倾骇之。及加其眩者之工，而觳抵奇戏岁增变，甚盛益兴，自此始。"（司马迁，1982，p.3173）能够明显看出百戏在其中的夸示作用。

汉之后，这种宴外蕃的行为有所减少，规模也远不如汉时，社会的动乱与政治的分裂对中国的外交造成了冲击，直到隋唐再度统一中国。据《隋书·音乐志》载，隋炀帝因为要向外国君主炫耀大隋国力，曾几次大括天下散乐，聚于京城，在突厥等国国王来隋时进行演出。比如：大业二年，突厥染干来隋，"总追四方散乐，大集东都"（魏徵，1973，p.381）；大业六年，"突厥启民以下，皆国主亲来朝贺。乃于天津街盛陈百戏，自海内凡有奇伎，无不总萃"（p.381）；又有每年正月时，万国来朝，"留至十五日，于端门外，建国门内，绵亘八里，列为戏场"（p.381）。这种描绘很容易使人联想到汉武帝时为外国宾客进行百戏展演的盛况，表明百戏作为重头戏被用于宴外蕃的场合中。

《新唐书》第一次正式记载了宴外蕃的礼仪，这种转变反映出对外关系经营受到了重视与规范。继唐制详记蕃王入朝迎劳宴飨礼后，此制作为常例延续了下去。《旧唐书》载吐蕃使者入朝求和，武则天"宴之于麟德殿，奏百戏于殿庭"（刘昫，1975，p.5226）；又有"皇帝大夸胡人，以八方平泰，百戏繁会"（董诰，1983，p.6240-6241）；《宋史》"金国聘使见辞仪"中提到"凡用乐人三百人，百戏军七十人"（脱脱，1985，p.2812）；其后，明代宴外宾时亦有百戏，比如蕃王朝贡，"作乐，杂陈诸戏"（张廷玉，1974，p.1424）。因此，在与外宾的宴会中，始终是有百戏演出的。

用百戏夸示国力，以汉、隋两朝最为典型。这种夸示主要的受众是外宾，越是在国力强盛的时代，百戏演出的场面越恢宏华丽。夸示具有传播的特征，即一种单向度的信息传递，其表意更侧重于接受者。作为接受者，外宾几乎是以一种无法抗拒的姿态接受来自中国皇帝对强盛国力的夸示，这就是百戏此时的意义指向。但百戏本身是不能够直接指向这一所指的。单纯就其自身而言，百戏是一种艺术形式，是一种诗性符号，在大多数情况下并没有明确的意义指向，只是作为一种娱乐形式存在的音乐类别。但是，一旦将百戏置入宴会演出场景，考虑到演出规模等因素，它就有可能被塑造成一种有明确意义指向的表演形式，从而承担一定程度上的交流功能。

在宴外蕃的活动中，强盛的国力作为一个抽象的概念并不能直接在场，于是需要由某一或某些符号指向这一意义，百戏就是作为这样的符号而存在的。但是，百戏传递意义，并不能依靠语言。前文提到汉、隋两朝面向外国宾客的百戏演出的情景，场面宏大、氛围热闹、人数众多、奇观百出，武帝与炀帝都曾以百戏炫耀国威，并且收到了使人惊骇的效果，据此可以得出这样的结论：在宴外蕃的场合中，百戏表演不是一种技艺的表演，而是无数技艺的汇合演出，是一种大型综合演出。这种形式事实上首先制造的是一种氛围或场面，身处其中的观者很容易被这样的场面震撼；其次，这样的形式进一步能够指向的，是足以支撑起如此宏大场面的国家经济实力。于是，在宴会中，百戏指向了国家力量的强盛。

除了单纯的炫耀，这种夸示也是有实际意义的。以西汉与乌孙国的前期交往为例，《汉书·西域传》载："乌孙远汉，未知其大小，又近匈奴，服属日久，其大臣皆不欲徙。昆莫年老国分，不能专制，乃发使送骞，因献马数十匹报谢。其使汉人众富厚，归其国，其国后乃益重汉。"（班固，1962，p.3902）可以说，在外交关系当中，适当的夸示有时候能带来正面的政治效果。宴会作为交流的重要场合，其所呈现的事物往往都指向本国试图建立的对外形象，以便使者在相对较短的时间里获取信息。因此，相比起单纯的娱人作用，本文更倾向于认为，在与外国的交往当中，百戏能够进行有效的意义传递。

五、小结

在历代宫廷中，百戏常被用于宴会活动，因为它比其他音乐更具有观赏性和娱乐性，但它也经常被斥为"淫乐"。《汉书·刑法志》说角抵戏使"先王之礼没于淫乐中"（班固，1962，p.1085）；《后汉书·仲长统传》说"目极角抵之观，耳穷郑卫之音"（范晔，1965，p.1647）；将角抵与郑卫之音并提；晋武帝统一之后，锐意进取，于是要求"禁乐府靡丽百戏之伎"（房玄龄，1974，p.53）；隋文帝承南北朝之乱，亦将"太常散乐并放为百姓。禁杂乐百戏"（p.15）；唐高祖时，孙伏伽上书劝谏，"百戏散乐本非正声……此谓淫风，不可不改"（刘昫，1975，p.2635）。可见对于百戏在宫廷中的展演，始终有反对的声音。

但这并没有阻碍百戏的发展，相反，愈是经济强盛、政治稳定的时期，百戏就愈兴盛。这其中当然有上层阶级的娱乐需求，但在公共宴会中，尤其是涉及庆典、对外交往等场合时，场面盛大、花样百出的百戏表演就不仅仅只是为了娱乐，而是作为一种符号，为参与宴会的主客双方提供一种无言的交流。这就是百戏的符号交流功能。百戏热闹、喧嚣的特点使得百戏演出能够完美适应庆典的氛围，并且为这样的氛围推波助澜。百戏场面的宏大、演出的多样以及奇观与帝国的恢宏、繁盛画上了等号；其对短暂幻象的建构，又能够在一定程度上实现儒家通过音乐传递的"仁"的理想，对君民、君臣关系产生积极作用。这是对百戏功能的新发现。

引用文献：

班固（1962）. 汉书. 北京：中华书局.

陈寿（1982）. 三国志. 北京：中华书局.

崔令钦（1962）. 教坊记笺订. 北京：中华书局.

董诰等（编）（1983）. 全唐文. 北京：中华书局.

杜佑（1988）. 通典. 北京：中华书局.

渡边信一郎（2006）. 元会的建构——中国古代帝国的朝政与礼仪. 载于沟口雄三（编）. 中国的思维世界（孙歌，等译），363-409. 南京：江苏人民出版社.

段安节（2012）. 乐府杂录. 北京：中华书局.

范晔（1965）. 后汉书. 北京：中华书局.

房玄龄，等（1974）. 晋书. 北京：中华书局.

顾嗣立（编）（1987）. 元诗选初集·庚集. 北京：中华书局.

胡震亨（1981）. 唐音癸签. 上海：上海古籍出版社.

焦循（2015）. 孟子正义. 南京：凤凰出版社.

考古研究所沣西发掘队（1959）. 1955—57年陕西长安沣西发掘简报. 考古，10，516-530+583-587.

李纯一（2004）. 困知选录：李纯一音乐学术论文集. 上海：上海音乐学院出版社.

李延寿（1974）. 北史. 北京：中华书局.

李云泉（2004）. 朝贡制度史论. 北京：新华出版社.

令狐德棻（1971）. 周书. 北京：中华书局.

刘昫，等（1975）. 旧唐书. 北京：中华书局.

陆正兰（2015）. 流行音乐与音乐文化的符号域. 贵州社会科学，8，4-9.

吕思勉（1992）. 吕著中国通史. 上海：华东师范大学出版社.

吕祖谦（编）（1992）. 宋文鉴. 北京：中华书局.

彭定求（编）（1960）. 全唐诗. 北京：中华书局.

任半塘（1984）. 唐戏弄. 上海：上海古籍出版社.

司马光（1956）. 资治通鉴. 北京：中华书局.

司马迁（1982）. 史记. 北京：中华书局.

孙光宪（2002）. 北梦琐言. 北京：中华书局.

孙诒让（2015）. 周礼正义. 北京：中华书局，

塔拉斯蒂（2015）．音乐符号（陆正兰，译）．南京：译林出版社．
脱脱，等（1985）．宋史．北京：中华书局．
王建纬（1994）．漫话我国古代的广场文艺．文史杂志，2，40-41．
王钦若，等（编）（2006）．册府元龟．南京：凤凰出版社．
魏徵（1973）．隋书．北京：中华书局．
吴国钦（2003）．汉代角抵戏《东海黄公》与"粤祝"．中山大学学报（社会科学版），6，1-6+121．
吴钊，刘东升（1983）．中国音乐史略．北京：人民音乐出版社．
夏野（1989）．中国古代音乐史简编．上海：上海音乐出版社．
萧统（编）．（1986）．文选．上海：上海古籍出版社．
杨镰（编）．（2013）．全元诗．北京：中华书局．
杨荫浏（1981）．中国古代音乐史稿．北京：人民音乐出版社．
叶大兵（1985）．中国百戏史话．杭州：浙江人民出版社．
张廷玉，等（1974）．明史．北京：中华书局．
赵尔巽，等（1977）．清史稿．北京：中华书局．
赵毅衡（2018）．从符号学定义艺术：重返功能主义．当代文坛，1，4-16．
郑处海（1994）．明皇杂录．北京：中华书局．
郑綮（2012）．开天传信记．北京：中华书局．
周寿昌（2007）．思益堂日札（五卷本）．北京：中华书局．
左丘明（2002）．国语集解．北京：中华书局．

作者简介：
魏云洁，四川大学文学与新闻学院博士研究生，研究方向为音乐符号学、中国古代音乐文化。

Author:
Wei Yunjie, Ph. D. candidate at College of Literature and Journalism, Sichuan University. Her research fields are semiotics of music and the culture of Chinese ancient music.
Email: wyjwyj930711@163.com

意象符号论：当代艺术中国范式的一个符号学阐释*

于广华

摘　要：本文基于皮尔斯符号学提出意象符号论，探究意象符号对现实对象的再现，以及对"存在""道""理念"等意义的创造性再现；此外基于意象符号再现体物质媒介的自然性与关联性，探究意象符号的"自我再现"。意象符号的意义在媒介物质、现实世界再现对象、创造性再现对象等层面来回流动，形成意义动势，营造出一个生命气息流转、整一性氛围感知的意境意义空间。本文通过意象的符号学分析，增强传统美学在当代艺术的阐释效力，为探究当代艺术的中国性问题提供理论借鉴。

关键词：意象符号，意境，中国当代艺术，水墨

On Images: A Semiotic Interpretation of the Chinese Paradigm of Contemporary Art

Yu Guanghua

Abstract: On the basis of Piercean semiotics, this project studies images and their representation of real objects and examines the creative representation of meanings such as "existence", "*Dao*" and "idea". In addition, on the basis of the naturalness and relevance of the material media of the image signs, the "self-reproduction" of the image signs appears. The meaning flows back and forth between the media

---

* 本文为国家社会科学基金重大项目"当代艺术提出的重要美学问题研究"（20&ZD049）阶段性成果。

material, the real-world object, and the creative "representation" object. It thus forms a momentum of meaning that creates an artistic conception space in which life flows and the sense of atmosphere is unified. By means of semiotic analysis of images, this study enhances the interpretative effect on traditional aesthetics in contemporary art and provides a theoretical reference for exploration of the Chinese-ness in contemporary art.

Keywords: image; artistic conception; Chinese contemporary art; ink painting
DOI: 10.13760/b.cnki.sam.202101012

当前，中国当代艺术不断地从传统艺术中探寻可借鉴的资源，展开当代艺术的民族性与中国性实验，如张羽、李华生、周京新的当代水墨实验，王冬龄的现代书法水墨实验，张艺谋《影》的水墨电影实验，王澍的中国乡土建筑设计，吕敬人融入东方美学的书籍设计，等等。中国当代艺术在看似二律背反的传统与现代之间，不断打破既往艺术话语体系，在西方现当代与中国传统艺术话语体系之外，提出了新的美学问题。本文基于皮尔斯符号学，试图对"意象"作符号学分析，提出中国当代艺术的意象符号论，为探究当代艺术的中国范式提供另一条思路。

一、意象符号的对象与创造性再现

皮尔斯将符号分为再现体、对象与解释项，如将艺术所生成的意象视为符号。显然，意象始终有着再现对象，如书法可以通过语言文字的规约性来再现，水墨画通过皴擦勾染再现树木山石、溪流云烟。周京新的当代水墨仍然描绘园林、白鹭与芙蓉，刘庆和的水墨仍然再现都市人物与景观，中国当代艺术的意象符号始终离不开"再现"与"对象"这两个问题。与此同时，与水墨、书法相关的中国当代艺术实验又始终追求超越性，试图超越现实物象与符号规约，追求物象背后的"道""意境""气韵"。这种超越性并无具体的再现对象，集中探究水墨的物质性本身。当代艺术追求在场性、具身性、物质性与行为性，中国当代艺术聚焦物质媒介本身，有着强烈的自指性，强调艺术符号出场所带来的人、物、场的整一性，强调艺术符号与观者、场域的互动性。我们难以言说当代艺术作品的具体再现对象。如果采用符号"一物代一物"的说法，意义在他者，而不在符号媒介本身，符号媒介被工具化，可能成为空洞的能指抑或再现体。

对西方当代艺术而言，西方抽象艺术将意义指向艺术媒介本身，行为艺术将意义指向过程性与时间性本身，装置艺术将意义推向观者、场域与空间，极少主义将意义推向"剧场性"（theatrical）（弗雷德，2013，p. 172）。表面上看，皮尔斯艺术符号"再现体"与"对象"之说失去了理论现实意义，因为西方当代艺术实践就是在不断地否定这些具象性、现实性、对象性因素，由此走向某种形而上的理念抑或观者与场域的剧场性。但是，中国当代艺术始终不排斥具象与现实问题，始终不以艺术内容的空洞来追求形而上的观念意义。"如何进行'中国表述'？除了'中国立场'，还要面对'中国问题'。在中国美术界，最大的现实问题是什么？也就是以写实为特征的一个普遍的造型现象。"（郑工，2013）中国当代艺术实践不断地探究艺术与现实对象的关联，这是中国当代艺术实践与西方现当代艺术的一个重要区分，我们不得不面对中国当代艺术提出的符号对象与再现体问题。

现代艺术一直存有对传统艺术的客观主义写实、具象的偏见，认为西方传统艺术只是在处理如何再现客观自然的问题。20 世纪的现代艺术强调个体和主体性，强调艺术的媒介性意义。艺术家彰显个性，媒介性、观念性与具象、现实之间仿佛出现了割裂，梅洛－庞蒂反对这些艺术史宏大叙事的割裂性，认为"不应该把可见世界交给古典方法，也不应该把现代绘画藏在个人小天地里，不必在世界和艺术之间，我们的感官和绝对绘画之间进行选择"（2003，p. 57）。现代艺术并不是要求我们与现实对象决裂，艺术的现代性也不是艺术史叙述的割裂性。中国的当代艺术"并非采取从概念到概念的方法和角度，相反，可能更倾向于用有形的、甚至形象夸张的方式去表达观念。所以，'识'和'形'并不发生冲突"（高名潞，2009）。中国当代艺术就是在处理现实、具象、写实的过程中触及了理念、真理、观念，而不是西方绝对分裂的观念艺术、行为艺术、抽象艺术等当代艺术范式；中国的当代艺术始终是人、物、场的整一，形式、具象、行为、理念、观念、时间的整一。

中国当代艺术意象符号始终处理人与现实世界的关系。以"对象"与"再现体"两个概念论述意象符号，皮尔斯符号学三分法具有了当下的意义，可用于探究中国当代艺术意象符号的写实与再现。中国当代艺术始终没有陷入概念与观念的抽象演绎与论说，任何形而上的意境、道、理念的生发均以现实世界物象为根基。这是一种生活化的美学观，意象符号对美的真理或境界的探寻"并不像西方的实体－区分型思维那样，要完全排除功利快感、概念快感、道德快感，方能呈现出美感，而是并不排除功利、概念、道德，如有要求则将之升华为美"（张法，2020）。意象符号并不绝对抽离出观念，然后形成观念艺术；并不绝对抽离出物质媒介本身，形成抽象艺术；并不绝对抽离过程性与时间性本身，形成行为艺术。意象符号始终不排斥我们所生存的这个世界的功利、概念、道德，始终在现实世界对象的含混性之中，在"恍兮惚兮"的意象符号之中升华为美。中国当代艺术实践要求我们探究意象符号的对象与再现问题。

中国当代艺术的意象符号通过造型完成对现实世界的再现，但是，意象的"象"一旦形成，其符号的对象就不仅仅指向现实世界，而是始终以意象的在场性征召未在场之物，即解释项与观者，由此重建意象符号的意义。这里的再现，应当是某种积极再现，抑或某种创造性再现。赵毅衡提出符号的"一物引一物"论断（赵毅衡，2020-12-05），是对以往"一物代一物"的重大修正，以意象符号在场性引出某种不在场的意义，意象符号可以创造性再现和征召道、理念、存在等意义，"为了使'道'有可能处于光的沐浴之下，就必须有一系列可见或可感知的形象，把它从其深刻的不可见性中牵拉出来，这些形象已经不是客观的存在，而是变成了符号所再现的部分品质"（李桂全，2018）。意象符号的再现引出某种不在场的意义或对象，这种对象可以是显性的客观现实世界，也可以是隐性的道与理念。

意义与符号在某种程度上仍然没有同时在场，意象符号本身仍然是以某种在场性，或以某种彻底的物质自指性，来征召某种不在场或"待在"的意义。现代艺术的创造性之谜始终是未曾被言说的某种创造性的表达，而艺术创造性始终指向意义的未来向度，指向某种"待在"的意义，艺术的目的不是单纯再现现实世界的现有意义，而是某种创造性再现。艺术家基于个体生命体验，将诸多物质材料、艺术传统、当下感知、社会语境、既往话语等风格化，生成另外一些意义维度。艺术家偏离既往的固化意义空间，在世界的不可见部分，在意义的裂缝之处，发现具有价值的维度，然后通过感知将其风格化，做一致性变形，以艺术符号再现出来。中国当代艺术意象符号的意义始终处于某种"待在"状态，始终是一些未曾被言说的创造性维度。但与此同时，中国当代艺术意象符号又不是通过形而上的理论演绎与抽象形式构成的，而是始终不脱离现实世界的"象"的在场，以完成对意境、存在、道等不在场意义的征召。这就是意象符号的现实世界对象与超越性、创造性意义的整一性。

中国当代水墨画家刘庆和仍然坚持以水墨的方式表现都市图景，仍然坚持具象艺术，依旧描绘他所接触的现实社会的人和事，其水墨创作始终不离他的生活存在。刘庆和"早在美院时期就对'意象表现'产生了特殊情感"（2014），他的人、物象、自然、都市等都是意象性的存在，这些意象符号指向现实物象形体，但更为重要的是再现和征召某种超越性意义，这种超越性是意境，是存在，抑或是片段化的记忆或感知。刘庆和的《夜游》系列出现水、女性、夜色等意象（图1），近处水纹波动，远处水幽深不可测，女人表情虚无，夜色深沉，这一切在水墨与宣纸的晕染皴擦中变得斑驳起来。在模糊的黑夜，我们陷入了无穷的"黑"，人对"夜游"的本能的"畏"及一系列复杂情感逐渐被征召出来，但"畏"又不等同于害怕，因为"畏"之所畏者，是在世本身这种人存在于世的情绪体验。

图1　刘庆和《C夜游——浮》（136cm×68cm，纸本水墨，2003年）

刘庆和的意象符号并不排斥人在世间存在的诸多含混性，不排除现实的功利性，不排除具象性，其"存在"意义的生发正是基于其上。刘庆和绘画中的意象符号既有着明确的现实再现对象，又指向现实背后的存在性。刘庆和始终在具象现实、存在、水墨形式之间纠结，直到他的水墨能够真实再现和征召当下存在与现实世界。刘庆和矛盾的性格、对当下生存与自我在场性的强调,却意外地为具象现实与游离性水墨的融合提供了一条路径。

周京新以同样的方式处理"眼"与"心"的关系(图2)。他极其注重笔墨之"工"和技术问题,要将他眼前的自然全部画下来,要以笔墨表达自然所具有的深度与空间。周京新始终关心自然物象如何呈现的问题,以笔墨解答事物被我们看见的"可见性之谜"。他真正关心的是意象符号的再现问题,不回避具象与写实,认真探究如何通过水墨、雕塑与造型再现眼前的自然。与此同时,在处理具象与造型的过程中,他让我们看到某种中国式当代意味的生发。

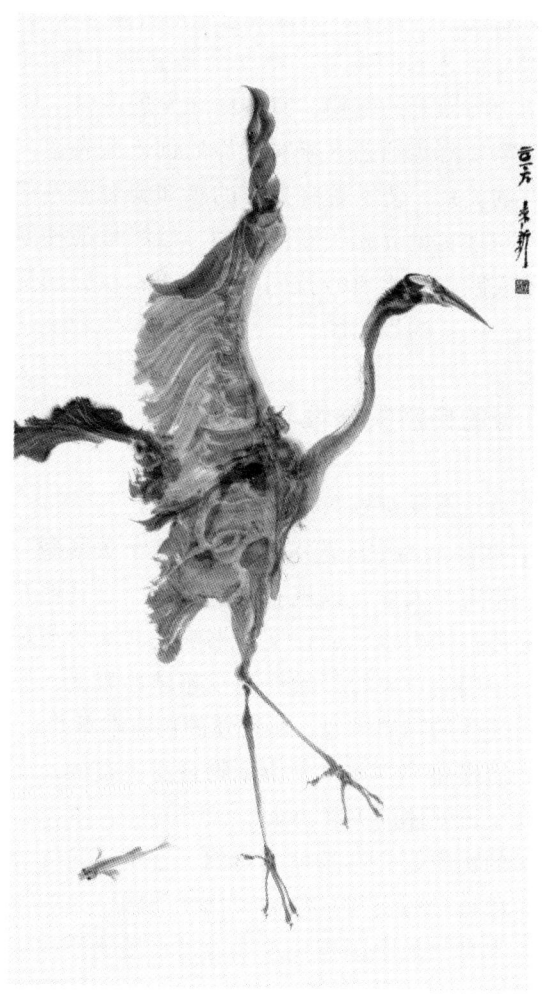

图 2　周京新《鹭鱼》系列(局部)(**152cm×83cm,宣纸水墨,2016 年**)

西方的当代艺术试图将艺术符号完全抽象化，脱离日常生活与现实世界，在观念、物质性、行为性、社会议题等诸多分裂维度进行创作，或者割裂地处理艺术符号与对象的像似、规约与指示意义，然而，"像似、指示、规约尽可能均匀混合的符号，才是最完美的符号"（Peirce, 1933, p.448），意象符号或许能够体现皮尔斯所言的符号三分的混合性。刘庆和当代水墨不排斥符号的像似性，周京新也不排斥具象造型，而王冬龄的"乱书"则不排斥文字的规约与指示。中国当代艺术的意象符号能够将符号的像似、指示、规约，具象、现实、日常，与玄远之道、理念、存在整合起来。中国的当代艺术打破了西方当代艺术模式，打破了西方传统艺术的具象写实与现代艺术个性化、媒介化等问题的对立。艺术的发展并不完全是突进式的，也不是断裂性的，艺术内部呈现出历史与当下的交错，有着内在发展逻辑。任何艺术的现代性或当下性问题，都需要落实到艺术家对世界的创造性表达。艺术家处理人的感知觉与世界存在的关系，艺术始终是人的感知觉对世界存在的某种重塑和变形，始终是某种与现实世界相关联的像似，始终是某种创造性的再现。由此，中国当代艺术实践将艺术符号拉回现实世界，在处理具象、现实、世界的过程中，生发出中国式的当代性。

二、意象符号的自然关联性与自我再现

中国传统艺术通过意象符号探究"道""意境""气韵"，讲求"象外之象""韵外之致"，张法认为中国艺术遵循"虚实－关联型"美学，通过意象符号来关涉自然、宇宙与人生，以现有的意象来征召其他元素。如意象符号可以通过水墨画关涉自然山水，通过文字书法关涉文学与观念，通过园林造型关涉自然山川。中国的意象符号始终追求超越性意义，但其超越性意义并不穿透意象符号再现体的物质本身，再现体的物质本身并非透明的符号介质；传统艺术符号的物质媒介"主要不是由个物自身决定的，而是由个物与他物的关联，最终由与宇宙整体的关联决定"（2020）。

中国传统艺术的物质媒介本身就与自然、宇宙、元气分不开。中国当代艺术一方面探究意象符号写实与具象的现代性问题，另一方面集中探究传统艺术媒介的物质性本身，如中国当代水墨通过水墨物质性探究，获取水墨物质本身与自然、世界、人生的联系。当代水墨聚焦水墨物质性本身，展开"水墨＋"的诸多实验，形成"大水墨"概念，以水墨集中体现传统艺术物质媒介的自然性特质。墨以自然植物为原料，墨中渗透着松与碳的自然气息，

浸透着手工制墨人的温存，这种温存来源于人与自然物的日常生活化打量与观照。墨与水结合，谓之"水墨"，其本身就是一种自然化、生命化的物质材质。单纯的水与墨的相遇就能造化出多重有机效果，水为生命之源，墨进入水中，并未消解水的流动性与随机性，水墨的晕染与随物赋形与西方浓稠的油画颜料形成了对比。毛笔的笔杆取材于自然植物根茎；动物毛发聚合成的笔头有着天然的含水性；宣纸来源于自然草本植物，通过多道工序，我们仍能在宣纸中感受到植物纤维的肌理与其固有的渗水性，宣纸与水墨相遇，形成变化无穷的效果。

意象符号物质性本身呈现出柔性的自然化力量，当代水墨集中探究水墨自身的物质性，不断地走出水墨画传统，去除既往的士大夫文化、政治、宗教、道德等语境，意象符号的物质性不断被还原，最终，水墨纯粹的物质性力量凸显出来，传统艺术物质媒介本身逐渐获取了另一层面的意义关联：水墨物质本身所关联的不再是传统文化、宗教、道德，而是基于其自然性关联着自然、宇宙、元气等活化元素。中国传统艺术的物质媒介，即意象符号的再现体本身，强调人与物的关系，强调在自然物自身肌理物质特性的基础上，探究自然物质本身的"形"和"质"，保持自然物的活化状态，将物质所关联的"气"与其生长的有机自然性一同提取出来。意象符号再现体的物质媒介本身仍然保有与大地、自然的联系，意象符号对自然物的取用并不消磨自然物的固有肌理特性，而是在艺术的视域下让自然物本身得到凸显。现代社会的物件已经被现代科技理性化、系统化，逐渐丧失了与自然的联系，而中国传统艺术的当代转化实践集中探究传统艺术物质媒介的自然性，这是对人与自然关系的重新开启。意象符号始终在人与物之间留有余地，我们仍然能够感知到生命气息的流转，这是一个充满生命张力的意义空间。

当代艺术所强调的物质媒介性也是回向物质本身的努力，该"一物"之引发另"一物"，基于媒介的物质性，在某种程度上可以说是媒介的"自我再现"，"实际上艺术再现的重点是自身再现（self-representation）。再现的他者对象既然已经被虚化，它的再现对象，除了符号的意指对象之外，尚有艺术文本本身"（赵毅衡，2019），该"一物"所再现的对象鲜明地指向艺术符号物质本身。而中国当代艺术意象符号的物质媒介，基于其自身与自然的有机关联获得了宽广的自我再现、自我指向的意义场域；中国意象符号的自我再现更是某种创造性再现，以其物质媒介自然有机的关联性，指向意义宽广的未来向度与交互性向度。

传统艺术物质媒介的自然关联性意义重大，中国当代艺术意象符号的物质媒介本身，就能够关联和征召自然、宇宙、元气、存在等意蕴，通过意象符号物质性的在场，不断地征召诸多不在场的意义。如张羽的《上墨·对话郭熙》（图3）以水墨物质的在场征召历史、观念、文化等诸多意义。张羽首先将数百张宣纸置于水墨玻璃盒内，在长达一年的水汽自然蒸发过程中，水墨不断染到宣纸上，浸染宣纸的草本纤维，留下水渍与墨渍，这一切的生发和空气、湿度、温度、空间有关，也有时间有关。然后，张羽再将这些颇似抽象绘画的作品层层叠叠地悬挂起来，某个瞬间，张羽联想到北宋郭熙的"三远法"，宣纸层叠犹如远山平远；数百张宣纸从展厅顶端倾斜而下，营造高远气韵；宣纸上的墨迹由背面向正面浸染，正面又被其上层的宣纸反向浸染，宣纸物质的空间化拓展可谓深远。这些艺术作品意义的生成源于意象符号物质本身，是自然物质的现象学还原所带来的启发性意义。这是意象符号再现体物质层面的"一物引一物"，意象符号以物质性在场的"一物"引出存在、道、象外之象等另"一物"，这就是意象符号物质本身的自我再现，又是创造性的再现。基于意象符号的自然关联性与有机性，物质媒介关联起宇宙、人生、历史、传统等元素，以物质性的在场引发不在场的意义，指向意义的再阐释与未来。

意象符号的现实对象再现层面与物质媒介自我再现层面，既相互关联又各自独立，具有丰富的展开可能。（张法，2018）一方面是每个层面的单独关联性，意象符号的再现不仅体现在意象符号对现实世界对象的显性再现，更为重要的是，意象符号的物质层面本身也能够自我再现和征召诸多阐释意义。中国当代艺术实践中，意象符号再现体物质媒介本身就已获得了宽广的意义关联场域，意象符号的物质媒介直接关联起大地、自然、感性、宇宙等，甚至直接关联道、美、存在、元气等玄远之境。另一方面，现实对象的再现与物质媒介自我再现的两个层面再次关联起来，意义在这两个层面之间回环往复，构造成一个意境式的意义空间。

图3　张羽《上墨：对话郭熙》（宣纸、水、墨、亚克力、影像，2019年）

三、意境空间符号意义的动势与整一性

意象符号多个层面的单独关联性与相互关联性决定了意境式意义空间的非封闭性，意境空间不断地在人、物、自然、天地之间建立诸多联系，与此同时，意象符号的意义阐释者也共同参与意境式意义空间的建构，意境式意义空间向创作主体、自然、宇宙、阐释者等多个维度开放。意象符号将物质

本身的自然有机的活性保存下来，意象符号的自然活化物质与意象符号的像似、指示、规约、再现等作用相融合，进一步激发出意义交汇融贯的意境。

意境在空间意义上的交互与流动必然产生某种动势。这种动势并非机体内部机械的规律性运转，而是元气的有机流转。中国古代以"气韵生动"概括意境空间的意义动势，强调意境意义动势与元气、自然、生命节奏的关联。"动势之源就是贯穿自然和生命的'气'，所谓'气韵'，就是体现于艺术作品的律动节奏中的'气'之精神，是一种中国思想精神的'生命节奏'的形式表现。"（赵毅衡，2020）意境空间的意义流动与"气韵生动"，之所以不是封闭而机械的运动，原因就在于其物质媒介是自然有机的活化元素，"来自艺术从自然承接过来的根本存在方式，即'元气'"（2020）。这是从自然承接而来的富有生命节奏的律动，有着自然"元气"的支撑。意象符号再现体的媒介取自活化的自然物，保有自然活性，基于此而与现实再现对象进行意义交互，造成意义的流动。意境意义空间有着某种向心力，诸多意义元素围绕一个核心运转，但这不是一个封闭的内部循环，作为活化有机自然的意象符号，意境空间的边界与周边的自然、文化、观者等诸多要素进行意义交换，意境内核不断获取有机物质，由此，核心逐渐散开，价值转移，多元歧生，形成一个活化的意义空间。

意象符号建构的意境意义空间，并无清晰的内部与外部的界限，如张羽通过每日重复摁压而成的《指印》（图4）、李华生的重复线格子（图5），都没有构图中心，作品始终向外延展，始终追求某种超越性的意义，即使单幅作品也能够承接无限的空间，宣纸的物理边界已经不复存在。张羽的指印与李华生的格子本身可能不重要，因为作品指向某种超越性意义。但与此同时，我们又难以言说他们的作品意义，因为作品没有任何确切的意义指向，任何意义的阐释又回到了张羽的重复摁压指印与李华生重复画线组成格子的行为本身。这种行为又并非西方的行为艺术，西方行为艺术只看重行为过程本身，而行为留下来的结果并不重要；也不同于只注重观念与概念的西方观念艺术，其观念的物质承载与内容表达并不重要。张羽、李华生所留下来的行为痕迹与视觉化结果相当重要，其作品本身已经有着充足的内容分量，有着某种抽象的形式构成，有着水墨与宣纸自足的物质构成。意象符号所建构的意境空间，其内部是活化而富有生命节奏的意义流动，这种意义并不单独停留在某个层面，而是始终在有机运转，意境空间始终是人、物、场的交互，观念、物质媒介、形式的意义交融。意象符号建构的意义空间是整一性的，从而未曾落入任何物质媒介性、观念、行为等单个层面的言说。

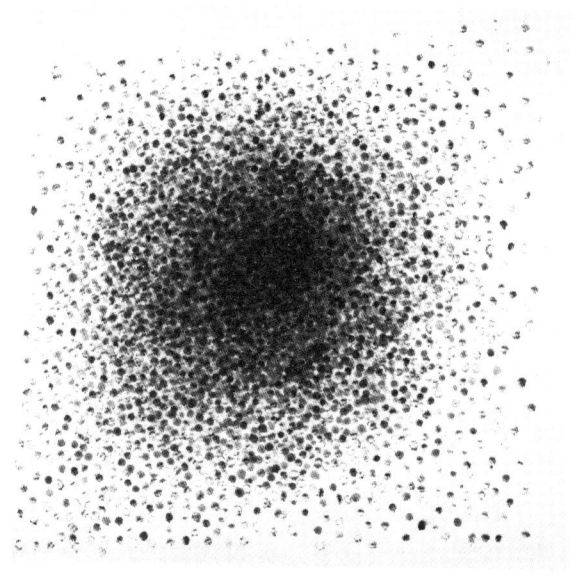

图4　张羽《指印作品2》（68cm×68cm，宣纸水墨，1991年）

图5　李华生《9902》（局部）（145cm×145cm，宣纸水墨，1999年）

　　意象符号基于柔性有机的物质基底的自我再现，指示、像似、规约所指涉的云烟、山川、大地，抑或创造性地再现和征召的道、观念等诸多层面关联起来建构意境空间。意义在这些层面回环往复，不断地延伸根系，汲取所需的有机质，有着与时间、历史、存在、理念等意义维度联结的可能。"因为系统的复杂性，意义的生长是没有穷尽的，如一个不断扩张的宇宙"（谭光辉，2012），显示了意境式意义空间的有机性、多元性与复杂性。

刘庆和让我们看到水墨介入现实的毫无疑问的必要性，他的水墨作品显示了水墨物质媒介与现实再现对象的意义整一性。刘庆和《夜游》所描绘的女性、水、河流等意象以具象造型的方式指向现实世界，但水墨物质的自然性与宣纸的渗透性又被不断放大，使作品呈现出游离性和随机性。我们看到刘庆和作品画面上的墨色晕染与线的浮动模糊了意象再现对象的写实性，让意象符号的再现对象逐渐漂浮与流动起来，而刘庆和所做的，就是去处理女性、水、夜色与水墨游离性、流动性、晕染性之间的关系。刘庆和的《夜游》所构造的意境式意义空间，在意象符号的物质媒介层面凸显水墨的物质性，极力扩展"水"物质与自然、河流、人生、女性的隐形关联，扩展墨与黑夜、"畏"的生存情绪的隐形关联，征召水墨物质本身的自然关联性意义。另外，在意象符号的现实指向层面，刘庆和直接将人物推入水中抑或置于岸边，人物裸体抑或仅身着吊带，人物形象目光呆滞。年轻女性与夜色中的水联系起来，此时，女人、夜色、水与水墨的物质的整一性氛围感就出现了，水墨晕染的随机性正与女性、水、夜色等现实主题相契合，也与他那段夹杂着过往记忆的模糊感知抑或某种空虚的"畏"相契合，水墨物质的游离性反而有着触及存在的本己性的可能。在刘庆和意象符号所建构的意境式意义空间中，意义在水墨的物质层面与现实再现层面来回穿梭，每个层面相对独立自足，又与其他层面紧密关联在一起，最终形成意义感知融贯的意境式意义空间。

意象符号组建的是一个活化的空间，是人与自然相互开启的可居空间。意境空间的意义流动形成生命节奏，意义动势离不开意象符号与世界、宇宙、人生的关联，离不开与周边元素的意义关联与交换。"中国古代的'气韵生动'论，把艺术与世界和人生联系起来；现代的'负熵'论，讨论的是艺术动势与社会文化的关系。"（赵毅衡，2020）意象符号"气韵生动"的艺术动势，在物质媒介、创作主体、阐释者、场域空间等诸多意义维度之间穿梭，"拒绝文化交流的拥堵，给社会添加了大量新鲜信息，使人生重新获得敏锐，获得新奇"（2020），在意象的恍兮惚兮之际引发当下性意义。

结 语

当代艺术的中国范式中，现实具象并不与艺术现代性对抗，艺术仍然是一项关乎自然和再现的工作，这重新将艺术拉回如何再现和表达的问题。意象的符号学分析是对中国当代艺术现实与造型现代性的探讨。中国当代艺术通过意象式的艺术符号，再现显性现实对象，并通过意象符号的在场征召存在、道、理念、美感等，这是"一物引一物"的创造性再现。此外，意象符号在回向物质媒介本身的过程中自我再现，以强烈的物质性在场引发不在场或待在的诸多意义，这里的再现指向艺术符号的未来向度，指向开放的意义阐释。中国当代艺术不排斥具象与现实，不排斥符号的指示、规约与像似，在意象符号的含混性、关联性、整一性之中生发出当代艺术的中国范式。

引用文献：

弗雷德，迈克尔（2013）．艺术与物性——论文与评论集（张晓剑，沈语冰，译）．南京：江苏美术出版社．

高名潞（2009）．意派论：一个颠覆再现的理论（二）．南京艺术学院学报（美术与设计版），4，1－12＋181．

李桂全（2018）．论《老子》的"道"符号思想．符号与传媒，2，104－114．

刘庆和（2014）．抵近现实的"脱轨"写生．东方艺术，3，40－45．

梅洛－庞蒂（2003）．符号（姜志辉，译）．北京：商务印书馆．

谭光辉（2012）．"意境"理论的符号学原理．符号与传媒，2，124－129．

张法（2018）．言－象－意：中国文化与美学中的独特话语．文艺理论研究，6，6－13．

张法（2020）．作为艺理基础和核心的美学．艺术学研究，3，22－35．

赵毅衡（2019）．论艺术的"自身再现"．文艺争鸣，9，77－85．

赵毅衡（2020）．艺术与动势．文艺争鸣，9，68－75．

赵毅衡（2020－12－05）．符号与时间．2020符号学高层论坛主旨发言．重庆．

郑工（2013）．如何从中国出发——论中国当代艺术的历史境遇及发展趋势．中国美术，4，23－25．

Peirce, C. S. (1933). *Collected Papers of Charles Sanders Peirce, Vol. IV, The Simplest Mathematics*. (C. Hartshorne & P. Weiss, eds.). Cambridge, MA: Harvard University Press.

作者简介：

于广华，上海大学上海美术学院博士研究生，四川大学符号学－传媒学研究所成员，研究方向为当代艺术理论与批评、艺术符号学。

Author:

Yu Guanghua, Ph. D. candidate of Shanghai Academy of Fine Arts, Shanghai University; member of the ISMS research team, Sichuan University. His research fields are contemporary art theory and criticism, and semiotics of art.

Email: guanghuayu@ foxmail.com

反讽："经典改编"舞蹈的一种特殊表意

袁杰雄

摘　要：反讽作为舞蹈的一种特殊表意现象，现已成为国内外编舞家惯常使用的编舞技巧之一，尤其体现在依据经典文本进行改编的舞蹈作品当中。"经典改编"舞蹈中反讽现象产生的关键因素就是伴随文本。很多经典文本都已深入人心，这就意味着接收者已经构建了一套属于经典文本的伴随文本，一旦舞蹈中出现与经典文本不一致的伴随文本因素（如副文本、型文本等），解释意义就会与舞蹈文本意义形成冲突，进而形成反讽。舞蹈中反讽之所以产生，是因为有"话语共同体"的存在。当改编舞蹈中副文本、型文本与经典文本（先文本）的伴随文本因素形成反讽之后，先、后文本之间也会形成反讽关系，这时候，反讽不仅体现在具体表现形态上，还在内容上，这就是"双重反讽"的效果。先、后文本相互冲突，就会出现大局面反讽的现象。后现代舞和后后现代舞的表现观念就有大局面反讽的意味。

关键词：反讽，经典改编，舞蹈，表意

Irony: A Special Semiosis of the "Adaptation of Classics" Dance

Yuan Jiexiong

Abstract: Irony, as a special semiosis in dance, has become one of the

---

* 本文为2018年湖南省哲学社会科学基金青年项目"符号学视角下湖南白族传统民间舞蹈调查研究"（18YBQ048）的阶段性成果。

choreographic techniques commonly used by choreographers in China and abroad, especially in dance works adapted from classical texts. The key factor for the emergence of irony in the dance of adaptation of classics is the co-text. Because many classical texts have made a profound impression on people, the receivers have constructed a set of co-texts that belong to the classical texts. Once the co-text elements, such as sub-text and type text, differ from the classical texts that appear in the dance, the interpreted meaning will conflict with the text meaning of the text, and therefore irony will emerge. Irony is produced in dance for the "discourse community". When irony is formed in the paratext, architext and classical text (successive-text) in adapted dance, an ironic relationship between the successive texts will also form. At this time, irony is not only reflected in specific form, but also in the content, resulting in the effect of double irony. When the successive texts conflict, large-scale irony will result. The concept of expression of postmodern dance and post-postmodern dance reflects this large-scale irony.

Keywords: Irony; adaptation of classics; dance; semiosis

DOI: 10.13760/b.cnki.sam.202101013

　　对经典文本进行改编的舞蹈作品不自觉地携带着经典文本的象征义及其文化印迹，也最易唤起潜藏在观众脑海中的文化记忆。尤其是当舞蹈改编自某些早已深入人心的经典文本时，这种"优势"也即伴随文本中的"先文本优势"就会体现得更加明显。然而，自后现代艺术思潮出现以来，国内外舞蹈创作出现了另外一种特殊的现象：很多编舞家试图冲破传统的艺术表现观念，采用一种既借助经典文本的光环又背离经典文本的方式来表现自己的艺术主张，如：对人们普遍熟悉的经典文本进行彻底颠覆式的改编、解构与重组，以一种极其另类、自相矛盾甚至悖反的方式出现在观众面前，突破人们惯常的理解方式和审美习惯，给观众带来一种别样的审美体验。这就是借助经典文本和"经典改编"舞蹈作品各自不同的伴随文本形成意义冲突，来达到反讽目的的典型现象。

一、何为反讽

　　古希腊时期，反讽（irony）就已出现在日常言语和戏剧语言活动中。在苏格拉底看来，反讽扮演着"助产士"的角色，它不生产意义，而是引导着他人建构意义，"反讽是人对人的特殊往来方式"（克尔凯郭尔，2005，p. 230）。这一时期，反讽主要作为一种语言修辞技巧来加强论辩中的幽默感和思辨性，体现出一种"所言非所指"的特征。克尔凯郭尔认为，反讽具有一种"无限、绝对的否定性"（p. 225），这种否定性特征致使"反讽砍断了系着思辨的绳索，协助它离开经验的沙漠，冒险远航"（p. 97）。可见，在克尔凯郭尔那里，反讽有着"反其道而用之"的特点，反讽者说"是"，而隐含的实际意义却是"否"，并且这种否定性可以是"大局面"的。

进入20世纪60年代，反讽与后现代艺术的联系愈加紧密。后现代的一个典型特点是"同样的东西在同一种关系中可以同时得到肯定和否定"（赫勒，2005，p. 8），查尔斯·詹克斯称后现代是一种"批判的现代主义"（2011，p. 37），马文·卡尔森根据琳达·哈琴的《后现代主义诗学》一书提出：后现代艺术"即是反讽地和有意地使用和误用、设置，然后又颠覆其挑战的一切观念"（1998，p. 42）。此外，琳达·哈琴提出的"双重编码"（double-coding），保罗·德曼的"分身"理论，让·鲅德里亚的"客体反讽"，齐泽克的"视差之见"，以及理查德·罗蒂的反讽"再描述"，拉康的"镜像理论"，等等，都成为后现代反讽的重要理论资源，为反讽更好地融入后现代艺术奠定了理论基础。反讽已经成为后现代艺术最主要的一种文化表意现象。

当今，反讽已经从语言修辞领域扩展至符号修辞领域，成为一种重要且特殊的符号表意样式。符号学家赵毅衡先生认为，反讽"是处理双义解释的一种'不同而和'的方式：当双义之间有矛盾对立，我们采用一个意义，擦抹另一个意义，但并不完全取消另一个意义，而是将另一义留作背景。反讽解释处理两层相反的意思：表达面/意图面、外延义/内涵义，两者对立而并存，其中之一是主要义，另一义是衬托义"（赵毅衡，2017，p. 119）。也就是说：反讽涉及两个相互冲突的意义，这两种意义既冲突，又并存，一者为主，一者为辅。而联系本文探讨的"经典改编"舞蹈，其中出现的反讽，就是借助经典文本的"衬托义"来表达"主要义"。如果经典文本已经深入人心，而"经典改编"舞蹈作品在动作、音乐、结构诸方面完全颠覆、背离这一经典文本，反讽意味就会更加强烈，更能引发观众新的思考。

倪爱珍在赵毅衡先生总结的"三种意义"（发送者的意图意义、作品的文本意义、接收者的解释意义）基础上提出，"意图意义常常无可寻觅，文本意义需要借助接收者的解释才能产生，所以解释意义才是最重要的。同理，反讽意义最终也只能落实在接收者的解释上"（2015，p. 118）。"反讽意义最终也只能落实在接收者的解释上"，这一句话道出了反讽的特点，即所有反讽都必然发生在接收者的解释活动中，并取决于接收者的意义构筑方式。接着，倪爱珍总结出反讽的四种类型：一是意图意义与文本意义冲突；二是文本意义与解释意义冲突；三是意图意义与解释意义冲突；四是文本意义本身冲突（pp. 119 - 121）。这四种反讽类型的划分非常具有代表性。笔者认为，舞蹈作品最具典型性的反讽关系有两种：一是文本意义与解释意义之间的冲突；二是文本意义本身的冲突。第一种反讽类型与本文探讨的"经典改编"舞蹈有着紧密的联系。观众的解释意义之所以会与文本意义相互冲突，关键因素就是语境和接收者，而语境的存在才是文本意义和解释意义发生冲突的真正诱因。正如哈琴所说："不管它们是什么，要称之为反讽标记，诠释者就得要先确定它们在语境中发挥了触发反讽诠释的作用。"（2010，p. 199）。而舞蹈作品本身意义发生冲突，则主要是看作品本身（如动作、道具、音乐、服饰）以何种语境造成冲突，形成反讽。

在赵毅衡先生看来，语境可分为两类：一是伴随文本语境；二是场合语境（2011，pp. 181 - 182）。伴随文本是符号文本的内语境，场合语境是符号文本的外语境。由于舞蹈作品在观众欣赏之前就已形成，传统的观 - 演模式促使观众和演员的交流场合趋于一致，场合语境是固定的，所以，舞蹈文本意义与解释意义形成冲突，主要因素是伴随文本语境，舞蹈文本本身发生冲突同样也需伴随文本语境的参与。没有伴随文本语境的存在，反讽就无从发生，因此，伴随文本语境才是形成"经典改编"舞蹈作品反讽效果的关键。

二、伴随文本语境是"经典改编"舞蹈形成反讽的关键因素

伴随文本概念是赵毅衡先生在克里斯蒂娃"文本间性"（互文性）、热奈特的"型文本"、费斯克的水平和垂直层面的互文本概念等理论的基础上扩展而成的（2010，pp. 2 - 8）。"任何符号文本，都是文本与伴随文本的结合体，这种结合，使文本不仅是符号组合，而是一个浸透了社会文化因素的复杂构造。"（2013，p. 216）伴随文本有时候在文本内，有时候在文本外，是伴随着一个符号文本一道发送给接收者的附加因素（2011，p. 141），"它是符号表意过程造成的特殊的语境，是任何符号文本不可能摆脱的各种文化制约"（p. 152）。所以，伴随文本的存在，使舞蹈作品携带上了各种社会文化因素，正因为有各种社会因素的存在，处于同一文化中的每一成员才能发现、

理解、共享这一文化的世界。舞蹈身体语言的多义性、模糊性、转瞬即逝性等特征，使得观众对舞蹈的解释不得不依靠伴随文本，同时，在舞蹈的解释活动中，伴随文本还具有附加解码的作用。

伴随文本可分为三类：显性伴随文本、生成性伴随文本和解释性伴随文本。而在这三类伴随文本中，与反讽紧密联系的主要有显性伴随文本中的副文本、型文本，以及解释性伴随文本中的先－后文本。在分析"经典改编"舞蹈中的反讽现象时，先文本比前文本具体，使得分析落到了实处，而但凡在舞蹈中出现先－后文本反讽现象，前文本反讽便伴随而来，所以，在"经典改编"舞蹈作品中，伴随文本反讽可分为副文本反讽、型文本反讽和先－后文本反讽三类。

这里要强调的是：依据经典文本改编而来的舞蹈作品携带着一套伴随文本，同时，经典文本本身也拥有一套伴随文本，此时的经典文本就是"经典改编"舞蹈的先文本。"经典改编"舞蹈的伴随文本依附于作品本身，通过舞蹈动作、人物形象、背景音乐、舞蹈结构、服饰道具以及整个舞蹈风格来呈现；先文本（经典文本）的整套伴随文本潜藏在接收者的心理意识层面，它们等待着舞蹈作品的各种具体表现形态来激发。舞蹈是一种多媒介联合表意的符号文本，每一媒介在表意过程中都携带着某些特定的伴随文本，当其中的某一种媒介（如动作、音乐、服饰、道具）与先文本（经典文本）的某一伴随文本因素发生冲突时，就形成了反讽的意味；而当多种（甚至全部）媒介同时与先文本的全套伴随文本冲突时，舞蹈作品本身就会出现"大局面反讽"的特殊表意现象。所有反讽都会落实在接收者解释意义的活动中，因此，舞蹈作品中各种具体表现形态携带着的伴随文本就需具备与先文本中的伴随文本形成冲突的前提和条件，两者既相辅又相斥。由此，伴随文本才是诱发"经典改编"舞蹈作品形成反讽的内因，它起着推波助澜的作用。

三、"经典改编"舞蹈作品的反讽类型

前面提到，舞蹈文本意义与接收者的解释意义要发生冲突，形成反讽，就必然离不开伴随文本的"普遍控制"。接收者越熟悉经典文本，伴随文本的"控制"就越强烈。作品名称反讽和人物身份反讽源自两套伴随文本中的

副文本冲突（副文本反讽），舞蹈动作反讽、风格反讽、音画反讽①（包括服饰、道具反讽）源自两套不同型文本的冲突（型文本反讽），舞蹈结构反讽源自先文本与改编舞蹈作品的冲突（先－后文本反讽）。出现舞蹈结构反讽意味着两套伴随文本相互冲突的局面已经形成。很多时候，根据经典文本改编的反讽型舞蹈作品都具有"双重反讽"的特点。

1. 副文本反讽

副文本指显露在舞蹈作品外的伴随因素，舞蹈作品名称、编导、表演者、作曲家、选送单位、节目单、海报等都属于副文本。作品名称是典型的副文本，当改编舞蹈借助经典文本的名称表现了完全不同的人物、情节和矛盾时，"名"与"实"的不一致，就会形成作品名称反讽。人物形象（包括身份）也属于副文本范畴，当改编舞蹈作品中演员的形象与观众的解释意义相冲突时，就会形成形象反讽，主要原因是先文本中的副文本在起作用，当然也与接收者先前的经验有关。人物形象反讽的突出特点是颠覆经典文本中的人物形象（包括服饰），打破观众已构建的认知经验。例如林怀民根据文学经典《红楼梦》改编的现代舞剧《红楼梦》，整部舞剧人物形象非常模糊，不仅将宝玉、黛玉、宝钗的形象塑造得难以识别，更是完全颠覆我们对宝玉、黛玉的已有认识。此时，舞剧文本意义中的人物形象就会与接收者的解释意义相冲突，形成人物形象反讽。应该说，林怀民舞剧《红楼梦》的标新立异之处正在于此：使观众跳出具体的人物形象，而重建一种开放的、属于观众自己的红楼故事。正如林怀民所说："云门舞集的《红楼梦》不是一个故事，而是一个美学符号。因为每个人都有自己的大观园。"

马修·伯恩的舞剧《天鹅湖》被冠以"前卫""颠覆"的判语，其最为典型的特点就是用男性舞者来表现天鹅，形象反讽贯穿整部舞剧。他将经典芭蕾舞剧《天鹅湖》（先文本）中穿着芭蕾舞裙、踮着脚尖扮演天鹅的女性舞者全部换成了男性，一反我们惯常想象的天鹅形象；男性在古典芭蕾舞剧中的常见角色是王子、贵族，而在马修·伯恩的舞剧《天鹅湖》中，男性成为天鹅的代名词；在古典芭蕾舞剧《天鹅湖》中，王子勇敢、正义，充满智慧，而在马修《天鹅湖》中，王子懦弱、胆小，跟在强势母亲身后不敢反抗；在古典芭蕾舞剧中，天鹅优雅、高贵，不掺杂人性的阴暗面，而在马修《天鹅湖》中，天鹅凶残、粗暴且无情无义。这些形象完全颠覆了我们意识

---

① 本文的"音画反讽"指舞蹈中音乐的出现与整个情景不一致，同时又与经典文本的型文本（音乐风格）不一致，导致接收者的解释意义与舞蹈文本意义相互冲突，由此形成音画反讽的效果。

中已构建的王子、公主与天鹅的形象，使舞剧文本意义与观众的解释意义相冲突，进而形成一种形象反讽的意味：童话中的天鹅是美好的象征，而现实中的天鹅总是掺杂着各种人性的丑陋。形象反讽旨在揭露一种社会现实。可见，作品名称反讽、形象反讽可以与副文本反讽对应。

2. 型文本反讽

型文本指由文化背景规定的文本归类方式，是文本与文化的主要连接方式（赵毅衡，2011，p.144）。不同风格的舞蹈作品在具体的动作、音乐、服饰、舞台布景、道具诸方面的选择、编排和设计都需要遵循各自特定的文化符码，各种文化符码成套组织在一起，就会形成文化元语言，文化元语言的"设限"是舞蹈呈现不同风格的最重要的内因。所以，型文本是文化元语言的外部表现形态，它有着一定的规约性。改编舞蹈作品最典型的型文本指动作、音乐、服饰、道具等所体现的风格类别。当舞蹈作品中动作风格与先文本中动作风格完全不一致时，就会出现型文本反讽，也可称为舞蹈动作反讽。

型文本反讽最突出的特点就是"完全改变先文本风格"，即所用的舞蹈动作风格几乎完全颠覆经典文本，故意给观众造成一种反差极大的审美感受。在著名编导肖苏华的现代芭蕾舞剧《阳光下的石头——梦红楼》中，十二金钗没有确定的对象，用激越、时尚的融合伦巴舞元素的现代舞进行动作表现，而在黛玉和宝钗争相对宝玉表达爱意时，则出现了具有斗牛舞元素的红斗篷。更为离奇的是，宝玉被痛打之后倔强地跳到凳子上，竟哼起罗大佑的《船歌》。整部舞剧由我们想象中的古典风格转变为现代风格，舞剧中伦巴舞、斗牛舞、流行歌曲等现代元素的加入，动作、道具、服饰的风格乃至整个音画呈现，都与接收者对文学经典《红楼梦》（或赵明编导的古典舞剧《红楼梦》）的已有认识产生冲突，型文本反讽几乎贯穿全剧。

杨丽萍的藏族原生态歌舞乐集《藏谜》展现的是藏族人民的生活状态，但在最后的牦牛舞段中，扮演牦牛的演员竟跳起霹雳舞，同时还唱着流行歌曲《你是我的玫瑰花》。舞蹈中霹雳舞和流行歌曲的介入，让传统与现代两种完全不同的风格碰撞在一起，此时，观众的解释意义（对藏族传统舞蹈、音乐风格已形成的认识）就会与舞蹈本身形成冲突，造成型文本反讽。正如杨丽萍所说，"希望以此种反讽的方式，告诫年轻人不要忘记自己的传统民族文化"，《藏谜》通过型文本反讽传达着一种警示、呼吁的意义。马修的男版《天鹅湖》中"四小天鹅"舞段，舞蹈动作几乎是颠覆性的，有现代舞和其他舞种杂糅的成分，四只男性天鹅赤裸着上身，表演着各种夸张、奇怪、滑稽的舞蹈动作，古典芭蕾舞元素几乎完全变形。由于古典芭蕾舞剧《天鹅湖》中"四小天鹅"舞段已深入人心，当看到男版"四小天鹅"舞段时，观众的解释意义就会与舞蹈文本意义发生冲突，因为观众不可能完全摒弃自己已构建的对经典文本的认知，会不自觉地将经典文本的意义附加在舞剧作品上。可见，动作反讽、音画反讽（包括服饰、道具反讽）与型文本对应。

3. 先-后文本反讽

先文本指经典文本，后文本指改编后的舞蹈作品，两者形成反讽，意味着"经典改编"舞蹈作品不仅颠覆经典文本的人物身份，颠覆经典文本的立意，还颠覆经典文本的情节，从而与接收者的解释意义相互冲突。这种解释冲突是建立在整个舞蹈结构上的，也建立在接收者对经典文本携带着的伴随文本因素和改编舞蹈携带着的伴随文本因素的充分了解基础上。先-后文本反讽最成功的例子当属男版《天鹅湖》，它不但是对先文本（古典芭蕾舞剧《天鹅湖》）的颠覆，同时也是对传统芭蕾舞程序化的哑剧手势和动作的扬弃，更是对传统审美范式的背离。

马尔库塞在《审美之维》一书中提出，"艺术的异在性"概念有着先-后文本反讽的特点，他认为"艺术作品从其内在的逻辑结论中，产生出另一种理性、另一种感性，这些理性和感性公开对抗那些滋生在统治的社会制度中的理性和感性"（2001, p. 195）。也就是说，艺术作品本身就具有一种反叛精神，它不仅可以背离传统，颠覆原有经验，超越眼前现实，瓦解占统治地位的规范、需求和价值，还能"造就具有反抗性的主体性的再生"（p. 195）。男版舞剧《天鹅湖》至今常演不衰，原因之一就是整部舞剧颠覆经典文本的人物身份、立意及整个故事情节，从而与观众的解释意义形成冲突的累积，进而建构出一种新的舞蹈表现样式，重新诠释经典，使得早已成为经典的文本再一次成为经典。

王玫的现代舞剧《天鹅湖记》借用经典舞剧《天鹅湖》的象征义，讲述了一群学生追求舞蹈梦想的故事。舞剧分为赛前、练功、比赛、赛后四部分，从人物身份、动作风格到道具的使用，再到整个叙述结构，都完全颠覆、解构先文本与其伴随文本，导致先、后文本的伴随文本不一致，从而造成接收者的解释冲突。王玫以此反讽的方式告诫年轻人追求梦想需要脚踏实地，而不是浮夸与不切实际。捷克布尔诺国家剧院芭蕾舞团的舞剧《黑与白》也是对古典芭蕾舞剧《天鹅湖》的颠覆性重述，它将故事核心转移到王子身上，完全重置黑、白之间的选择，最终，"选择"成为难题：经由黑色，或许也能透彻地看清生命的意义！经由这一重置，观众的解释意义（对先文本的认知）就会与舞剧作品意义发生冲突。再如，英国先锋派舞蹈团的艺术总监托尼·阿迪贡根据狄更斯的知名小说《雾都孤儿》改编的舞剧《雾都孤儿》中，孤儿不再是天性善良的奥利弗，而是伦敦贼窝老大费金（副文本）。阿迪贡在解构和再造这段"孤儿往事"时，融入了嘻哈音乐和街舞的元素（型文本），让我们看到一部没有童话结尾的《雾都孤儿》——在极度贫困的状态中，贪婪和野心最终吞噬了童年。整个舞蹈结构完全颠覆了先文本的人物逻辑和叙述结构（先-后文本），如果观众对原著非常熟悉，解释意义就会与舞剧表达的意义形成冲突，造成先-后文本反讽。阿迪贡的舞剧表现英国底层劳苦民众的凄凉，旨在揭露资本主义制度下贪婪、自私、充满野心、唯利是图的人性。

由以上的分析可知，"经典改编"舞蹈中反讽现象的产生，关键因素就是伴随文本。很多经典文本都已深入人心，意味着接收者已经构建了一套属于经典文本的伴随文本，一旦舞蹈中出现与经典文本不一致的伴随文本因素（如副文本、型文本等），解释意义就会与舞蹈文本意义形成冲突，进而造成反讽。当然，舞蹈中反讽之所以产生，是因为"话语共同体"存在并已经为布局使用和认定反讽提供了语境（哈琴，2010，p.13），也即这一群体掌握了关于经典文本和它的全套伴随文本。比如，马修·伯恩《天鹅湖》的"四小天鹅"舞段，如果观众不知道经典文本中的动作风格（型文本），也不知道扮演天鹅的通常是女性（副文本），那么，他们单从男版"四小天鹅"舞段的动作中是不会感觉到反讽意味的。只有在观众充分了解经典文本和它的伴随文本时，反讽才会出现，这一点应是"经典改编"舞蹈最为典型的现象，也是很多编导家都选择经典文本进行改编的原因。

当改编舞蹈中副文本、型文本与先文本中的伴随文本因素形成反讽之后，先、后文本之间也会形成反讽。这时候，反讽不仅体现在具体表现形态上（如人物身份、作品名称、动作、音乐、服饰、道具诸方面），还体现在内容上。如前述舞剧《雾都孤儿》，在具体表现形态上形成反讽（如改变主角身份、加入嘻哈元素和街舞）之后，在内容上也体现出强烈的反讽意味：经典文本以童话般的场景结束，而舞剧《雾都孤儿》则在极度贫困中结束，贪婪、自私、充满野心、唯利是图的人性阴暗面最终将童年吞噬。这与观众理解的经典文本内容形成极大的反差，从而造成接收者的解释冲突：接收者可能在结束时还在等待着让人向往的童话般场景出现，可是舞剧则将他们拉回现实，迫使他们正视现实中存在的各种人性的复杂与丑陋。从舞蹈作品本身的形式反讽，到揭示社会现实的内容反讽，"经典改编"舞蹈体现出一种"双重反讽"的特征。先、后文本形成反讽会造成两种不同的"大局面反讽"

现象：一是舞蹈作品本身的大局面反讽；二是从作品本身会扩展至两种甚至多种不同文化观念的冲突，这在后现代舞和后后现代舞中体现得尤为明显。所以，大局面反讽给予舞蹈两种不同的思考。

四、大局面反讽给舞蹈带来的思考

随之而来的问题是：反讽作为"经典改编"舞蹈的一种特殊表意现象，会一直存在于接收者的解释活动中吗？笔者认为，先、后文本一旦形成反讽关系，解释冲突就会一直存在，只是经典文本的意义留作背景，作为衬托义而存在，而改编舞蹈作品的意义则为主要义，这两种意义对立且并存。随着演出的进行，接收者又会调动其他的伴随文本对"经典改编"舞蹈中的人物关系、故事情节、矛盾冲突做出进一步的解释，但同时接收者也不会完全摒弃对经典文本的认知，从而得出一种既不同于经典文本又具有经典文本影子的解释意义。

在"经典改编"舞蹈中，反讽的表意效果是较为特殊的，"它的魅力在于借助双义解释之间的张力，求得超越传达表面意义的效果"（赵毅衡，2017，p. 119）。因此，编导借助反讽，不是单纯为了从表现形式上颠覆、重塑经典文本，传达一种表面意义，而是要通过舞蹈文本意义与解释意义的冲突，使舞蹈携带上一种深层的内涵意义——既借助经典文本的某种象征义，又故意将经典文本及其伴随文本已有的意义设定推远，进而拉近与社会现实的距离，运用"出奇"的表现方式揭示社会中真实存在的现状，以此映射到某一类人，甚至引申至所有人。正如肖苏华在讲述《梦红楼》的创作经历时所说："借用这种解释冲突的方式（即反讽），显然要较那种再现性地描述原著人物在原著情境中的所看、所感、所想来得真实，更靠近自己，同时也便于现代人对自身困境的某种言说找到适当的表达形式。"（2012，p. 193）。"真实""更靠近自己"是反讽这一特殊表意手法的独特之处。当接收者在解释冲突的过程中逐渐感受到某种共鸣时，反讽型舞蹈作品就达到了"出奇共情"的目的。应该说，有内涵的反讽型舞蹈作品都有着此种品质，如前面提到的马修·伯恩的舞剧《天鹅湖》、王玫的《天鹅湖记》、阿迪贡的《雾都孤儿》、肖苏华的《梦红楼》等都属于此类。

"经典改编"舞蹈作品出现的大局面反讽现象背后涉及两种不同文化观念的冲突，这与后现代艺术思潮的涌现紧密相关。而后现代舞和后后现代舞的表现观念就体现着大局面反讽的意味，这种大局面反讽是否应该成为当下舞蹈表现的主流呢？

追溯西方现代舞的发展历程，从以伊莎多拉·邓肯、洛依·富勒、莫德·阿伦为主要代表的自由舞时期，到以露丝·圣丹妮丝、泰德·肖恩为主要代表的早期现代舞时期，再到以玛莎·格雷姆、多丽丝·韩芙丽、查尔斯·韦德曼为主要代表的古典现代舞时期（欧建平，2008，pp. 176 - 184），现代舞创作以延续传统的创作观念，构建新的技术体系为主。而进入现代舞发展的第四个阶段——后现代舞时期，颠覆、扭曲、反叛、背离成为主流，大局面反讽现象极为明显。

后现代舞先驱莫斯·坎宁汉提出"纯舞蹈"艺术观念，颠覆了以往任何一个时期的编舞观念。反讽在坎宁汉的舞蹈中大量体现，如下半身吸收古典芭蕾的腿部动作元素，而上半身运用玛莎·格雷姆"收缩与放松"技术来表现各种意义。坎宁汉认为："所有的动作首先都可以被用来进行舞蹈，动作本身就是舞蹈意义的所在。"（Cunningham，1985，p. 39）。接着，后现代舞的集大成者崔莎·布朗完善了风靡世界的"放松技术"体系，"即兴编舞法""接触即兴法""环境编舞法"成为后现代舞的基本创作观念和方法。这一时期，即兴成为"对等级实践的颠覆和对开放形式的支持"（卡特，2019，pp. 465 - 466）的核心概念。进入后后现代舞发展时期，"行为表演""多媒体舞蹈""人体解构""人体重构"以及"人体幽默"成为表现主流，有些还杂糅了科技手段。扭曲、变形、夸张、怪诞、不可思议、难以接受成为后后现代舞的特征，后后现代舞不断地突破舞蹈艺术的表现边界，同时也不断地突破观众的欣赏底线。

无疑，后现代舞和后后现代舞正处于"四体演进"中的反讽阶段，即后现代编舞家故意创作各种"离经叛道"的表现样式引起接收者的解释冲突。如坎宁汉的"机遇编舞法"、崔莎·布朗的"放松技术"、皮娜·鲍希"疯癫"的身体、伊芙娜·雷纳和帕克斯顿的裸体表演、DV8肢体剧场、土方巽的舞踏……舞蹈变得越来越难以理解，常触碰到以往人们避而不谈的诸类问题。舞蹈理论家刘青弋曾说："我们无法进入他们的视域（新先锋派舞蹈家们、皮娜·鲍希以及土方巽），但却明白他们已置身于我们概念中的现实世界之外——他们肯定看到了一个我们没有看到的世界。"（刘青弋，2011，p. 300）不可否认，从时间的维度来审视，对传统的反叛、颠覆及革新的过程，包括某些大胆的尝试，都为舞蹈的发展带来了一种新的可能和新的选择，也"必定为其他艺术形式，也会为传统艺术提供新鲜的血液，而人们对于艺术本体观念的认知，就在这个过程中会愈加进步和更显包容"（何喆，2014，

p.64)。可能对于某些后现代舞和后后现代舞来说,反讽表明其文化表意活动处于最佳状态。也可能反讽之后,现代舞又"重新开始另一种新的表意方式,重新构成一个从隐喻到反讽的漫长演变"(赵毅衡,2011,p.221)。

所以,我们虽然无法准确预知后现代舞和后后现代舞在反讽之后将如何演进,但应深知借用反讽是为了更好地表达意义。我们应多思考反讽之后舞蹈作品能给予我们什么,是新鲜、噱头、视听觉冲击,还是思考、启示,更好地看清自己?克尔凯郭尔处理反讽的方式值得我们借鉴:"我们必须警告人们提防反讽,就像我们警告人们提防引诱者一样,但我们也必须把它当作引路人予以赞颂……作为消极的东西,反讽是道路;它不是真理,而是道路。"(2005,p.284)编导只有节制而适当地借助反讽这一特殊表意方式,才能使反讽"获得其确当的意义、其真正的效用"(p.283),才能为舞蹈增添一种别样的、意味深长的审美感知和思想内涵,进而通过这条"道路"慢慢靠近"真理"。如果过度使用反讽,处处反讽,就会使舞蹈艺术失去边界。一旦失去边界,失去意义,"舞蹈"还是我们认识的那个舞蹈吗?显然不是!

结　语

综上所述,我们可以尝试性地得出四个结论。其一,反讽作为"经典改编"舞蹈的一种特殊表意现象,是由舞蹈文本意义与解释意义的冲突形成的,而伴随文本是造成这种冲突的关键因素。其二,依据经典文本改编而来的舞蹈作品携带着一套伴随文本,同时,经典文本本身也拥有一套伴随文本,当这两套伴随文本发生冲突时,舞蹈文本意义与解释意义就会产生冲突;观众越熟悉经典文本,反讽的意味就越强。其三,"经典改编"舞蹈中的反讽可以分为副文本反讽、型文本反讽、先-后文本反讽三类,作品名称反讽、形象反讽与副文本反讽对应,舞蹈动作反讽、风格反讽、音画反讽(包括服饰、道具反讽)与型文本反讽对应,舞蹈结构反讽与先-后文本反讽对应;当"经典改编"舞蹈中副文本、型文本与经典文本中的伴随文本因素发生冲突时,伴随而来的就是先-后文本反讽。其四,"经典改编"舞蹈运用反讽,不是单纯为了从表现形式上颠覆、重塑经典文本并传达一种表面意义,而是通过舞蹈文本意义与解释意义的冲突,使舞蹈携带上一种深层的内涵意义,揭示某种社会现实;后现代舞和后后现代舞的表现观念就体现着大局面反讽的意味。所以,造成"经典改编"舞蹈作品中出现反讽现象的关键因素,一定是伴随文本。

引用文献：

哈琴，琳达（2010）．反讽之锋芒：反讽的理论与政见（徐晓雯．译）．郑州：河南大学出版社．

何喆（2014）．西方现代舞蹈中的舞蹈本体探究．北京舞蹈学院学报，6，63－64.

赫勒，阿格尼斯（2005）．现代性理论（李瑞华，译）．北京：商务印书馆．

卡尔森，马文（1998）．表演与后现代（周宪，译）．国外社会科学，3，40－45．

卡特，柯蒂斯（2019）．跨界：美学进入艺术（安静，译）．郑州：河南大学出版社．

克尔凯郭尔，奥碧，索伦（2005）．论反讽概念：以苏格拉底为主线（汤晨曦，译）．北京：中国社会科学出版社．

刘青弋（2011）．现代舞蹈的身体语言教程．北京：中国人民大学出版社．

马尔库塞，赫伯特（2001）．审美之维（李小兵，译）．桂林：广西师范大学出版社．

倪爱珍（2015）．符号修辞视域下的反讽新释．南京社会科学，5，118－121．

欧建平（2008）．外国舞蹈史及作品鉴赏．北京：高等教育出版社．

肖苏华（2012）．当代编舞理论与技法．北京：中央民族大学出版社．

詹克斯，查尔斯（2011）现代主义的临界点：后现代主义向何处去？（丁宁等，译）．北京：北京大学出版社．

赵毅衡（2010）．论"伴随文本"——扩展"文本间性"的一种方式．文艺理论研究，2，2－8.

赵毅衡（2011）．符号学：原理与推演．南京：南京大学出版社．

赵毅衡（2013）．广义叙述学．成都：四川大学出版社．

赵毅衡（2017）．双义合解的四种方式：取舍，协同，反讽，旋涡．湘潭大学学报（社会科学版），4，117－123.

Cunningham, M. (1985). *The Dancer and the Dance: Merce Cunningham in conversation with Jacqueline Lesschaeve*. New York and London: Marion Boyars.

作者简介：

袁杰雄，四川大学文学与新闻学院艺术学博士研究生，四川大学符号学－传媒学研究所成员，湖南科技大学艺术学院讲师，主要研究方向为舞蹈符号学。

Author:

Yuan Jiexiong, Ph. D. candidate at College of Literature and Journalism, Sichuan University; member of ISMS research team, Sichuan University; lecturer in School of Art, Hunan University of Science and Technology. His main research direction is semiotics of dance.

Email: 780087952@qq.com

激情符号学

"懂得"之模态浅析——以王冕的故事为实例*

张彦梅

摘 要："懂得"（savoir）作为格雷马斯符号学理论五个模态动词中的一个，不仅是陈述活动的意蕴载体，也是话语中行为者的能力体现。一旦"懂得"被错误使用，信息交互便会面临挑战。因此，了解"懂得"的各种情况，对于客观地认知世界具有方法论方面的指导意义。法国符号学家雅克·丰塔尼耶（Jacques Fontanille，1948—）在格雷马斯相关理论基础上提出了"懂得"的义素、述真模态以及其与其他情感模态的相关性等理论论述。借助我国古典名著《儒林外史》中王冕的故事，可以更明晰其提出的各种行为者所构建的"懂得"之位置的概念，并理解王冕故事中各个人物的"懂得"之选择，从而最终了解"懂得"在进入拓扑式的认识论体系时遇到的挑战——实现"懂得"共享。

关键词："懂得"，情感模态，认识论，"懂得"共享

---

* 本文为中国留学基金委员会国家建设高水平大学公派研究生项目（与法国里昂大学高等教育集团合作奖学金）的阶段性成果。

On the Modality "Savoir": Wang Mian's Story as an Example

Zhang Yanmei

Abstract: As one of the five modal verbs of semiotic theory advanced by Algirdas Julien Greimas, "Savoir" is not only a container of the significance of enunciation, but also a capacity of the actors in the discourse. Once "Savoir" is used incorrectly, the interaction of information will meet challenges. Therefore, understanding various situations of "Savoir" has methodological guiding significance to gain objective cognition. The French semiotician Jacques Fontanille (1948 -) proposed the sememe of the "Savoir", the "modalité véridictoire" and the correlation between the "Savoir" and other passional methods on the basis of A. J. Greimas's theory. With the example of Wang Mian's story in the classic Chinese book *Rulin Wai shi*, it is possible to illustrate Fontanille's concept about "Savoir" positions constructed by actors, to understand their "Savoir" choices in Wang Mian's story, and finally to clarify the challenge when the "Savoir" enters the topological epistemology system—"Savoir-partagé".

Keywords: "Savoir"; passional modality; epistemology; "Savoir-partagé"

DOI: 10.13760/b.cnki.sam.202101014

"懂得"作为模态动词，可以通过修饰谓语动词来改变操作主体的行为。但若仅仅将"懂得"看作模态叙述句法中必要的模态动词，那么"懂得"便不可能进入其拓扑式、独立式的叙述程式中。然而，若利用"主体"和"对象"的附连关系，便可以将"懂得"确定为"主体"的"价值对象"，这样"懂得"就不仅是模态动词，还是意义的载体，其话语既可以表现主体所具备的"懂得"的操纵能力，又会表现为"懂得"在各主体间的传递。因此，"懂得"可进入多种认知主体（sujets cognitifs），例如"陈述发送者"（énonciateur）和"陈述接收者"（énonciataire）的叙述程式中来构建意义。

然而，在陈述活动中，主体的"懂得"会被不断地构建，最终可能达到深入化和均质化程度。那么"懂得"的焦点问题是主体如何掌握知识吗？是主体如何避免智力的限制吗？还是主体想要最终构建一个客观的认知世界呢？如果是这样，那么"懂得"就只是被看成信息所传递的内容，而上述问题就只属于哲学和其概念的外在认识论问题。相反，如果"'懂得'被当成符号过程的占有者，那么这便属于话语的内在认识论范围"（Fontanille，1987，p. 10）。因此，符号学的认识论便是话语中对"懂得"的构建研究，是对内在结构和认识论的探索。

本文拟通过分析《儒林外史》中王冕的故事，来更好地理解"懂得"的符号学概念和以"懂得"为轴心的符号学认识论体系。

一、王冕故事中的"懂得"元素

（一）"懂得"的符号学概念

符号学中的模态"懂得"，相当于我们古代汉语中的"知""悉"和现代汉语中的"知道""晓得""懂""明白"等。那么，如何从符号学视角来认识王冕故事中"懂得"的意蕴呢？

首先，从最简单的主体和对象的关系来分析"懂得"的存在方式和核义素，以明晰王冕故事中的"懂得"。作为对象，"懂得"在陈述活动中有两种存在方式：

一是"模态操作者"（opérateur modal），即"懂得做"（savoir-faire）和"懂得存在"（savoir-être），例如"王冕懂得读书"；二是"意义容器"（contenant du sens），是"意指内容的媒介，即对某一行为陈述的'懂得'（savoir：faire）和对某一存在陈述的'懂得'（savoir：être）"（Fontanille，1987，p. 20）。例如：

（1）王冕懂得每天让自己放牛赚钱来读书。用陈述活动句法表示为 $S1 \cap O1_{savoir}$：$[S2 \rightarrow (S3 \cap O2)]$，这是主体王冕【S1】与懂得之对象【O1】的合取，而 O1 则是对每天让自己【S2 = S3】放牛赚钱来读书【O2】这一行为操作的懂得。

（2）吴敬梓知道（懂得）王冕懂得读书人不是追求功名富贵的人。用陈述活动句法表示为 $S1 \cap O1_{savoir}$：$S2 \cap O2_{savoir}$：$(S3 \cup O3)$，这是主体吴敬梓【S1】与懂得之对象【O1】的合取，O1 是懂得王冕作为主体【S2】与懂得之对象【O2】的合取，O2 则是对主体读书人【S3】与功名富贵【O3】析取的存在状态的懂得。

通过"懂得"的存在方式可知：从主体角度，"懂得"并不单单属于陈述发送者，它还存在于文本中任何可能的主体中；从对象角度，"懂得"的区别并不是承载意义的容器的区别，而是内容和质量的差异。所以，在王冕故事中，对于"读书裨益"这一对象的"懂得"，主体既有王冕，也有像时知县一样将"读书裨益"和"功名富贵"相联系的读书人。此时，"懂得"与多个主体是合取关系。但是对于"读书裨益"的"懂得"是否是一致的呢？很显然，在陈述活动中存在着话语内容的差异。

因此可以根据主体和对象两个行为者角色更好地理解"懂得"的核义素：

一方面，在对象的引申（extension des objets）中，同一主体A会与多个懂得之对象B、C等相关。那么，此时对象会有两种情况：第一种，B、C等多个对象作为相同属性对象，可以积累成一个集合体，例如主体A对获取金钱B和金钱C的懂得，最终将完成财富的积聚；第二种，对象B和C作为不同属性的对象，是主体A懂得的不同面，例如主体A懂得需要追寻幸福和金钱。因此，在同一主体这一限定情况下，"懂得之对象"（objets-savoir）的不同可以反映主体价值观的不同，这是"懂得之对象"融合（réunification）与积累（accumulation）的过程。需要注意的是，"'懂得之对象'的融合与积累是'非连续散在性对象'（objets discrets-discontinuité）的并联或串联形式"（Fontanille，1987，p.27）。王冕"年纪不满二十岁，就把天文、地理、经史上的大学问，无一不贯通"（吴敬梓，1958，p.4），这是王冕之相同属性对象——知识不断积累的过程，是"懂得"的积聚。另外，王冕最初不断地读书是为了获取知识（一种"懂得"），而后，美景激发其学画荷花的兴趣，他不断练习是为了掌握艺术（另一种"懂得"）。不同阶段下王冕探索不同属性的"懂得"，此时"懂得"作为"非连续散在性对象"与主体合取。但需要注意的是，这是王冕积极发挥主观能动性与不同的"懂得"进行的"精神性附连"（jonction noologique），王冕作为"懂得之主体"决定"懂得之对象"是否要实现深度和广度的转换。"懂得"的不断积累体现出王冕的价值追求，表明王冕正如作者所描述的那样"欹奇"，与其他读书人不同。

而另一方面，在主体的引申（extension des sujets）中，同一个"懂得之对象"会与多个主体相关。例如：我知道（懂得）你有一本中国文学书，小明也知道（懂得）你有一本中国文学书，所有人都知道（懂得）你有一本中国文学书。可以看出，"懂得之对象"——"你有一本中国文学书"，已实现主体间的共享，但是只要在这同一陈述活动中存在某个主体不知道此对象，那么"懂得"的分享过程就未完成。正如王冕故事中的话语表现，虽然"求功名富贵"在翟买办和时知县之间实现了共享，但在王冕看来并不是这样，所以这种"懂得"是部分共享，并未实现完全的共享。而王冕这种"参与性附连"（jonction participative）的"懂得"正证明了这种"懂得"在共享过程中存在重大缺口，这是作者吴敬梓对此存在质疑的重要依据。

综上所述，王冕的"懂得"是主体和非连续散在性对象之间的精神性、参与性的附连，即丰塔尼耶（Fontanille，1987，p. 28）将"懂得"的核义素总结为："懂得→精神性附连 + 散在性对象 + 参与性"。

以上分析，是针对"懂得"的核义素进行的，但"懂得"作为模态操作者，表现为"懂得做"和"懂得存在"，并有深度和广度的变化。因此，"懂得"也存在意指层级的变化。

接下来将对"懂得"的意指层级进行类义素分析，以探索王冕的故事中是否也存在"懂得"的不同层级。

根据丰塔尼耶在《懂得的共享》（*Le Savoir Partagé*，1987，pp. 32 - 33）中的观点，可得出以下总结：如果将"懂得做"（savoir：faire）设为 n 级，那么"做"（le faire）作为"懂得之对象"，是主体处于"懂得之对象"的理解层（appréhension）；n + 1 级是主体外在显现上（manifestation）需要将"做"作为要构建成的"懂得之对象"，是主体对"懂得之对象"的优化（optimisation）；n - 1 级则是主体内在上（immanence）需要将"做"作为分析的"懂得之对象"，确定主体与"懂得之对象"是否完成（finalisation）结合。

同样，如果将"懂得存在"（savoir：être）设为 n 级，那么"存在状态"（l'être）便作为"懂得之对象"，是主体对"懂得之对象"的理解层（appréhension），n + 1 级是主体对"懂得之对象"的集中（contention），n - 1 级是主体对"懂得之对象"激情的调节（régulation）。

以简单行为操作"学习"为例，"懂得学习"是基础理解层 n 级，则 n + 1 级是合理地安排学习计划、掌握学习方法以探究如何优化学习，n - 1 级是分析"学习"这一行为并且去完成它。此时，相对于 n 级"懂得"，n + 1 级和 n - 1 级"懂得"作为主体的对象具备优化和完成认知探索的能力，在微观上是对意指的辨认和个体化，在宏观上是建构认知。因此，主体获得 n 级"懂得"后，应该对获得的信息进行解释、观察和探寻，但并不意味着应对全部信息进行操作，主体需要根据具体情况对必要的"懂得"进行选择。

在"王冕辍学放牛"的陈述中,"懂得"的主要叙述程式为:S1 ∩ O$_{savoir}$:[S2→(S∪O)],即王冕【S1】懂得去世的父亲【S2】使王冕和母亲【S】失去了生活的经济来源,这使他无法读书【O】。根据前文对"懂得"的意指层级介绍,这是 n 级"懂得"。文中王冕对现有情况进行确认、分析和观察,而后有了更深层次的"懂得"。通过"我在学堂里坐着,心里也闷;不如往他家放牛,倒快活些。假如我要读书,依旧可以带几本去读""每日点心钱,他也不买了吃,聚到一两个月,便偷个空,走到村学堂里,见那闯学堂的书客,就买几本旧书,日逐把牛拴了,坐在柳荫树下看"和"王冕看书,心下也着实明白了"(吴敬梓,1958,pp.1-2),可分析出王冕懂得如何放牛却没有放弃对获取知识(一种"懂得")的追求,他完成了对必要的"懂得"的选择,更懂得如何去优化环境和调整心情来"读书",是 n+1 级"懂得",也懂得具体实施步骤并最终实现"读书"这一行为操作,是 n-1 级"懂得"。因此,"懂得"的优化和分析可帮助主体解决困境。

基于以上对"懂得"的核义素和意指层级的分析,引用丰塔尼耶的总结图(Fontanille,1987,p.34),可完成对"懂得"的基本梳理。

在图1建构的"懂得"的意指层级中,"懂得"同样分为词语显现上的"懂得"(savoir de manifestation)和内在的"懂得"(savoir d'immanence),即通过分析"看起来像"(paraître)和"内在上是"(être)的关系,可以确定"懂得"的述真模态(modalités véridictoires)是"真实"的,还是"错误"的、"秘密"的或者是"虚幻"的。

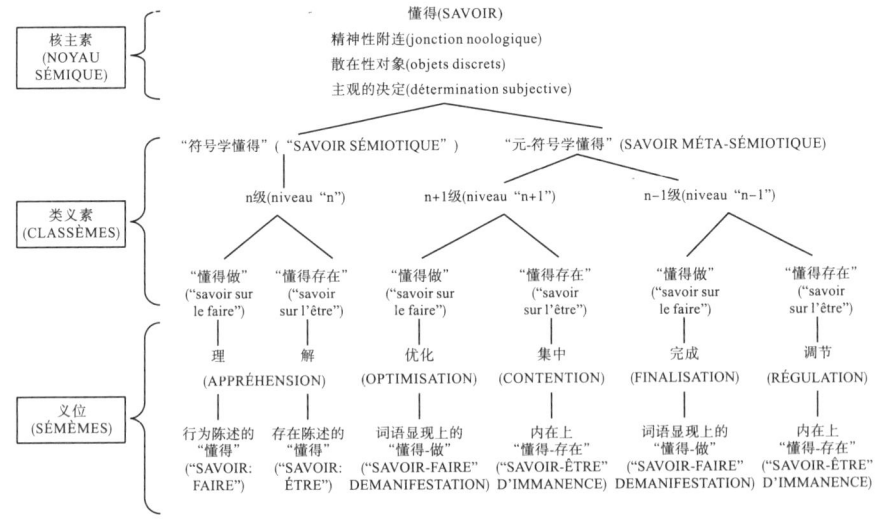

图1 "懂得"的核义素和意指层级

借用陈述句法,将"看起来像"和"内在上是"标记为:

(1) O1 $_{savoir}$:(S2∩O2),是对某种状态的"懂得";

(2) O1 $_{savoir}$:[S2→(S3∩O2)],是对某种行为操作的"懂得"。

上述(1)和(2)中的O1 $_{savoir}$为词语显现的"懂得",是"被参照性懂得"(savoir référé),而(S2∩O2)和[S2→(S3∩O2)]是完成陈述活动的内在的"懂得",是"参照性懂得"(savoir référent)。因此根据符号学矩阵,有以下述真模态(Fontanille,1987,p.40):

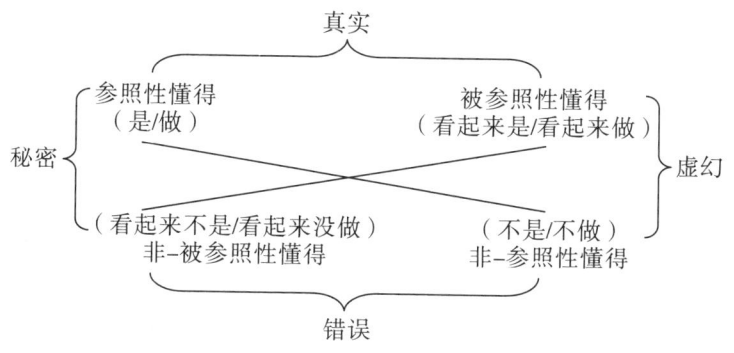

图2 "懂得"的述真模态

我们结合具体情况做一点分析。例如在COVID-19疫情期间,若主体A疑似出现新型冠状病毒的感染症状,便知道("懂得")自己可能是("看起来是")新冠病毒患者,但经检测确定A为阴性,所以A知道("懂得")自己不是("内在不是")新冠病毒感染者,而可能是患有普通感冒或者是流感。这时A的"懂得"的述真位置是"看起来是"和"内在不是"的结合,处于"虚幻"位置,但这种虚幻会使A自己产生消极情绪,也会使身边的人对A产生信任危机。因此,医务人员为分辨相似而又不同的症状付出了巨大心血和努力。若主体B看起来没有任何病毒感染病状,便知道("懂得")自己不是("看起来不是")病毒感染者,但经检测,B知道("懂得")自己是("内在是")阳性无症状感染患者。这时B所处的述真位置是"看起来不是"和"内在是"的结合,处于"秘密"位置,但这秘密的存在可能是感染他人的隐患,所以寻求秘密的真相便是解决问题的关键。因此,无论"懂得"是处于"虚幻"还是"秘密"位置,都是处于模糊状态,存在一定的社会、文化和卫生安全等隐性问题。可见,探索"懂得"的真实性和确定性对于科学地认知世界、解决潜在危机大有裨益。

(二)"懂得"与其他模态动词的关系

在陈述活动中,模态被用来修饰行为者角色牵连形式的可能性,例如法语中的五个模态动词"想要"(vouloir)、"应该"(devoir)、"能够"(pouvoir)、"懂得"(savoir)和"相信"(croire)可以作为牵连形式进入陈述活动中,"这些模态可以调整被称为能力的潜在性状态,以及在某种程度上可以改变它们的谓语动词来影响陈述行为和陈述状态"(Greimas, 1983, p. 77)。简言之,模态化可以借助模态动词修饰谓语动词,以改变操作主体的行为。

其中,"'懂得''想要'和'能够'的获取是对行为者角色的辨认,它是'自立的'(autonome)。而'应该',作为多种因素决定的模态,行为者角色的辨认是'他性的'(hétéronome)"(Coquet, 1984, p. 11)。

但是,"懂得"即使有自立性,仍与"情感"和"行为"发生内聚,即与情感维度和语用维度有相关性。因此,有必要通过与其他模态动词的区别和结合来掌握"懂得"的情感维度和语用维度。

首先,浅析"懂得"与"想要"的区别和联系。

根据格雷马斯(A. J. Greimas, 1917—1992)和丰塔尼耶合著的《激情符号学》(*Sémiotique des Passions*, 1991)中的观点,"想要"和"懂得"都属于内源性模态(modalité endogène),由主体自发产生。但"想要"是潜在性模态(modalité virtualisante),而"懂得"是现时性模态(motalité actualisante)。从对"懂得"的符号学概念的分析可知,"懂得"是主体与对象的"精神性附连",具有主观能动性,这正是与"想要"的结合。所以,"想要"作为操作主体的潜在性操纵者,与"懂得做"进入"懂得"的 n + 1 级优化层和 n - 1 级完成层,是始动性(inchoativité)行为。利用符号学矩阵,丰塔尼耶(Fontanille, 1987, p. 47)将"懂得做"的相反面和矛盾面与"想要做"进行如下组合:

(1)想要做 + 懂得做→坚定;
(2)想要做 + 不懂得不做→自发性;
(3)想要做 + 懂得不做→躲闪;
(4)想要做 + 不懂得做→不知所措。

通过两种模态的结合,可以看出在(1)和(2)模态组合控制下的主体体现了行为的承担,而在(3)和(4)的组合中主体出现了行为抑制,这是"懂得"在情感维度中的体现。

在"王冕湖边画荷"的故事中,主体体现了强烈的"想要"模态。此阶段主体的"懂得"为:S1 ∩ O$_{savoir}$:S1 ∩ O$_{vouloir}$,即王冕【S1】懂得自己【S1】想要画荷花【O$_{vouloir}$】。通过王冕的心理活动"天下那有个学不会的事,我何不自画他几枝"(吴敬梓,1958,p.3),可知王冕对画荷花是"想要做"与"不懂得不做"的结合,是自发性的兴趣使然。因此,"想要"占据控制地位,进而操纵行为主体实现操作。但为什么在此之前并未出现"想要"的情感呢?追溯原文,是大雨过后美景所致。从符号学角度分析,视、听、嗅、触等感觉[①]可带给身体惬意或不悦的本体感受,正是当时的美景使王冕愉悦并且赋予其积极的"想要"。可见,美好的事物可以刺激主体愉悦的情感,"懂得"的活跃性也因此变强。

吴敬梓笔下的王冕虽然不懂得画荷花却积极地想要做,是行为主体的自发行为。另外,他想要读书,也懂得如何读书,但懂得不用读书求功名。这正体现了"想要做"和"懂得做"的"坚定",以及"想要做"却"懂得不做"的"躲闪"。而这种"躲闪"则体现了王冕拒绝功名的抑制行为,是不随波逐流的钦奇磊落和不媚世俗。

其次,探索"懂得"与"相信"的相关性。

根据格雷马斯的著作《论意义Ⅱ》(*Du Sens* Ⅱ,1983)中的观点,"相信"(croire)是先于并包含"懂得"的。"懂得"不可避免地会在认知过程中遇到评判,进而会对"懂得"做出结论并可能将其转化为"相信",而这种"相信"将会是主体间信息传递的前提。但是"懂得"和"相信"之间究竟在意指内容上相差什么呢?"懂得"属于认知层面,而"'相信'融合了认知层面和情感层面"(Fontanille,1987,p.56)。正是由于"相信"在这两个层面的结合,当主体辨认"懂得"的时候,不仅会选择认同或者是融合,也可能会对其产生怀疑或者是分离。另外,"'懂得'作为价值对象,是主体获得和建立的,而'懂得'的发送者则是将其融入了'相信'才完成了和接收者的信息交换"(p.54)。

主体确认了"懂得",便意味着"懂得"是"能够存在"(pouvoir-être),即能够独立于主体并展现"懂得之对象"的固有特性,具有客观性。而"相信",则是主体认为价值对象("懂得之对象")"应该存在"(devoir-être),

---

① 根据丰塔尼耶的著作《身体和记号:身体的外在形象》(*Soma et Séma. Figures du Corps*,2004)的观点,感觉(sensation)和激情(passion)不同:前者属于审美感觉维度(dimension esthésique),即对外在世界的外感性(extéroceptivité)和对内在世界的内感受性(intéroceptivité);后者属于情感维度,与本体感受(proprioceptivité)有关,有操纵内在和外在世界感知的能力。

所以在发送信息时，会融入主体的个人价值观以确保信息的价值，具有主观性。借助圣经的传播可以更好地理解上述观点。圣经作为意义载体，可以在不同价值体系中的行为者角色间进行传播，但是意指是不同的。在无神论的文学评论者中，圣经作为文学作品，其隐喻、叙事和诗性等都将"懂得"展现为客观性存在。而在基督教徒间，圣经是依靠和信托，主体在发送信息时，会融入对耶稣的情感，保证在传递"相信"时神的荣耀无缺损。可以看出，"相信"在"懂得"的内容中融入了情感层，使传递更具稳定性。

"懂得"和"相信"的比较让我们更加确定对"懂得"的研究不应该局限于对科学和教育文本的话语研究，不应该局限于对直接传递知识的文本的研究。而对蕴藏着社群的意识危机、秘密感知和记忆的文学文本的研究，将会得出真正具有传奇性的认识论，并可以帮助解决更多疑难复杂性问题。因此，对《儒林外史》这种间接传递信息的文本的研究，便具有探索作者创作意图和揭露深层意识危机的现实意义。而在王冕的故事中，从翟买办和时知县的角度来说，他们作为认知主体，实际上已经将"以官场为核心的利益关系"和"功名富贵"奉作信条了，已经将这种"懂得"融合于情感成为"相信"，所以认为作为受赏识的读书人的王冕应该以官相与。但是，这种蕴含了"相信"的"懂得"并未与王冕达成共识，所以时知县便"心中恼怒"，认为"此人不中抬举"。可以看出，具有相同身份的读书人之间，即时知县和王冕之间已然存在意识内容的对立。因此，吴敬梓在《儒林外史》后续的文本创作中，需要通过各个行为者的叙事行程，进一步确认读书人的"相信"是否存在危机。

最后，需要探讨"懂得"与"能够"的相关性。

根据《激情符号学》中的观点，"能够"和"懂得"都属于现时性模态（motalité actualisante）。但是，"能够"是外源性模态（modalité exogène），主体的操作受多种外在条件影响，而"懂得"是内源性模态（modalité endogène），主体的行为是自发产生的。因此，"在主体获得现时性的'懂得'后，便可以对其是否'能够存在'进行'相符度评判'（jugements d'adéquation）"（Fontanille，1987，p.60）。因此，同样利用符号学矩阵，丰塔尼耶（Fontanille，1987，p.60）将"能够存在"的相反面和矛盾面与"懂得"（S∩O）进行以下结合：

(1)（S∩O）+ 能够存在→承认"懂得"；

(2)（S∩O）+ 能够不存在→"懂得"存在争议；

(3)（S∩O）+ 不能够不存在→肯定"懂得"；

(4)（S∩O）+不能够存在→驳斥"懂得"。

借助"地心说"到"日心说"的演变，可做简单阐释。"地心说"作为"懂得"，在古希腊流传并在中世纪占统治地位，但是随着探测工具的不断进步，被"相信"控制的"懂得"从承认"能够存在"，到经历哥白尼的质疑"能够不存在"，最终通过伽利略天文望远镜的论证和开普勒对"日心说"的完善，才驳斥"地心说"为"不能够存在"并肯定了"日心说"的"能够存在"。

在"王冕指陈八股之弊"的故事中，王冕"懂得"的叙述程式可描述为：$S1 \cap O_{savoir}$：[S2→（S3∩O）]，即王冕【S1】知道（"懂得"）统治者【S2】使读书人【S3】以八股文取仕【O】。但王冕对所获取的"懂得"无法进行优化，因为他是统治者麾下的平民，并无话语权，所以他只能对此信息进行认知判断："取士之法：三年一科，用《五经》、《四书》、八股文。这个法却定的不好！将来读书人既有此一条容身之路，把那文行出处都看得轻了。"（吴敬梓，1958，p.13）因此，在王冕看来，这种取士之法是"能够不存在"的，是要被质疑的。但需要注意的是，统治者【S2】在制定八股取士之法前，曾以吴王的身份向王冕请教过"何以能服其心"，王冕传递给吴王的"懂得"为"若以仁义服人，何以不服"，但显然吴王最初"点头称善"是将"仁义"解释为"八股取士"了。那么，根据"懂得"的述真模态，吴王获取的"懂得"是"看起来是"和"内在不是"结合的"虚幻"，这更加明确吴王的"仁义"之法是存在不确定性的"能够不存在"。但是，在封建专制统治下，吴王后来成为权力的中心，要将他的"懂得"完全驳斥为"不能够存在"，仅凭王冕一人的力量是做不到的。因此，作者吴敬梓要完完全全驳斥统治者的意图，必然需要经历漫长而曲折的过程。

综上所述，一个确定而不可动摇的真理需要不断突破之前的"相信"其"能够存在"的桎梏，需要经历质疑和否定等艰难的叙事行程，需要通过补充、再拥有以及行为者角色的再判定，才能最终证明一种"懂得"是否是"能够存在"的。这过程中会有主体的放弃和再次认知，也印证了牛顿的那句话："如果说我比别人看得更远些，那是因为我站在了巨人的肩膀上。"每个真理的获取都是主体的不断否定、不断实践和不断创造的过程。

二、王冕的故事中各行为者角色的"懂得"之选择

正如陈述活动有语用、激情和认知三个维度①，符号"懂得"作为价值对象，也会在陈述活动中的不同维度下呈现出拓扑式选择。而"'懂得'的话语表现并不只是信息传递和分享的技巧，也包括挑战、价值、危机和解决方案"（Fontanille，1987，p. 88）。但是，这种挑战、价值和危机等正产生于陈述活动中各行为者角色对"懂得"的选择。

在陈述活动中，陈述发送者与认知主体并不总是同一个施事者②，陈述发送者的"懂得"与认知主体的"懂得"不可避免会存在差距和矛盾，即"认知离析"（débrayage cognitif）。"离析"不仅是"懂得"的映射，也是"懂得"的同位素性断裂，展现出多样性特点。正如高概（Jean-Claude Coquet，1928— ）在《话语与主体Ⅰ》（Le Discours et Son Sujet Ⅰ，1984）中指出的那样，话语中的角色转换是主体或对象的短暂性身份变化。因此，"在话语中重新建立的一系列身份，是存在开始、过程和结尾的，这便意味着一个身份会展现多面性"（Fontanille，1987，p. 68），而"从一种'懂得'到另一种'懂得'是由'离析'（débrayage）和'接合'（embrayage）操作决定的"（p. 19）。因此，若要实现行为者的"懂得"的唯一性，必然要经历复杂的"离析"和"接合"操作。但是，因为陈述活动中的人物可代表多个行为者角色，例如文本作者是陈述者，是信息的发送者也有可能是信息的接收者，所以为了避免分析过程因使用不同术语而混乱，有必要在"懂得"的陈述活动中引入两个行为者角色：第一个是观察者（observateur），即"懂得之对象"的接收者，他懂得有某事要"懂得"；第二个是信息发送者（informateur），即"懂得之对象"的发送者，他懂得有某事要使人"懂得"。

信息发送者需要保持内容的客观性。强客观性体现了内容的唯一性，实现了信息发送者之间的接合；而弱客观性证明内容的多样性，信息发送者之间存在离析。观察者作为信息的接收者，需要发挥主观能动性以"懂得"内

---

① 根据丰塔尼耶的著作《话语符号学》（Sémiotique du Discours，1999）中的观点，话语构建了语言活动的三个维度，即语用维度（dimension pragmatique）、激情维度（dimension passionnelle）和认知维度（dimension cognitive）。语用维度与状态和行为转换有关；激情维度与惬意和不悦有关，影响存在；认知维度与内在的认识论有关，目标是在建立认知结构过程中确定意义。

② 同一个施事者（acteur）可以占据多个行为者（actant）位置，而一个行为者也可以存在多个施事者。

容。强主观性体现了"懂得"的一致性,实现了观察者之间的接合,而弱主观性证明"懂得"出现了分歧,观察者之间存在离析。因此,根据每种操作可建立如图3所示符号学矩阵(Fontanille,1987,p.78):

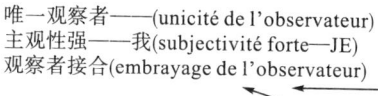
唯一观察者——(unicité de l'observateur)
主观性强——我(subjectivité forte—JE)
观察者接合(embrayage de l'observateur)

唯一信息发送者——(unicité de l'informateur)
客观性强——他(objectivité forte—IL)
信息发送者接合(embrayage de l'informateur)

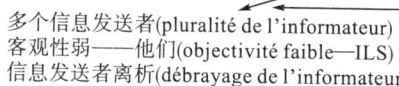
多个信息发送者(pluralité de l'informateur)
客观性弱——他们(objectivité faible—ILS)
信息发送者离析(débrayage de l'informateur)

多个观察者(pluralité de l'observateur)
主观性弱——人们(subjectivité faible—ON)
观察者离析(débrayage de l'observateur)

图3 信息发送者和观察者的"懂得"之位置选择

图3中双箭头表示:"'观察者'和'信息发送者'的角色位置是可逆的"(Fontanille,1987,p.77),即"懂得"并不是始终专属于某一行为者,角色是可以转换的;"'唯一'和'多个'也是可逆的"(p.77),即每一个"懂得"都是行为者经历多次叙事行程的结果,有可能"唯一"的"懂得"在确定之后被质疑成"多个",也可能"多个"的"懂得"在不断选择后成为"唯一"。图3中,"懂得"的操作选择决定了不同的位置,而以下的位置组合可以判定内在的话语参照体系:

第一,复合项(le terme complexe)。观察者接合和信息发送者接合的操作组合,是唯一信息发送者传递给唯一观察者,是整体现实主义,唯科学主义便是以此为认知目标。

第二,中性项(le terme neutre)。观察者离析和信息发送者离析的组合,是多个信息发送者传递给多个观察者,是新实证主义,也就是处于此位置下的陈述活动需要不断地实践才能确定"懂得"的真实性。处于此位置的话语参照体系是最悲观的,因为它并未完成话语。

第三,左项(le terme de gauche)。观察者接合和信息发送者离析的组合,是多个信息发送者传递给唯一观察者,观察者占据主导地位,是理想主义和唯我主义。此时,在所观察的"懂得"未被确定"真实"的情况下,唯一的观察者便终结和决定了话语。

第四,右项(le terme de droite)。观察者离析和信息发送者接合的组合,是唯一信息发送者传递给多个观察者,是客观现实主义,真实的同质性在观察没有减少的情况下保证了对立性。(p.79)

但需要注意的是:上述话语的认知参照,并不能直接作为对某种价值和社会文化评判的工具,不能不结合具体形势和条件就妄论某种"懂得"是消极的还是积极的。因此,接下来,笔者将以吴敬梓《儒林外史》中王冕的故事为具体研究对象,更好地明晰"懂得"在话语认识论体系中的操作。

王冕的故事乃《儒林外史》的开篇文章,作者吴敬梓以"楔子"为其命名,"敷陈大义"证明作者作为陈述发送者和信息发送者传递内容,而读者作为陈述接收者和观察者接收并辨认内容。因此,从开篇题目中便需要关注信息发送者想要将信息内容传递给哪类观察者①,需要确定这目标是传递给当下看《儒林外史》的"我们",还是传递给具有某种身份特征的"他们"。

开篇,吴敬梓借用一首词直抒胸臆:

> 功名富贵无凭据,费尽心情,总把流光误。浊酒三杯沉醉去,水流花谢知何处。
>
> 这一首词,也是个老生常谈。不过说人生富贵功名,是身外之物;但世人一见了功名,便舍著性命去求他。及至到手之后,味同嚼蜡。自古及今,那一个是看得破的?(1958, p.1)

在上述陈述中有同样的价值对象——"功名富贵",有同样的叙事行程——"费尽心情"和"舍著性命去求他",从"总"和"自古至今,那一个"也可看出行为主体是一致的。但是从"把流光误"和"味同嚼蜡"的词语表现中可看出,作者对"功名富贵"的评判是消极的。因此,在获取"懂得"的过程中,"自古至今,那一个"作为对"功名富贵"的观察者是接合的,而此时作者同样作为观察者却和前者存在着"懂得"的差异。所以,这种"懂得"的对立便是作者创作意图的根源,而其文本创作的目标对象便是与其"懂得"对立的读者。

因此,在下文"虽然如此说,元朝末年,也曾出了一个嵚奇磊落的人。这人姓王名冕"(吴敬梓,1958,p.1)中,"虽然"一词转笔,表明了王冕与"自古至今,那一个"存在"懂得"的对立,以及与作者"懂得"的契合和共享,并且"嵚奇磊落"一词表明作者对王冕持有的"懂得"是赞赏和

---

① 文本的设定目标,便是通过文本可以传达给某个行为者某种意指。因此,陈述发送者的目的是使陈述接收者能懂得其意指,准确地说目标对象即为"读者-模型"(lecteur-modèle),是某类带有身份标记的读者,或者是某类观察者。

肯定的。

通过以上分析可得知，在文本主角王冕进入陈述活动之前，作者与"王冕"和"自古至今，那一个"存在对"功名富贵"的"懂得"的差异和对立。因此，王冕在故事中表现的"懂得"的对立面便是作者的对立面。那么，根据"懂得"的对立，可以建立具有不同身份特征且对立的两组人物，即第一组为作者吴敬梓和王冕，第二组为翟买办和时知县。通过分析王冕的主要故事，可以建立以下两种"懂得"的陈述活动：

(1) $S1 \cap O_{savoir}$：$S \cap O1$，$S1 \cap O_{savoir}$：$S \cup O2$；

(2) $S2 \cap O_{savoir/croire}$：$O_{devoir}$：$[(S \cap O1) \rightarrow (S \cap O2)]$。

在（1）中，S1 为"作者和王冕"，S 为"读书人"，O1 为价值对象"知识"，O2 为"功名富贵"，即作者和王冕懂得读书人是以知识为目标，但并不以功名富贵为追求。在（2）中 S2 为"翟买办和时知县"，S 为"读书人"，O1 为"知识"，O2 为"功名富贵"，即翟买办和时知县懂得甚至相信读书人获取了知识便应该求"功名富贵"。王冕拒赴官约，正体现了这两组"懂得"的对立。此节选中，王冕的"懂得"为：$S1 \cap O_{savoir}$：$O_{vouloir}$：$[S2 \rightarrow (S3 \cap O)]$，即王冕【S1】知道（"懂得"）翟买办和时知县【S2】想要促使王冕【O】和他们倚仗的危素【S3】结交。但是，因为王冕对他们的行为进行过前瞻性分析，"时知县倚着危素的势要，在这里酷虐小民，无所不为"（吴敬梓，1958，p.9），这便与作者描述的王冕——"年纪不满二十岁，就把那天文、地理、经史上的大学问，无一不贯通。但他性情不同：既不求官爵，又不交纳朋友，终日闭户读书"（p.4），存在"懂得"的对立。王冕选择"懂得不做"而拒绝结交，保持距离"躲避几时"。因此，对于同时作为观察者的翟买办、时知县和王冕而言，对"求功名富贵"这一"懂得"的观察，呈现出多样化特征，并导致主体交互中出现分歧和矛盾。从观察者和信息发送者的可逆性角度来分析，他们又可以作为"信息发送者"传递所获取的"懂得"，但是很显然，传递的"懂得"必定也是离析的。

综上所述，作者借王冕的故事传递的"懂得"，与像时知县一样的读书人的"懂得"是对立的，即信息发送者是离析的。同样，他们共同作为读书人对于"求功名富贵"这一"懂得"的观察，也存在"懂得"的不唯一性，即观察者的离析。因此，在王冕故事中，各行为者的"懂得"之选择是观察者离析和信息发送者离析的组合，是多个信息发送者传递给多个观察者。进而可说明，必定需要不断地实践和论证读书人对"求功名富贵"的"懂得"，才能判断其是否为积极且正确的。

因此，从整个文本的话语表现可看出，吴敬梓的创作意图便是以王冕故事为起点，揭露这一"懂得"的"能够不存在"，并不断例证其共享存在断裂性，且需要不断探讨和求证。然而，从吴王八股取士的决策还可以看出，统治者在某种程度上决定了国家和社会文化的主流价值取向。这便使王冕故事中这个存疑的"懂得"论证过程漫长而艰难，只有在整个国家和社会层面探索"懂得"的真实性，才能明晰其共享所带来的挑战和意识危机。

三、结语

当前的世界正处于多极化变化之中，面对的是文化多样化、意识多形态和认知多元化的发展挑战。根据"懂得"之位置参照，世界上的"懂得"存在多个信息发送者和多个观察者，"懂得"难以实现唯一性共享。但是，简单地评断此为悲观消极的社会现象，是正确且科学的吗？每个自由个体特色的充分展现和多个民族文化的文明碰撞，难道不也是纷繁多彩的吗？因此，当我们对某一种"懂得"进行评判时，不能简单地以偏概全，用不明确的身份特征来妄下结论。比如说"法国人很浪漫"，是否考虑过分析样本足不足够？是否所有法国人都具有"浪漫"的特征？是否这种一致性的"懂得"共享也掩盖了真实？"从符号学角度来说，陈述活动的参与者之间，'懂得'的兴趣在于分析是否'懂得'被曲解，是否因分歧而未达成共享。"（Fontanille，1987，p.9）可见，共享是"懂得"的目标，也是挑战，但需要注意的事实是："懂得"可以共享，但这共享并不是突然发生的，它需要在话语的认识论体系中经历复杂且不断的离析和接合操作才可能实现。

在实现共享的复杂操作中，不管存在唯一还是多个信息发送者，观察者都不应该主观地盲目信从和评判，而是应该通过不断辨认、不断实践，来客观地对"懂得"做出述真模态的判断，以寻求真理。正如印度哲学家克里希那穆提所说："不带评论的观察是人类智力的最高形式。"而"懂得"的符号学解读，正是一种客观科学的方法论。

因此，并不能简单地将"懂得"解读为"知识"之符号，它作为符号系统中行为者角色的占有者，在语用维度、激情维度和认知维度都发挥了关键性作用。另外，"懂得"这一符号在中国的儒学中即"知"，是"格物致知"论的重要概念，在个体和社会意识的构建中占有根基性地位。因此，探索"知"（"懂得"）的问题，有助于理解某一文化背景中的意识形态。而对于我们中华民族而言，探索人类的认知，有助于更好地理解（n级"懂得"）

中国历史、中国社会和中国文化，更从容地面对未来民族和世界问题的挑战，以优化（n+1级"懂得"）国家的生产和生活方式，以分析解决（n-1级"懂得"）所面临的现实问题。"懂得"是挑战，也是机遇。

引用文献：

吴敬梓（1958）．儒林外史（张慧剑，校注；程十髪，插图）．北京：人民文学出版社．
Coquet, J. -C. (1984). *Le Discours et Son Sujet I*. Paris: Méridiens Klincksieck.
Fontanille, J. (1987). *Le Savoir Partagé*. Paris-Amsterdam: Hadès-Benjamins.
Fontanille, J. (1998). *Sémiotique du Discours*. Limoges: Presses Universitaires de Limoges.
Fontanille, J. (2004). *Soma et Séma. Figures du Corps*. Paris: Maisonneuve et Larose.
Greimas, A. J. (1983). *Du Sens II*. Paris: Seuil.
Greimas, A. J. & Fontanille, J. (1991). *Sémiotique des Passions*. Paris: Seuil.

作者简介：

张彦梅，里昂第二大学博士研究生，研究方向为情感符号学。

Author:

Zhang Yanmei, Ph. D. candidate at Université Lumière Lyon 2. Her research field is semiotics of passion.

Email: zhangyanmei1103@163.com

符号学视角下《孔雀东南飞》的语义建构与叙事美学

李 双

摘 要: 普通符号学作为一种文学分析方法论由来已久,对于深入了解某一作品的叙事组织和语义建构具有良好的揭示作用。格雷马斯普通符号学理论源于索绪尔和叶姆斯列夫的语言学,对语篇的叙事、模态、语义及情感等方面都有所涉及。本文选取汉乐府名篇《孔雀东南飞》作为分析对象,该文叙事严谨,结构连贯,语义丰富,是很好的符号学分析材料。本文着重关注这首长篇叙事诗歌中语义的建构方式,及其在叙事美学方面的意义。

关键词: 普通符号学,格雷马斯,《孔雀东南飞》,语义建构

Semantic Construction and Narrative Aesthetics of "The Peacock Flies to the Southeast"

Li Shuang

Abstract: As a method of literary criticism, general semiotics has a long history and has shown advantages in revealing the narrative frame and semantic construction of certain literary work. Greimas' general semiotic theory is derived from the linguistics of Saussure and Hjelmslev and involves the narrative, modal, semantic and emotional aspects of a text. This study adopts *Han Yuefu*'s famous poem "The Peacock Flies to the Southeast" as the research object, as this poem is rigorous in narrative, coherent in structure and rich in semantics. This study focuses on the method by which semantics are constructed in this long narrative poem and its significance in narrative aesthetics.

Keywords: general semiotics; Greimas; "The Peacock Flies to the Southeast"; semantic construction

DOI: 10.13760/b.cnki.sam.202101015

一、理论背景：格雷马斯符号学及其文本语义分析理论

符号学从肇始之初，就与语言和文学紧紧联系在一起。语言学为符号学的建立和发展提供了理论支撑，没有语言学概念的系统化和语义逻辑分析的前期铺垫，很难想象符号学会如何发展（张智庭，2019，pp.3-18）；文学（包含诗歌）作为语言的最高艺术表现形式，为符号学理论建构提供了庞大的素材库和试验场。法国符号学的著述汗牛充栋，尤以巴黎符号学派的奠基人格雷马斯贡献最大，理论体系最完善，培养了一批活跃在各领域的符号学专家，鼓励他们各自开展专题研究（Fontanille，2017，p.92），与其开放的普通符号学理论融合。因此，符号学并非以其研究对象来获得定义，而是为不同对象和话语找到了统一的分析方法（Bordron & Bertrand，2019）。2017年法国符号学会组织格雷马斯一百周年诞辰的纪念研讨会，对格氏的理论贡献和当下发展创新做了具体的总结（李双，2019）。

符号学视角下的语义分析包括表层和深层两个互相依赖的体系。其中表层主要涉及形象和形象之间各种联系的交织和对叙事的推动，从而产生意义的效果。语义表层是我们直接通过言语表达和话语感知的成分，它们是在自然世界和人类经验中的具象，拥有形式上的多样性甚至无限性。由各种形象纷繁交错建构起来的意指网络按照一定的变化关系搭建了一个"现实的虚幻"，从而使文学的创作既可以无限地趋向现实，也可以是完全的幻想。因此，形象性研究在文学分析和批评中占有核心的地位，是语义建构的基石。语义深层结构的分析借用化学领域中"同位素"的概念，对一个或多个形象及其在文本中的出现和位移进行抽象化，以此建立的逻辑语义关系保证了文本的连贯性（Greimas & Courtés，1993，p.197）。在文学作品的分析过程中，主题性研究往往与文本语义的深层结构和同位素的提取密不可分。在我们所借鉴的文学符号学研究领域，法国符号学会前主席贝特朗（Bertrand，2000）、瑞士符号学家热内纳斯卡（Geninasca，1997）以及里昂圣经与符号学研究小组（Groupe d'Entrevernes，1977，1985）的贡献可圈可点。

《孔雀东南飞》（后简称《孔》）是汉乐府古典叙事诗歌的杰作，相关研究已经相当丰富（付安，许广州，2003），其中有些分析也借鉴了西方叙事

理论（林宗正，2012a & b），但尚未有从符号学角度展开的分析。本文拟从文本逻辑基础、叙事动能和主人公形象及语义的构建三方面对《孔》进行符号学解读，以期了解《孔》为何能成为"乐府双璧"的代表之作。

二、文本之逻辑基础：亲属关系与二元对立

符号学中的行为者模式在文本主体建构中有着极其重要的作用。《孔》的故事架构可以看成是两个成员对称的家庭之间的矛盾关系。我们能够从文本中的这种家庭成员互动关系中抽离出一个核心同位素："关系"。但是在纷繁的社会组织架构中，"关系"的概念极其复杂，《孔》诗中的关系场域相对有限，集中在亲属关系上。《现代汉语词典》将"亲属"定义为"跟自己有血亲关系或婚姻关系的人"。从血亲关系上看，一边是刘兰芝与兰芝母、兄构成的女方家庭，另一边是焦仲卿与仲卿母、妹构成的男方家庭。从婚姻关系上看，刘兰芝与焦仲卿以及双方家庭按照社会规范组成姻亲关系。

不管是血亲还是姻亲关系，都建立在直系和旁系（间接）关系之上。在女方家庭中，兰芝与其母构成直系血亲关系，兰芝与其兄构成旁系血亲关系。同样的，在男方家庭中，焦仲卿与其母构成直系血亲关系，与其妹构成旁系血亲关系。这种直系和旁系血亲关系也反映在婚姻关系中，焦仲卿和刘兰芝是直接的夫妻关系（尤其是在现代社会，在一般伦理之上还赋予夫妻关系以法律定义），而兰芝与焦母的婆媳关系是非直接姻亲关系。这样一种对称关系结构在整个叙事过程起到了决定性作用，形成了一张人物形象网（图1），也推动着故事冲突的发生、发展与化解。

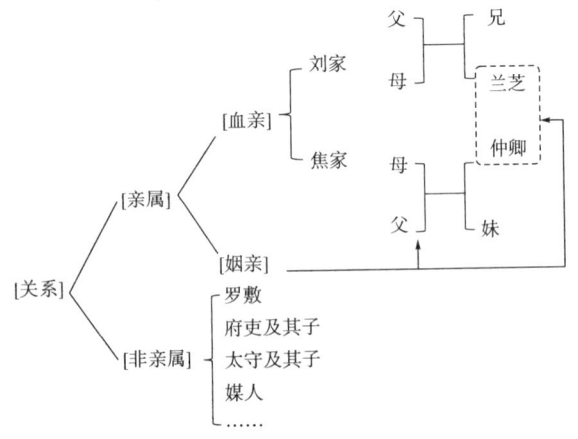

图1 《孔》人物关系网

从叙事结构角度看，上图中的人物关系既可以看成是一一对应的，又可以看成是矛盾冲突的，文中所有主、次要人物都能在上图中找到自己的位置。同时，上图展现了文本结构的逻辑化和精练，以及各种人物在语义关系链上从抽象到具象的转化（从左到右）。我们可以很容易看出一个微型社会关系投在了《孔》诗的话语文本上，并集中展示了亲属（家庭）关系。但是，叙事者并不局限于只通过女主人公刘兰芝的视角来看待社会，而是通过悠悠众口以及叙事者的描述来构建文本整体的意义。

除了时而合作、时而冲突的亲属关系，处在非亲属关系中的人物在叙事和语义建构上也起到了至关重要的作用。他们的非亲属地位应该看成是对建立亲属关系的探求，这一点解释了他们作为话语成分而存在的合法性，以及他们在文本进程中作为不同的行为主体（府吏、太守、媒人）和价值客体（罗敷、令郎君……）的意义。从诗歌的叙事中我们能够看到这些次要人物配合"反主体"（焦母和刘兰芝兄）寻求建立新的姻亲关系，也暗示了兰芝和仲卿最终会分离的事实。在这首叙事诗文本的话语层面，这些非亲属人物是如何发挥作用的呢？首先，焦母驱逐了兰芝，并倾向于选择罗敷成为新的儿媳妇；其次，府君和太守分别遣来媒人为自己的儿子求亲；最后，刘兄劝服兰芝接受对方的求亲，"登即相许和，便可作婚姻"。这样看来，《孔》中的所有人物都可以看作叙事句法（"做"［faire］的范畴）上寻求姻亲关系的行为主体或价值客体，是行为的发出者或接收者（"交流"［communication］的范畴）；需要注意的是，只有兰芝和仲卿是在寻求维持二人的姻亲关系。不同人物寻求维持旧的或建立新的姻亲关系，我们可以将他们的存在方式（"是"［être］的范畴）归纳如下：

（1）兰芝与仲卿的分离（还包括罗敷、府君和太守之子未成婚的状态）让非姻亲人物在建立姻亲关系上处于"潜在"（virtuel）状态；

（2）接踵而至的求亲（府君和太守家）以及焦母对罗敷的评价将寻求建立新的姻亲行为状态变为"现时"（actualisant，或称作"进行"），尽管最终男女主人公通过殉情方式将其彻底否决了；

（3）每个人物都在寻求建立新的姻亲关系或维持旧的姻亲关系上占据一定的叙事角色和语义价值，最终，面对家长施加的压力，只有兰芝和仲卿对关系的维持能被认为是"实现"（réalisé）。

三、叙事之动能要素：权力分配

以上人物关系在叙事进程中不断被突出，他们各自在行为者结构中的位置要求我们对其做进一步阐释。一般来说，文本叙事中最为突出的矛盾就是主体与反主体之间争夺价值客体的矛盾。在此过程中，我们能够发现各人物之间清晰的层级关系。为了厘清这一点，我们可以在同位素"亲属关系"之下，补充一项"支配"范畴，从而获得一组新的二元对立关系："支配"与"被支配"。接下来的分析首先从两位"家长－母亲"（父权的缺失是两个家庭的共同点）开始。

（一）权力支配主体的性别反衬

虽然占据着相同的家庭角色——母亲，但焦母和刘母的地位迥异，反映在叙事语法上，就是身份的不同。焦母专断，处于支配地位，承担着反主体（即发送者）身份，其叙事作用是剥离兰芝和仲卿维持姻亲关系的模态。她一面驱遣兰芝，一面希望儿子再娶。相反，刘母站在女儿一方，起到协助者的作用，两次拒绝了来提亲的媒人。然而她并未在家庭中占据权威地位，即便有心作为兰芝的协助者，也无法改变兰芝兄长对妹妹的影响，只能任凭其接受太守的提亲。这也暗示了刘母在家庭里并不占据如同焦母一样的支配地位。

也就是说，相较于在焦家焦母拥有决定权，在兰芝家，家长是其兄长，他决定了家庭中的各项事宜。这也解释了为什么在离开焦家与仲卿分离之际，兰芝早就预言了结局："我有亲父兄，性情暴如雷。恐不任我意，逆以煎我怀。"此外，兰芝兄指责兰芝"作计何不量"，说新嫁的对象是"否泰如天地，足以荣汝身"，随后女主人公即刻屈服于这家长式的说教，未进行丝毫辩解："理实如兄言。谢家事夫婿，中道还兄门。处分适兄意，那得自任专。虽与府吏约，渠会永无缘。登即相许和，便可作婚姻。"很明显，长兄的介入对于改变兰芝再婚的态度（认知层）起到了关键作用，也决定了后者只能接受太守家的求亲。兰芝兄最后一次话语呈现是兰芝向仲卿解释为何接受再婚："我有亲父母，逼迫兼弟兄。"如果说女主人公对家兄的首次提及主要是性格方面"性情暴如雷"，那么这一次则强调了其"逼迫"行为。

由此可见，不论是在兰芝的婆家还是母家，都存在家庭内部的冲突和矛盾。在婆家，有一位专断挑剔的母亲，她对儿媳妇不满，即便其子对兰芝不舍，也要将兰芝驱离。仲卿对兰芝的捍卫只是让焦母更加气愤以致"槌床便大怒"。在母家，兰芝也处在不利的环境，有一位性情暴如雷的兄弟，一心只想将妹妹嫁与一位社会地位更高的人。我们清楚地看到，在两家的内部，存在一组互相反衬的结构关系：在婆家，男性被支配、女性支配；在母家，男性支配、女性被支配，如表1所示：

表1 婆家与母家结构关系

	被支配	支配
婆家	男性（子）－仲卿	女性（母）－焦母
母家	女性（妹）－兰芝	男性（兄）－刘兄

尽管这种反衬关系在母家常见的是父对女的代际支配，但我们仍认为兰芝兄在与妹妹的关系当中起到了作为家长"父亲"的作用。这符合中国传统文化和道德规范，《孔》诗中两个家庭父亲的缺位也暗示了这点。总而言之，我们可以看到这种母子和兄妹（相当于父女）的支配关系所反映出的早期古典叙事文学中的"俄狄浦斯情结"，以及暗含着的传统中国家庭结构关系。

（二）边缘化的被支配主体

以上的支配关系主要针对的是叙事句法中主体（被支配）与反主体（支配）的分析。我们不禁要问，如何对文本中次要角色进行支配关系分系呢？《孔》中的次要角色主要是婆家的"小姑"和娘家的"阿姥"，而其他非亲属关系如太守、府君或媒人等并不在家庭支配关系之中，尽管这些人在社会支配关系中有着举足轻重的作用。首先，焦家的小姑在行为者结构中既没有参与反主体的叙事程式（建立新的姻亲关系），也没有参与主体的叙事程式（维持旧的姻亲关系）；在语义层面，我们认为将她放在"女性"和"被支配"位置是相对合适的，因为在文本话语层面，她既没有实际行为活动，也没有话语权，处于静默的状态。作为家里的小女儿，她可能如同兰芝一样，无法摆脱家长制下被支配的命运。

在话语层面，另一位次要人物刘母所占据的篇幅要远大于焦家小姑。叙事者首先给读者展现的是一位体贴的母亲，接连两次拒绝媒人具有诱惑力的提亲。如前文所述，此时她起到了"协助者"的作用，在言语上表现有利于兰芝信守与府吏的诺言并维持二人的姻亲关系。可惜的是，即便拒绝了媒人的提亲，她的努力也只是叙事上的"装饰"，并没有改变兰芝的叙事程式，也没有改变反主体（兰芝兄）的叙事程式。看上去，刘母的拒绝行为只是引出了两次地位有区别的社会贤能（府君和太守）的提亲，并为《孔》的整体叙事需要服务（烘托兰芝对权势的不屑，经典叙事结构上属于对主人公的资格考验）。刘兄的介入改变了兰芝的模态，使其从"相信"和"应该"维持与仲卿的姻亲关系转向"不相信"和"不应该"，从而推动叙事进程向着女主人公毁灭的方向发展。在语义层面，兰芝母亲的角色与焦家小姑的角色相似，可以被归入"女性"和"被支配"的行列。

（三）主体支配关系的隐秘与化一

最后，我们需要分析处于整个文本话语层面核心的关系：仲卿和兰芝的关系。两人的关系首先建立在"联姻"的规约之上，这是在文本叙事开始之前就默认的，而在叙事过程中不断被提醒和召唤。从语义上看，兰芝与府吏仲卿之间的亲属关系也需要通过"支配"范畴进行审视。棘手的是，二人的支配关系并不明显，没有谁胜于谁的体现。从《孔》诗的第一句到府吏得知兰芝即将再婚的消息，叙事者一直呈现的是两情相悦的爱情关系：两人可被看作"合二为一"的主体。在文本的开始，仲卿就因为兰芝被遣而与母亲争执，并表明了"终老不复娶"的态度；陪伴兰芝回娘家的过程中，仲卿许诺"还必相迎娶"；面对能够"荣汝身"的提亲，兰芝也信守承诺，一再拒绝……在叙事进程中的确有对两人姻亲关系的不断聚焦。两个主体之间不是支配与被支配的关系，二者真正的冲突出现在仲卿得知兰芝"背叛"时。这次短暂且单一的矛盾最后以许下新的赴死诺言而结束。在最后告别之际，两位主人公回到了无法割舍的关系当中，叙事者如此描述该场景："举手长劳劳，二情同依依。"

通过以上对文本中亲属关系的分析与阐释，我们主要集中展示了支配范畴下人物之间支配和被支配的二元关系。即便是对并没有明显权力区分的兰芝和仲卿，我们也可以通过上述两极的矛盾项，来展示他们在"支配"语义轴上的关系，即"非支配"和"非被支配"。也就是说，就支配范畴，我们可以建立一个包括四个极点的符号学矩阵，其中"支配"和"被支配"的对立关系是主要的、显性的、最易感知的。因此，我们可以对《孔》的"亲属关系"这一主题层核心同位素进行总结，得出图2，它包含了这首叙事诗中两个家庭所有人物之间的主体关系：

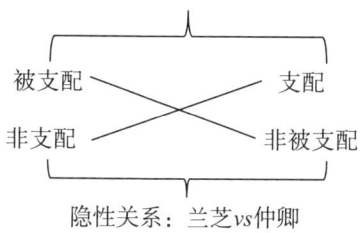

图2 《孔》亲属关系中的支配矩阵

四、主人公的形象和语义建构：传统与反叛

不难看出，《孔》围绕名叫刘兰芝的年轻女性展开，时间和空间分别定格在建安年间的安徽庐江府（根据诗前"序曰"）。文中主要的社会和家庭人物关系以及叙事进程都以兰芝为中心：她是行为主体也是感知主体，既是其他人物行为的对象，也是被感知的对象，因而从未真正离开过叙事舞台，是她将其他人物串在了一起，使得叙事逻辑清晰，语义明确。此外，她的舞台中心位置没有突出其他人物的作用，同时，得益于后者的存在，女主人公的形象变得极为复杂和丰富。该叙事诗可以看成由驱遣导致的悲剧，而最终以男女主人公合葬结束。刘兰芝在整个过程中承担了女性在家庭中的三重角色，她的物理位移将整个叙事切分成三个既独立又相关的空间，而读者则代入兰芝的角色来获得情绪上的共鸣，并通过她的视角来感知世界。

（一）兰芝传统人物身份的体现

首先，刘兰芝在家庭中的角色是如何体现的呢？她作为女主人公的身份资格考验是如何一步步完成的？故事一开始，女主人公兰芝就向其夫——府吏仲卿抱怨"君家妇难为"。这一节开篇短短20行（第3—22小句）诗句通过兰芝之口概述了她自己在家庭中的三个身份：女儿、儿媳妇和妻子。三个身份对应了不同的行为形象，可以在《孔》接下来的段落里找到对应的描写和叙述，并且或多或少有所拓展。整体上看，诗歌的第一节（兰芝的诉苦）可以划分为四个小节，其中前三节和第四小节构成因果关系（表2）：

表2 《孔》第一节结构分析

原因			结果
A（3—8句）	B（9—12句）	C（13—18句）	D（19—22句）
十三能织素 十四会裁衣 十五弹箜篌 十六诵诗书 十七为君妇 心中常苦悲	君既为府吏 守节情不移 贱妾留空房 相见常日稀	鸡鸣入机杼 夜夜不得息 三日断五匹 大人故嫌迟 非为织作迟 君家妇难为	妾不堪驱使 徒留无所施 便可白公姥 及时相遣归

从叙事句法的角度来看，诗的第一节，女主人公就对叙事程式（维持联姻）所应具有的模态进行限定："不想要"为君妇（D小节），但"知道"如何为君妇（A小节）（暗指兰芝具有"能够"模态）。因此一进入文本，叙事者就开始了主体模态的构建，从而进行经典叙事模型中的资格考验，使女主人公具备相应的模态能力（除了"想要"）。兰芝"能织素""会裁衣""弹箜篌""诵诗书"（A小节），这些是古时女子13—16岁学习的技能，从行为形象来讲，我们明显感到她是在学习做一名"君妇"。接下来的B小节清楚地说明她为"君妇"的生活状态。府吏忙于官家的工作，几乎日日不得在家，独留女主人公守着空房。至于作为儿媳的身份，兰芝日夜辛劳，也无法避免焦母的苛责（C小节）。因此，"妾不堪驱使"，与其在婆家受责罚，不如归还母家（D小节）。从以上的经历来看，我们读到和感受到的是女主人公受了良好教育，在婆家长期独处、勤俭持家却不被婆家认可。用叙事符号学的理论来解读的话，她的教育和勤俭使之"知道"和"能够"为君妇。而相反，独处和不被认可使兰芝"不想要"留在焦家。男女主人公"分离"的叙事程式就此开始，预示了兰芝悲剧性的结尾。之后的文本要么对这段再次重复和确认，要么进一步展开。

比如，兰芝13—16岁的学习又经其母亲之口重复（第156—161句），语义上得到加深，也引出了刘母对兰芝被婆家遣归的不解。一些文本信息也暗示了为何兰芝离开仲卿，如前文所述，日夜的独处加深了女主人公的忧虑，成为她希望被遣的理由之一。但后续文本并没有进一步展开说明，而是从另一角度对9、10两句进行呼应，说明府吏工作非常繁忙："卿但暂还家，吾今且报府，不久当归还，还必相迎取""誓不相隔卿，且暂还家去；吾今且赴府，不久当归还，誓天不相负""还家十余日，县令遣媒来""府吏得闻之，因求假暂归"。这些诗句都潜在地说明兰芝独处的遭遇，而缘由正是仲卿为府衙工作所累，无法脱身。仲卿承诺"不久当还归"，现实情况却是兰芝还家十余日，而后经历两次提亲甚至开始筹办婚礼，府吏依然没能来"相迎娶"，直到得到了兰芝要再婚的消息，才"因求假暂归"。这种持久的夫妻分居状态可以看作兰芝意愿模态消弭的"进行时"。与此同时，还不能忽视兰芝在婆家不堪驱使的状态。兰芝"奉事循公姥，进止敢自专？昼夜勤作息，伶俜萦苦辛"，换来的只是焦母对她"此妇无礼节，举动自专由"的批评。这就构成了女主人公"不想要"留在焦家的第二个因素。焦母的不满不仅体现在言语表达上，也体现在她的行为（第51—54句）和情绪（第49、50、105、106句）上。兰芝究竟如何呢？仲卿试图捍卫妻子，认为她"举止无偏斜"，兰芝也自认"谓言无罪过，仍更被驱遣"。兰芝上堂与公姥告别时的言行举止知书达理，再加上她本身受过的诗礼教育，使得焦母对她的指责可信度大大降低（这涉及认知层面的分析，限于篇幅，只能另文再述）。

（二）主体人物的客体化过程

到目前为止，我们在解读过程中都将兰芝看成具备各种模态的行为主体，但权力/支配关系和交际结构使我们不得不从另一个角度看待兰芝的身份。在格雷马斯符号学矩阵中，价值客体原则上暗示着另外两个行为者的存在：发送者和接收者。发送者与主体（叙事主角）建立契约，在后者完成任务后给予奖励（物质层面）或认可（认知层面），并将价值客体移交给接收者；通常主体（叙事主角）同时承担着接收者的角色。然而，《孔》的交际结构系统异于常态，文本反主体的叙事程式（分离）将两个主人公一方面变成了接收者，另一方面变成了可以用来交易的价值对象。后者在文本中显得尤为突出，并且成为体现处于支配地位和被支配地位人物关系的重要标志。

在前文的介绍中，占据支配地位的人物主要是反主体，包括焦母和兰芝兄，他们目标一致，要将男女主人公拆散，并为他们各自指配一位新的婚姻对象。从叙事语法来看，的确，两位主人公成为"分离"叙事行为的受益者，他们即将可以"接收"新的婚姻对象。然而，需要注意的是，这种解读方式是片面的，也掩盖了发送者/反主体行为的实质。事实上，与受益者/接收者身份恰恰相反，男女主人公在这场看上去"划得来"的交易中成了物质客体或者说是牺牲品，他们自身在作为集合主体（sujet collectif）——家庭的交易关系中成了可以交换的价值对象。作为反主体的家庭权威，通过使处于婚姻关系中的兰芝和仲卿分离，他们成为真正的主体行为受益者/接收者（如提升家庭社会地位、光耀门楣等）。

刘兰芝被驱遣之后，立刻成为府君和太守潜在的儿媳妇（关于这点文本并未直接点明，但接踵而至的提亲似乎证明了），他们在兰芝"还家十余日"就差遣媒人说亲，试图建立姻亲关系："新夫"具备吸引人的条件（年轻、美貌、家世显赫），使得这场新的联姻更像是一场物与物的交换，而兰芝也在这样的语境之下被物化、价值化。刘兄不仅"心中烦"，劝说兰芝接受提亲的话语说得更加露骨："先嫁得府吏，后嫁得郎君。否泰如天地，足以荣汝身。"关于结亲的回报，文本细致描述了太守家迎亲队伍场面的宏大，而另一边却是兰芝"阿女默无声，手巾掩口啼，泪落便如泻"。在仲卿一方，主体的物化或客体化也很明显。焦母在驱遣兰芝之前，就已经想到了儿媳妇的替代者——邻居家的女儿罗敷，"东家有贤女，自名秦罗敷。可怜体无比，阿母为汝求"。更有甚者，诗歌结尾处，在仲卿向母亲明示自己要追随兰芝殉情的情况下，焦母依然不忘提醒儿子："汝是大家子，仕宦于台阁。慎勿为妇死，贵贱情何薄。东家有贤女，窈窕艳城郭。阿母为汝求，便复在旦夕。"总而言之，在处于支配地位的反主体（也就是家庭权威）眼中，儿女不过是能够给家族带来各种利益的可以交换的客体对象。

进一步来看，文章中的次要人物（太守之子、府君之子、罗敷等）难道不也是处于"被交换"的位置，也是家庭乃至社会关系语境下更宏大的叙事程式中潜在的价值对象吗？他们的命运如同兰芝一样，已经在压迫性的家长制社会文化中被预先决定了。从这一点来看，《孔》的叙事结构更像是在建构一组发送者和接收者（受益者）的关系，并且在叙事进程中不断解构行为主体。图3能够更好地展示文本中行为者实质关系（身份）的转换，以及对人物语义价值的影响：

焦母、刘兄：反主体（发送者）————→接收者/受益者
兰芝、仲卿：主体————→价值客体

图3　《孔》行为者关系转换结构

或许一部分人认为在《孔》中被支配者能够根据"性别"语义轴区分为不同的角色，因为根据文本话语层面的体现，男性人物并没有女性人物那么价值化、客体化。几个行为主体求取的价值对象突出的是兰芝，并可能影响到罗敷，而一旦新的姻亲关系能够建立，府君和太守的儿子或仲卿将会被"分配"到一位女性价值对象。也就是说，在这种叙事句法中，男性人物是接收者/受益者。然而在我们看来，并没有足够的证据表明男性人物要比女性人物在这场"物物交换"中处于更加有利的位置。我们更加倾向将处于家庭中被支配地位的儿子或女儿看成一个具有同质性的整体，他们是处于代际关

系中被支配的人物（一代）。好像唯一能够使他们摆脱这种局面的只有等待自己也成为"家长"。

同样需要讨论的问题就是在家庭中处于不同地位的两位母亲。在驱遣兰芝和让兰芝再嫁两个重要情节中，焦母和刘兄分别表现出拥有决定权的身份与地位。除了前文中的分析和解读，即对称的人物关系和不对称的权力分配（性别），能否找到其他原因来解释为何一位母亲在家专横而另一位却没有权力？我们认为还有一种可能，就是一些批评家指出的兰芝和仲卿夫妇"无子说"。没有孩子的现实使男女主人公将成婚后的家庭权力让渡给了焦母（或者反过来说焦母未让出家庭权力给婚后的男女主人公）。而在兰芝的母家，儿子有子（文本话语并未真的提及这一点），从而将本属于母亲的家庭权力占为己有，拥有决断权并占支配地位。以上原因，尽管只是种假设，却实可解释两家的母亲和儿子为何分别扮演了不同的叙事句法角色，拥有不同的语义价值。此外，正如前文所分析的，文本提及了主人公兰芝作为女儿、儿媳妇和妻子的三重家庭身份，唯独没有显示其作为母亲的身份，很难想象这只是叙事者的疏忽。我们将这种解读和假设提供在此，相关的讨论是开放的。

（三）兰芝主体性的展现与悲剧的根源

以上的分析都围绕女主人公兰芝的人物形象和家庭角色进行，并将她作为子女的角色突出，证明她在家庭交际中被转化为价值客体。接下来我们需要将兰芝看成具备认知能力的独立行为主体，来分析这个人物的语义建构。首先，我们关注兰芝的叙事程式在整个文本中的体现，尤其是要把兰芝被焦家驱遣和叙事高潮阶段的殉情看成两次"放弃"行为：第一次是放弃与仲卿结合的状态，第二次是放弃生命。但是否要将两次"放弃"行为理解成对被支配地位的接受和对家长制的屈服呢？如果答案是肯定的，那她为什么要选择"举身赴清池"的极端方式呢？因此，从叙事情节的角度来看，《孔》这首建安年间的叙事诗与众不同之处并非子女在家长权威面前的屈服，相反，其重大意义体现在对女主人公反叛性格的凸显和勾勒上。一旦兰芝作为认知主体的地位确立，她的死就可以看作接连不断的"危机"引起的令人惋惜的悲恸结局。

从诗歌一开始，兰芝就作为行为者主体开启了"自我驱遣"的叙事程式，她是话题的直接"挑起者"（或承担者）。的确，如前文所述，是她先向丈夫陈述自己的遭遇，目的是让丈夫有所行动（第21—22句），甚至是让焦母有所反应，因为她无法忍受在婆家的生活。与其在焦家忍气吞声，屈服于焦母的专横，她不如离开。第一部分兰芝对仲卿的自白有理有据，也不失作为妻子和儿媳妇的传统规范，一位具备强认知能力的女性主体形象跃然纸上，并主导了接下来的叙事。接下来男女主人公在分别之际发出的誓言也是认知上的契约，使得二人继续处于隐性结合的状态。文本叙事到此，我们可以看到兰芝一直是自身命运的主导者，不仅如此，在面对焦母时她的言语表现甚至还有些"挑衅"的意味。为了表明自己的"知礼节"，并无"自专由"，以及为了以"精妙"之姿离开婆家，她早起"严妆"与焦母告别，在感知层面产生了极其丰富的效果。此外，兰芝对生命的放弃也是对家长制权威的反叛甚至挑战。诚然，如同叙事者在诗歌结尾处提醒的"戒之甚莫忘"，女主人公的极端行为并非可取，亦非模范。以殉情的方式结束生命的确反叛，因为对身体和生命的摧毁就是对权威的拒绝、对权力的否定，也是对自我的释放和对言语行为（誓言）的忠诚。然而，我们也不能把誓言当作导致生离死别的唯一因素。女主人公的殉情在形象层体现为三次主体间的冲突危机，即她分别在三个不同的时空领域的经历。这种导致自我摧毁的心理状态不是一蹴而就的，而是在叙事过程中逐渐形成的，具体来说是叙事者通过篇章安排，展现主人公的心理冲突，心理冲突引起情感上的冲动，进而造成主体的死亡。值得注意的是，三次矛盾冲突在语体上有着不同的标记。

第一次冲突是在兰芝的婆家发生的，女主人公忍受着独处和婆婆的跋扈。虽然我们解释过是兰芝主动提出"驱遣"的，但她这种"心中常苦悲"和"不堪驱使"的状态由来已久。诗文第8句中副词"常"明确指出了她长期的心理状态。从婆家到自己的母家，女主人公的状态并没有像我们期待的那样有所好转。母亲对女儿被遣的不理解，接连上门提亲的媒人还有兄长的劝说和介入，这些因素使兰芝无法信守与仲卿的诺言。一而再再而三的"催婚"可标记为"重复体"，面对传统社会文化的规约而无法一直采取拒绝态度的兰芝最终接受了提亲，这是第二次冲突。最后一次冲突发生在兰芝和仲卿之间。仲卿得知兰芝再嫁，连忙"求假暂归"，兰芝出门"相逢迎"。二人的矛盾冲突是即性的，情节转换迅速，仅仅一轮对话之后就有了"黄泉下相见，勿违今日言"的誓言（认知契约）。"生人作死别"，我们等待的只能是最后一刻男女主人公殉情明志，表达对誓言的坚守。以上三次冲突和女主人公的心理矛盾展示了兰芝分别和婆家、母家还有丈夫的主体间对立，每一次冲突被不同的语体标记，可以总结如表3：

表3　《孔》的三次冲突

冲突空间	婆家	娘家	家外
动作或状态	持续体	重复体	及时体

除了以上矛盾，还要注意的是叙事者在整个叙事过程中不断地以全知视角描述或通过某一人物讲述，来展现女主人公兰芝的品质。看上去兰芝的优点和品质不仅没有带来任何她所期望的价值客体，也没有帮助她维持住焦家儿媳妇的地位。这种在社会关系中良好的行为和不好的对待最终引发了她心理上无法忍受的状态，并剥夺了她应有的"维持联姻"和"珍惜生命"的叙事模态，最后酿成悲剧。

五、结语

对文学经典的解读是文学批评的重要内容，我们在本文中采取的方法学是以格雷马斯普通符号学为基础的文本语义分析。《孔》语言的丰富性借助符号学理论得以彰显，内涵得以确立，逻辑关系得以明晰；全诗在叙事安排上有章可循，有法可依，而不是言语的简单堆积。相较于以往的《孔》诗分析着力于女主人公对爱情的忠贞和对家庭的屈服，我们的解读可以最大限度将细节串联，并从整体来看待《孔》文的语义逻辑和美学价值。

诚然，我们提供的仅是《孔》语义分析的冰山一角，是在提取"关系"这个语义同位素后对形象层和主题层的分析实践。然而，尚有其他角度的分析等着我们进一步探索，如文本中的认知冲突、人物关系之间物理空间和主体间性的联结等。此外，除了语义层面的分析，我们还可以从后格雷马斯时期取得重要进展的情感符号学角度展开讨论，探讨文本作者如何将人物的激情、情感和感知传递给读者。总之，本文只是格雷马斯符号学理论建构下对一个文本细节的实践分析，是我们试图更加贴近这篇文学经典的意义建构的推演。同时，对叙事诗歌的解读也展示了符号学理论的强大解释力，对于构建新时期我们自主的符号学理论体系应有启示作用。

引用文献：

付安，许广州（2003）. 诠释与衡定：《孔雀东南飞》百年研究综述. 湛江师范学院学报，1，77–83.

怀宇（张智庭）（2019）. 法国符号学研究论集. 北京：北京大学出版社.

李双（2019）. 格雷马斯在今天：结构的未来. 语言与符号, 4, 133 – 140.

林宗正（2012a）. 抒情下的叙事传统：《孔雀东南飞》的聚焦叙事与书写. 中山大学学报（社会科学版）, 6, 20 – 33.

林宗正（2012b）.《孔雀东南飞》的系列结构与中国叙事诗的书写传统. 中国文学研究, 1, 29 – 47.

Bertrand, D. (2000). *Précis de Sémiotique Littéraire*. Paris: Nathan.

Bordron, J. – F., & Bertrand, D. (2019) Introduction. In Anne Hénault (Ed.). *Le Sens, le Sensible, le Réel*. Paris : Sorbonne Université Presses.

Fontanille, J. (2017). La Sémiotique de Greimas: un Projet Scientifique de Long Terme, *Semiotica*, 214, 91 – 110.

Geninasca, J. (1997). *La Parole Littéraire*. Paris: Presses Universitaires de France.

Greimas, A. J. ([1966] 2015). *Sémantique Structurale: Recherche de Méthode*. Paris: Presses Universitaires de France.

Greimas, A. J., & Courtés, J. (1993). *Sémiotique. Dictionnaire Raisonné de la Théorie du Langage*. Paris: Hachette Supérieur.

Groupe d'Entrevernes(1977). *Signe et Paraboles: Sémiotique et Texte Evangélique*. Paris: Seuil.

Groupe d'Entrevernes(1985). *Analyse Sémiotique des Textes. Introduction, Théorie, Pratique*. Lyon: Presses Universitaires de Lyon.

作者简介：

李双，博士，天津外国语大学法语系讲师，教育部高校国别和区域研究基地（备案）法国研究中心专职研究人员，研究兴趣主要为普通语言学与符号学、法国符号学理论与实践。

Author:

Li Shuang, Ph. D., lecturer in the French Department of Tianjin Foreign Studies University, full-time member at French Research Center for National and Regional Research Bases of Ministry of Education. His research interests are general linguistics and semiotics, French semiotic theory and practice.

Email: alain0629@126.com

广义叙述学

从叙事文学研究到文学史叙说：乔国强叙事学研究的拓展

江守义

> **摘　要**：乔国强的叙事学研究，从叙事文学研究开始，逐步拓展到叙事理论思考和文学史叙说。在叙事学研究扩展的过程中，叙事文学研究、叙事理论思考和文学史叙说是交错进行的，在研究中共生发展；但从逻辑上看，文学史叙说是以叙事文学研究、叙事理论思考为基础的。其叙事文学研究，以美国犹太叙事文学研究为主；其叙事理论思考，主要是宏观思考、术语辨析和对中国叙事学的关注；其文学史叙说，则借助叙事学方法来研究文学史的叙事原理。文学史叙说在当前的叙事学界独树一帜，是中国叙事学界对国际叙事学界的一份贡献。
>
> **关键词**：乔国强，叙事研究，文学史叙说

From Narrative Literature Research to Narration of Literary History: The Expansion of Qiao Guoqiang's Narrative Research

Jiang Shouyi

> **Abstract**: Qiao Guoqiang's narrative research begins with narrative literature and gradually expands to narrative theoretical thinking and the "narration of literary history". In the process of expanding his studies

of narration, narrative literature research, narrative theoretical thinking and the "narration of literary history" are conducted and developed in an interlaced and symbiotic way. His study of the "narration of literary history" is logically based on his research on narrative literature and narrative theoretical thinking. His narrative literature research focuses on the study of American Jewish narrative literature, and his narrative theoretical thinking mainly includes macroscopic thinking, terminology discrimination and concerns with Chinese narratology. His research on the narration of literary history, which focuses on the narrative principle of literary history, is unique in current narrative studies and contributes to Chinese narrative and to the international narrative field.

Keywords: Qiao Guoqiang; narrative research; narration of literary history

DOI: 10.13760/b.cnki.sam.202101016

在中国叙事学界，乔国强的叙事学研究起步不算早，与20世纪80年代开始叙事学研究的赵毅衡、谭君强等前辈学者相比，差不多晚了近二十年。从其学术经历看，2005年他对申丹的访谈以及该年11月在华中师范大学召开的"第二届全国叙事学研讨会暨中国中外文艺理论学会叙事学分会成立大会"，或许是乔国强有意识地进行叙事学研究的开始。他此前的叙事文学研究主要集中于美国犹太叙事文学，尤其是马拉默德、贝娄、辛格三位主流犹太作家的作品，此后的叙事研究，除了继续深化美国犹太叙事文学研究，主要有两方面的拓展：一是对叙事学相关理论问题的思考；二是从叙事学角度来研究文学史，套用他自己的话，可称之为"文学史叙说"。就其叙事学研究成果看，"文学史叙说"无疑是他最突出的成就，在当前的中西叙事学界独树一帜。总体上看，不妨将其叙事学研究历程概括为：从叙事文学研究到"文学史叙说"。

一、对叙事学相关理论问题的思考

乔国强的美国犹太叙事文学研究主要集中在作品研究、作家研究和犹太叙事文学的宏观考察三个方面。这三个方面的研究除了让他对具体的叙事文本有切实的体会，还体现出两方面的特点。其一，从叙事文学的主题研究转移到自觉的叙事学研究，20世纪90年代他对马拉默德和贝娄的研究就是典型的主题研究，2007年的英文论文《美国犹太小说中的两种基本人物类型》则体现出其自觉的叙事学意识，此后的犹太文学研究中，这种自觉的叙事学意识一直存在。其二，他在犹太叙事文学的研究中形成了一种历史意识，不仅关注犹太小说中人物的成长史，还能从小说中看出作者的写作史，指出《贝拉罗萨暗道》是小说作者贝娄晚期创作的转折点（2010，p. 89）；甚至能借助小说研究让某一段历史明晰化，借助对《房客》的分析，让美国犹太学者欧文·豪和黑人作家拉夫尔·埃里森关于黑人文学争论的历史明晰起来（2004，pp. 25 - 30）。从犹太叙事文学研究中培养起来的自觉的叙事意识和历史意识，促进了乔国强对叙事学相关理论问题的思考。

乔国强对叙事学的理论思考始于2005年他组织的那次会议。次年5月他主编的会议论文集《叙事学研究》出版，收录了他本人和张甜合写的《叙事学与作为文化力量的叙事学研究》。该论文集中的其他论文大多是文本解读，相比之下，他一开始介入叙事学研究就显得视野开阔、气势不凡。在《叙事学研究》的"编后"中，他指出叙事学研究是"一个不断整合、完善，充满动态、甚或可能产生变异"（2006，p. 488）的过程。在这样一个过程中，乔国强本人对叙事学相关的理论问题也展开思考。这些思考大致包括三个方面：一是对叙事学理论的宏观思考，二是对叙事学术语的辨析，三是对中国叙事学的关注。

与很多国内叙事学研究者从具体的叙事形式开始叙事学研究不一样，或许是因为诸多学者对叙事形式已经有了较充分的研究，2005年乔国强开始步入叙事学的理论研究时，就不再胶着于叙事形式，而是跳出叙事学来看叙事学，从一开始就展开对叙事学理论的宏观思考：既有对叙事学作为一门学科的思考，也有对叙事学研究的思考。

就叙事学作为一门学科的思考看，他一方面对叙事学的跨学科特性有所认识，并就包含此问题在内的一系列叙事学问题和西方学者展开对话，另一方面就经典叙事学和后经典叙事学的区分发表自己的看法。

在《从移植到融合：叙事学的跨学科模式》一文中，乔国强从界面研究出发，对叙事学的跨学科模式提出自己的看法。他从叙事学的发展情况出发，将跨学科模式区分为三种：移植模式、渗透模式和融合模式。移植模式是单向度的平行移植：用结构主义语言学的方法来研究叙事作品。渗透模式是双向的相互渗透：一方面，其他学科向叙事学渗透，出现了新历史主义叙述研究、女性叙述研究、后殖民叙述研究等交叉研究；另一方面，叙事学本身也从文学领域向其他领域渗透，叙事学的一些术语、方法被运用到绘画艺术、影视艺术、大众传媒等领域。融合模式则是多向度的相互融合：叙事学与众多相关学科在知识、方法、研究手段等方面相互交融，形成了一种"你中有我，我中有你"的超越学科界限的跨学科研究态势，如文化空间研究等。从乔国强论述的叙事学的三种跨学科模式看，它们的出现与叙事学的发展历程之间有大致的对应关系，但作为模式，它们又是可以并存的。移植模式是从语言学移植到文学，文学本来就是语言的艺术，移植模式的跨学科特性因而并不明显；渗透模式、融合模式出现后，叙事学的跨学科特性就非常明显了。

对叙事学学科性质的思考，在乔国强和普林斯的谈话中再次得到彰显。在翻译出版普林斯的《叙述学词典》（和李孝弟合作）后，他对普林斯做了一次访谈，讨论"作为一门学科的叙述学"。访谈双方对叙事学的跨学科特性达成共识："所有新兴的，限定性的或复合性的叙述学（包括认知叙述学，后殖民叙述学和动物叙述学）都应该归于一种综合性的、连贯的、系统性的叙述学，用于解释所有的叙述并只用来解释叙述。"（2012，p. 113）虽然是访谈，但作为采访者的乔国强并不是只提出问题来让普林斯回答，在提问—回答这一访谈形式的表面下，隐藏着乔国强自己对叙事学理论的思考。对话中乔国强抛出来的问题主要有：《叙述学词典》为什么没有区分"经典叙述学"和"后经典叙述学"？叙述语法的研究方法主要是演绎还是归纳？叙述学是否根本就不存在界限？叙述学适用于文字之外的其他形式的"叙述"，是后经典叙述学的延伸，还是相对更加独立的叙述学？他还指出费伦的隐含作者和真实作者存在"脱节"问题，中国古代的"叙述/叙事"和英语世界的"叙述/叙事"的最初用法有异。（2012，pp. 110 - 114）乔国强在对话中提出来的问题和表达的观点，对叙事学作为一门学科来说都是十分重要的。

对作为学科的叙事学来说，一个绕不过去的问题是经典叙事学和后经典叙事学的关系问题。乔国强对这个问题的认识有一个逐步深入的过程。2005年在与申丹做访谈时，他指出："在西方经典叙事学中，'叙事诗学'占据了主导地位，而在后经典叙事学中，'叙事批评'则占据了相当重要的地位。"（2005，p. 8）这是学界通行的观点。2014年的文章《叙述学有"经典"与"后经典"之分吗？》则明确反对经典叙事学和后经典叙事学的区分，理由有三：一是从后经典叙事学的界定来看，它并没有完全脱离"经典叙事学"；二是从皮亚杰所说的结构具有"自身调整性"来看，后经典叙事学与经典叙事学的诸多差异，其实都是叙事学这个"群"自身所进行的一些转换和调整的结果；三是赫尔曼所说的经典叙事学的"四宗罪"经不起推敲。他由此得出结论:"叙述学这种基于形式研究的独立学科无论发展到何种田地或向何处发展,它都还是寄寓于'结构主义'的框架之内,至少无法摒弃'结构主义'的基本研究方法。"(2014,p. 214)乔国强反对经典叙事学和后经典叙事学的区分,或许与他和吴春英合作翻译的皮埃尔的《法国存在后经典叙述学吗?》有关。皮埃尔的文章指出,通常所说的"后经典叙事学"发生在英语世界,法国不存在英语世界的"后经典叙事学"(皮埃尔,2012,p. 37)①。或许受到皮埃尔文章的启发,乔国强进一步认为叙事学不应该有经典和后经典之分。他指出的三个理由固然不错,但不足以推翻经典叙事学和后经典叙事学的区分。第一个理由,后经典叙事学没有完全脱离经典叙事学,这没有错。如果认同叙事学是从结构主义中产生的,那么离开结构主义就没有叙事学。经典叙事学拘囿于结构主义,后经典叙事学打破结构主义藩篱,但打破结构主义藩篱不代表抛弃结构主义,区分经典叙事学和后经典叙事学,本来就没有让后经典叙事学完全脱离经典叙事学的意思。第二个理由,结构的"自身调整性"决定了后经典叙事学和经典叙事学都是一个"群"内的,这也没有错,但经典叙事学、后经典叙事学都没有离开叙事学这个"群"。第三个理由是赫尔曼所说的经典叙事学"四宗罪"经不起推敲,"四宗罪"或是经典叙事学和后经典叙事学所共有,或是对经典叙事学的强加之罪,这也没有错,但如果明白了第一点,经典叙事学和后经典叙事学所共有的"四宗罪"就并不意味着不能区分经典叙事学和后经典叙事学。

就对叙事学研究的思考看,乔国强在武汉的会议上提交的论文《叙事学与作为文化力量的叙事学研究》显示了他关于叙事学研究的创见,主要有三。一是将"对叙事学理论的深层探讨或者对叙事学理论的实际运用"看作"本体论层面的叙事学研究"(2006,p. 37),其中,最值得重视的当是他对中国叙事学不足的反思:"中国叙事理论的建设在很大程度上忽视了与汉语语言研究之间的沟通……从而导致拘囿中国特色的叙事理论建设多多少少存在若干先天不足的缺陷。"(2006,pp. 41-42)二是将叙事学研究放在文学领域中考察,通过对外国文学研究的五大核心期刊的统计数据,得出一个结论:叙事学研究在文学研究中占据越来越重要的位置,这体现出叙事学作为

---

① 乔国强在对普林斯的访谈中说:"在长沙会议上,约翰·皮尔(John Pier,[即皮埃尔])教授对经典和后经典叙述学进行了很有意思的演讲。"但总体上看,皮埃尔并不反对经典叙事学与后经典叙事学的区分。在2011年10月长沙举办的"中国中外文艺理论学会叙事学分会第三届国际会议暨第五届全国叙事学研讨会"上,皮埃尔演讲的题目是《关于经典叙事学和后经典叙事学的若干思考》,明确表示"对经典叙事学与后经典叙事学的划分是极为有效的"(John Pier,2013,p. 17)。

一种批评方法对文学研究的贡献。三是将叙事学放在整个社会中考察，认为它可以成为一种文化力量："叙事学在影响我们认知方式的同时，还从解读方式上影响我们惯有的思维方式。"（2006，p.49）从乔国强对叙事学研究的思考来看，他没有在叙事学具体的方法策略上纠缠，而是跳出叙事学界，将叙事学放在学术界乃至社会生活中加以审视，这样可以避免因亲近叙事学而产生偏见。

叙事学之所以有强大的活力，与其自成一体的理论术语有关。对叙事学术语的辨析，是乔国强对叙事学理论思考的另一方面。他在《叙述学词典》的"后记"中提到翻译这本书是断断续续完成的，最主要的原因就是"思考那些看似简单实则颇令人困惑的术语"，并剖析了对书名中的"narratology"是翻译成"叙事学"还是"叙述学"的纠结（普林斯，2011，pp.289-290）。此外，乔国强还对"隐含作者"这一术语进行了深入思考。"隐含作者"本来就是一个复杂的问题。布斯当年提出这个术语时，既坚持自己所属的芝加哥学派的修辞学用意，强调隐含作者是真实作者的第二自我，又照顾到当时如日中天的新批评——隐含作者是隐含在文本中的作者，显然迎合了新批评的文本细读。是从真实作者角度来理解隐含作者，还是从文本阅读角度来理解隐含作者，是修辞性叙事学和认知性叙事学在隐含作者方面的根本差异所在。就乔国强的辨析看，他基本上是认同修辞性叙事学的相关见解的，但有所拓展。虽然他在与普林斯的访谈中，对普林斯所说的"隐含作者是读者根据文本重构出来的作者形象"（2012，p.111）表示赞同，但这主要是访谈时一种礼仪性的表态。早在访谈前四年，他就对"隐含作者"有了深入思考。《"隐含作者"新解》一文在指出布斯只看到"真实作者与隐含作者之间的单向关系"的不足之后，总结说："就其内涵而言，隐含作者除了是真实作者所创造之外，至少还应该有三层含义：其一，它与真实作者间的关系是双向的和互动的；其二，它是由真实作者和真实作者所处的环境或所受的社会影响共同构成的；其三，它是读者在阅读过程中最终还原、构成的一幅图景。"（2008，p.25）就这一总结看，乔国强既认同隐含作者是真实作者创造的，又说读者在阅读过程中还原出隐含作者形象，将修辞性叙事学和认知性叙事学关于隐含作者的见解融合在一起，但他认为真实作者眼中的隐含作者和读者眼中的隐含作者很难一致。乔国强对"隐含作者"的新解主要体现在总结中的前两点。就第一点看，他借玛丽安·埃文斯使用男性笔名乔治·爱略特的经过，说明"读者对真实作者和隐含作者的相互影响"（2008，p.25）；就第二点看，他借普拉斯写作《巨像》的过程，说明"隐含作者不只是真实作者普拉斯一个人,而是由多个人共同构成的一个集合"(2008,p.26)。通过这两方面的拓展,乔国强认为布斯将作品中的作者形象归结为隐含作者,将日常生活中的作者视为真实作者,过于简单;进而指出,布斯受新批评影响,强调隐含作者"对文本的依附",从而让自己的格局"显得较为狭小"(2008,p.29),这颇有见地。如果将隐含作者理解为当读者面对作品而不知道作品因何创作、如何创作、是谁创作时从文本中读出来的那个作者形象,那么,当隐含作者形象建构出来后,读者又自然想知道作品因何创作、如何创作、是谁创作,以便进一步理解作品,这或许是隐含作者的本意所在。就此而言,乔国强的总结多少都可以得到验证,虽然在理论上修辞性叙事学和认知性叙事学难以调和。

乔国强对叙事理论的思考还体现在他对中国叙事学的关注上,大致有两个方面:一是以不同形式表示对中国叙事学研究的关心,二是对建构中国叙事学进行思考。就第一个方面看,他对中国叙事学的关心通过多种形式表现出来。或是借助访谈来表现:他在对申丹的访谈中对国内叙事学的进一步发展表示关心,在对普林斯的访谈中提及中国古代的"叙述/叙事"与英语世界的"叙述/叙事"内涵不同,并希望普林斯对中国的叙事学研究提出一些建议。或是通过翻译来表现:他翻译《叙述学词典》,其直接动机是让中国的学生更好地了解、掌握叙事学知识。或是通过会议发言的形式来表现:至今在国内已办过九届全国叙事学研讨会,乔国强组织过其中两届,这两届会议上他的发言都表现出对中国叙事学的关注。2005年在武汉的会议上,他发言的题目是"叙事学与作为文化力量的叙事学研究",发言内容对中国叙事学界的成就及不足进行总体回顾与反思。2017年在上海举办的第八届全国叙事学会上,他发言的题目是"论诗歌的叙事研究",发言内容从元理论的高度来谈论诗歌叙事研究,并主要以中国诗论为依据展开论证,虽然没有明言,但多少包含着这样的意思:小说叙事研究是以西方为中心的,诗歌叙事研究可以考虑以中国为中心。当然,最主要的还是在期刊上发表论文。在论文中他对构建中国叙事学做了全面的思考,2010年发表的《中国叙述学刍议》可为代表。在该文中,他对构建中国叙述理论的合理性、中国古典叙述与现当代叙述之间的关系、拟构建的中国叙述理论体系与中国古典叙述研究的关系、中国叙述理论与西方叙述理论之间的关系,都提出了自己的看法,建议要立足中国的叙述传统来构建中国叙述学。此外,他还梳理了西方学者对中国叙事的研究,《问题与方法:西方学者对中国叙事的研究》具体分析了西方学者对中国叙事研究的成绩,明确指出不能"把西方叙事理论作为唯一标准来衡量中国传统叙事的得与失"（2019，p. 28）。言下之意，中国可以依据自己的叙事传统来建构自己的叙事学，这和他在《中国叙述学刍议》中表达的观点相呼应。

乔国强对叙事理论相关问题的思考体现出三个特点：一是视野开阔，不局限于具体的叙事形式，不拘囿于结构主义叙事学；二是强烈的对话精神和反思意识；三是强烈的中西比较意识，试图在比较中建构中国特色的叙事学。这些特点也体现在他的文学史叙说中。

二、构建"叙说的文学史"

乔国强最有特色的成果，应该是2017年出版的《叙说的文学史》，该书借助叙事学相关理论来思考文学史的叙事原理，不仅在众多的文学史研究中有开创之功，在叙事学领域也独树一帜。

《叙说的文学史》由绪论和七章内容构成，绪论的核心内容有二：一是指出"文学史观的变化是永恒的"（2017，p. 5），从叙事学角度来切入文学史研究，既讨论文学史的叙事问题，也展现一种文学史观；二是文学史写作有其虚构性的一面，故可用以小说虚构理论为主要对象的叙事学来研究文学史。七章的内容大致如下：第一章是对西方文学史研究现状的梳理，第二章是对文学史叙事主体的分析，第三章是对文学史文本"秩序"的分析，第四章是对文学史虚构性质的认识，第五章讨论文学史写作如何实现其虚构性，第六章讨论虚构的文学史所表现出来的三重世界，第七章是对文学史叙事性的总体认识。就七章内容看，各章独立成篇，但大体上按照叙事主体—叙事文本—叙事接受的脉络连接起来，体现出整体性。

这些内容中，我认为叙事主体、文学史虚构和三重世界这三个方面，就其对已有叙事研究的针对性而言，尤为重要。叙事主体问题主要见于第二章对"文学史叙事的述体、时空和伦理"的讨论。在乔国强的界定中，"述体"共三重：述体1是文学史家本人的身体存在，不妨理解为真实的文学史作者，述体2是"文学史文本中的叙述者"，述体3是"文学史文本或被印刷、被书写之物"；述体3的意义主要是更好地理解述体1和述体2。此后的论述以王瑶的《中国新文学史稿》为例，借助述体3具体讨论了述体1和述体2。述体1和述体2可归结为叙事主体。一般说来，叙事主体包括作者和叙述者，对以文本为中心的经典叙事学而言，作者主要指隐含作者。乔国强重视的是文学史撰写者，即真实作者，而不是叙事学特别关注的隐含作者。在他看来，文学史叙事的时空是一个由述体时空、话语时空和故事时空共同构成的三维时空。述体时空指"述体存在的真实时空",这一时空是真实作者处身其中的物质时空。在谈及述体时空伦理时,他指出:"文学史叙事时空的伦理有三层关系:一是述体与外部现实之间的关系;二是述体与历史本身之间的关系;三是述体与文学史文本之间的关系。在三者之间关系的规约中,述体与外部现实的关系在很大程度上决定了述体与历史本身和述体与文学史文本之间的关系。"(p.123)换言之,文学史撰写者和他所处的外部现实之间的伦理关系是述体时空伦理的基础,王瑶和夏志清的文学史面目迥异,与他们各自所处的外部环境和意识形态的影响有关。

文学史的虚构问题主要见于第四章和第五章。第四章的"表现叙述"谈的是对文学史虚构性质的认识,第五章则直接谈文学史写作如何虚构。对同一段文学史有不同的命名,意味着"文学史的作者似乎与他所处时代的政治形势和意识形态形成了一种'约定'或'共谋'"(p.204),文学史作者的主观倾向决定了文学史写作无法避免虚构;文学史写作是一个逐步发展的构建过程,文学史"因其叙事的构建性而具有了虚构性"(p.220);文学史写作无可避免地有选择的"模仿性",撰写者史学观差异构建出不同的文学史主题,说明文学史写作的虚构性与生俱来。此外,就文学史具体的写作过程看,文学史也必然具有虚构性:首先,"'遴选材料'的过程本身就是一个'虚构'的过程"(p.229);其次,文学史撰写者在写作时无法脱离时代,离不开时代语境的影响;再次,"文学史论证的前提缺乏真实性和论证结构缺乏合理性……决定了文学史写作的虚构性"(pp.231-232);最后,从文学史写作的现状看,往往忽视读者的作用,对文学史的实际情况而言,这本身就是虚构。从上述对虚构的讨论来看,它和一般的叙事学研究谈叙事作品如何虚构形成反差,如果按照一般叙事学研究讨论虚构的路径,此处应该谈如何"虚构"一部文学史,而不是实际上所讨论的"文学史具有虚构性质"和"文学史写作过程中无法避免虚构"。

文学史的"三重世界"问题见于第六章。该章借助"可能世界"理论来讨论文学史,认为文学史有三重世界:虚构世界、真实世界和交叉世界。就虚构世界而言,"文学史……至少有三重意义的虚构,即文学史所记载和讨论分析的文学作品的虚构,文学史文本内部构造和叙述层面意义上的虚构,以及文学史中各个相互关联的内部构造与外部其他世界之间关系的虚构"(p.249)。就真实世界而言,它不是一般意义上的真实世界,不是"绝对的客观存在,而是一种遵循叙述和阅读规律……'加工制造'出来的,且与文学史中的其他世界相互勾连的'真实世界'"（p. 263）。这一真实世界有文学史作者、文学史文本和文学史读者三个层面。就交叉世界而言，文学史作者的整合过程"是一个'虚'与'实'相互交叉的过程"（p. 275），同时，"文学史文本内部组成部分……交叉整合在一起"（p. 279），明暗结构也交叉在一起。文学史的三重世界将文学史的史料性和文学性很好地揭示出来，也对叙事学界挪用"可能世界"理论有一定的超越。一般的叙事学研究挪用"可能世界"理论，比较关注可能与不可能之间的"可通达性"，而乔国强的研究一方面侧重"可通达性"的各个要素本身，另一方面依据"可通达性"提炼出文学史的"交叉世界"层面。

综观乔国强所构建的"叙说的文学史"，大致有四个特点。一是理念之新。本书第一章罗列了多种研究文学史的路径，它们都忽视了韦勒克所说的"编写某一个时期的文学史首先遇到的问题是关于如何叙述的问题"（韦勒克，沃伦，2005，p. 319），乔国强虽然没有注意到韦勒克的这句话，但他所说的"文学史毕竟还是一种叙事"（乔国强，2017，p. 91），可看作对韦勒克的回应。借用叙事学方法来研究文学史，是乔国强呈现给学界的"属于自己的单一的历史"（p. 8），也是一种新的文学史观。二是目的之"当下"。该书的"当下"意识主要体现在两个方面。一是就叙事学研究的现状而言，研究的主要都是叙事作品，乔国强则将文学史看作一个大文本，且关注文学史的写作过程，这些都扩展了现有的叙事学研究，可视为他对中国叙事学研究现状的一种思考和回应。二是他讨论的基本上是中国现当代文学史，这或许如他自己所说，只是"为了论述的方便"（p. 9），但也不妨看作对现当代文学界"重写文学史"的一种回应。从乔国强的分析中，至少可以明白王瑶、夏志清、陈思和、洪子诚等人的文学史特色及写作心态，并从叙事理论上知晓其各自的得失，这些对"重写文学史"都有借鉴意义。三是思考之敏锐。敏锐既体现在概念的辨析上，也体现在具体的文学史文本分析中。在辨析艾略特的"有机整体论"和韦勒克的"决定性结构"二者之间的区别时，乔国强指出：艾略特"'有机整体论'的重点，是投放在文学史自身这个框架以及具体作家、诗人与这个框架之间的关系上，而并没有涉及文学史与文学理论、文学批评之间的依存关系，也没有关注一部具体的文学作品在当下和以后的价值……艾略特所没有顾及的两点，恰恰构成了韦勒克文学史观的特点"（p. 74）。看起来差不多的"有机整体"和"结构"在此区分得非常清晰。四是方法之"比较"。罗列众多的西方文学史观，然后抛出自己的"叙说的文学史"，就带有比较的意味。具体说来，"比较"在该书中有明有暗：介绍众多的西方文学史观，而用作例证的又主要是中国现当代文学史，意味着西方的文学史观和中国的文学史观之比较，这是明面上的比较，侧重比较双方的一致性；具体分析王瑶的《中国新文学史稿》和顾彬的《二十世纪中国文学史》，二者之间的差异非常明显，这可看作一种暗地里的比较，侧重比较双方的差异性。

三、叙事研究与文学史叙说的共生

乔国强的犹太叙事文学研究、对叙事理论问题的思考都可归入叙事研究，而文学史叙说是对文学史叙事原理的探讨，虽然是叙事研究的扩展，但其主体毕竟是文学史研究。鉴于此，此处所说的"叙事研究"是指乔国强相关研究中除文学史叙说之外的其他叙事研究。两者的共生大致包含三个层面的内容：第一个层面是叙事研究与文学史叙说在时间上的共生，第二个层面是文学史叙说和其他叙事研究的共生，第三个层面是文学史叙说在叙事研究过程中的改善。

就第一个层面看，犹太叙事文学研究、对叙事理论的思考、建构"叙说的文学史"在逻辑上有一个逐步推进的过程，但实际情况是，它们是交互发展，甚至可以说是齐头并进的，在并进的过程中相互吸收、共同生长。2005年之前，乔国强的犹太叙事文学研究，可以说没有自觉的叙事学意识；2005年的授课、访谈、会议可以说是他叙事学自觉意识形成的契机；2007年他发表了《文学史：一种没有走出虚构的叙事文本》一文，开始了对文学史叙事性的探讨。讨论文学史的叙事性，自然和2005年形成的自觉的叙事学意识有关，和1998年对贝娄小说中历史主题的关注应该也有关系，2013年他还发表了关于贝娄的学术史研究成果。对叙事学理论的思考，本来与历史意识没多少关系，但2011年的《从移植到融合：叙事学的跨学科模式》还是显示了较强的历史意识。2007—2016年是乔国强构建"叙说的文学史"的时期，可以说，美国犹太叙事文学和叙事理论思考中历史意识的加重，与这段时间他在建构"叙说的文学史"有一定关系。反过来，他的文学史叙说中也吸收了这段时间内他研究叙事文学和思考叙事理论的一些成果，这需要结合第二个层面的共生来展开。

就第二个层面看，叙事文学研究和叙事理论思考对构建"叙说的文学史"有辅助之功。文学史叙说的一些问题直接吸收了犹太叙事文学研究的内容：关于"美国黑人作家与犹太作家的生死对话"在文学史叙说中一再出现，在谈文学史表现叙述的共时性形塑（第四章）和文学史的虚构问题（第五章）时，均提及此事并加以分析。在文学史叙说中融入相关叙事理论，本来就是"叙说的文学史"的应有之义，一个典型的例子是第五章借用詹姆斯·费伦的"三维度"人物观，来分析文学史写作中的虚构性问题。在叙事文学研究和叙事理论思考辅助文学史叙说的同时，文学史叙说也推进了叙事文学研究和叙事理论思考。"叙说的文学史"建构成形之后，乔国强的叙事文学研究对象主要是先锋戏剧，先锋戏剧研究中有时会透露出较强的历史意识。《美国格特鲁特·斯坦因先锋戏剧思想研究》指出斯坦因的戏剧史意义："斯坦因的主要价值在于她开拓了美国先锋戏剧……把固有的、程式化的传统戏剧思想和美学观念往前大大地推进了一步。"（2018，p.5）文学史叙说对叙事理论思考的助益，可以《文学史叙事时间的再认识》为例，该文是对《叙说的文学史》第七章中"话语时间"的再思考。撇开文学史部分不谈，就其叙事理论内容而言，该文对叙事情节和费伦的叙事进程都进行了较深入的思考，不乏新意。

就第三个层面看，《叙说的文学史》由此前的多篇论文整合而成，如乔国强所言，"出于篇章结构的需要，对部分内容做了一些修改和补充"（2017，p.9）。七章内容中，除第四章和第七章改动原论文中的个别字句外，其他各章都对原论文有不同程度的修改和扩写。这些修改和扩写有些是出于篇章结构的考虑。如第一章前三节分三个时期来梳理众说纷纭的西方文学史观，完全是为了篇章结构的完整而增加的。有些修改和扩写则是因为乔国强从叙事研究中获得启发，从而对文学史叙说有了更深入的思考，这大致有三种情况。第一种情况是根据叙事学理论修改了原论文中的一些表述。如第三章第四节的标题"嵌入与省略的叙事意义"，在原论文中为"嵌入与忽略的叙事意义"，将"忽略"改为"省略"，主要是为了照顾叙事学的表述习惯。第二种情况是，叙事研究中思考的一些问题，在文学史叙说原论文写作之前就已经思考过，但在原论文中没有提到，成书时将这部分补充进去了。第四章讨论"文学史的表现叙述"，原论文发表于2015年，成书时内容有增加。比如在谈及"共时存在的文学人物、作品、事件"之间的关联时，原论文只提及这种关联表现在"所同处的时代"和"历史关联"，并没有具体展开（2015，p.79）；成书时，对"所同处的时代"和"历史关联"做了展开。关于"所同处的时代"，以欧文·豪和拉尔夫·埃里森之间的强硬"对话"为例，早在2004年分析马拉默德的《房客》时，乔国强就以"美国黑人作家与犹太作家的生死对话"为题予以关注，2015年的论文没有关注这场"对话",成书时增补了相关内容,说明此前的叙事研究可以丰富对文学史叙说的思考。第三种情况,《叙说的文学史》中的有些内容是原论文完成后才在叙事研究中深入思考的,成书时将这些思考吸收进去。第五章第一节"文学史的写作及问题",原论文标题为"文学史中的叙事者"。与原论文相比,这一节增加了不少内容,很多增加的内容在原来的论文中只是简单地提到,但在成书时敷演成篇,增加的内容基本上是其 2016 年发表的《论美国犹太"大屠杀文学"的创作与研究》一文第二部分"'大屠杀文学'研究的滞后"的翻版。这说明叙事研究有助于文学史叙说相关思考的深入。正是在叙事理论和叙事研究的思考中,乔国强累积式地完成并改善他的文学史叙说,让最终成书的《叙说的文学史》成为叙事学界的一道亮丽风景线。

  总体而言,乔国强的叙事文学研究、叙事理论思考和文学史叙说是交织在一起的,在时间上并没有严格的先后之分,但从学理逻辑上看,文学史叙说是叙事文学研究和叙事理论思考的产物,没有叙事文学研究和叙事理论思考,就不可能有"叙说的文学史"。就此而言,"叙说的文学史"虽然研究的是文学史问题,但也是叙事学研究的扩展,它和叙事文学研究、叙事理论思考一起,共同构成了乔国强叙事研究的全貌。

引用文献:

皮埃尔,约翰(2012). 法国存在后经典叙述学吗?(乔国强,吴春英,译). 载于唐伟胜(主编). 叙事(中国版)(第四辑),35-60. 广州:暨南大学出版社.

普林斯,杰拉德(2011). 叙述学词典(乔国强,李孝弟,译). 上海:上海译文出版社.

乔国强(2004). 美国黑人作家与犹太作家的生死对话——析伯纳德·马拉默德的《房客》. 外国文学评论,1,25-30.

乔国强(2005). 叙事学与文学批评——申丹教授访谈录. 外国文学研究,3,5-10.

乔国强(2008). "隐含作者"新解. 江西社会科学,6,23-29.

乔国强(2010). 论索尔·贝娄的中篇小说《贝拉罗萨暗道》. 外语研究. 6,89-92.

乔国强(2012). 作为一门学科的叙述学——杰拉德·普林斯教授访谈录. 文艺理论研究,3,110-114.

乔国强(2014). 叙述学有"经典"与"后经典"之分吗?. 江西社会科学,9,208-214.

乔国强(2015). 论文学史的表现叙事. 载于唐伟胜(主编). 叙事理论与批评的纵深之路,68-81. 上海:上海外语教育出版社.

乔国强(2017). 叙说的文学史. 北京:北京大学出版社.

乔国强(2018). 美国格特鲁特·斯坦因先锋戏剧思想研究. 上海师范大学学报,3,5-12.

乔国强(2019). 问题与方法:西方学者对中国叙事的研究. 中国比较文学,2,18-29.

乔国强, 张甜 (2006). 叙事学与作为文化力量的叙事学研究. 载于乔国强 (主编). 叙事学研究——第二届全国叙事学研讨会暨中国中外文艺理论学会叙事学分会成立大会论文集. 武汉：武汉出版社.

韦勒克, 勒内; 沃伦, 奥斯汀 (2005). 文学理论 (刘象愚, 等译). 南京：江苏教育出版社.

Pier, J. (2013). 关于经典叙事学和后经典叙事学的若干思考 (龙娟, 尚必武, 译). 载于邓颖玲 (主编). 叙事学研究：理论、阐释、跨媒介. 北京：北京大学出版社.

作者简介：

江守义, 博士, 南京师范大学文学院教授, 研究方向为叙事学、马克思主义文论和现代文学批评。

Author:

Jiang Shouyi, Ph. D., professor at School of Literature, Nanjing Normal University. His research focuses on narratology, Marxist literary theory and modern Chinese literary criticism.

Email: 1654766598@qq.com

图像与书写：梦的叙事研究

陈 达

摘 要：梦是人的精神活动，对梦的研究古已有之。要对梦有充分的认知，首先要了解梦的框架建构与认知科学是密不可分的。真实世界和梦的虚构世界存在着区别和联系，梦的"投射"使得梦世界的"副本"出现叙事特征。梦叙事首先是图像叙事，梦的片段需要转为梦的图像才可以进行叙述。从空间叙事来讲，梦境存在着"虚拟空间"或者"假设空间"。虚拟空间和真实空间，以及虚拟空间与虚拟时间之间的关系，就是梦与真实世界的分界线。除此以外，还需要了解梦的语言再述特征是梦具象化的手段。

关键词：梦的认知，梦的图像，梦的空间，梦的文本

Image and Writing: A Narrative Analysis of Dreams

Chen Da

Abstract: Dreaming is humanity's spiritual activity, and dreams have been studied since ancient times. To gain a full understanding of dreams, we must first understand their framework, which is closely interrelated with cognitive science. The real world and the imaginary world of dreams have both differences and connections. The "projection" of dreams makes a "copy" of the dream world via emerging narrative characteristics. Dream narrative is image narrative, and the dream fragments must be transformed into dream images that can be narrated. From the perspective of a spatial narrative, dreams have "virtual space" or "hypothetical space". The relationship between virtual space and real space and the relationship between virtual space and virtual time serve as boundaries between the dream world and the real world. In addition, it is necessary to understand that the retelling features of dreams' language is a means of their concretisation.

Keywords: cognition of dreams; images of dreams; dream space; text of dreams

DOI: 10.13760/b.cnki.sam.202101017

  所有的梦境都与形象结合在一起,并由此造就了人类想象和浪漫的结合,催生了经典的人类精神产品和文学作品。根据梦境改编的文学作品,或者是在梦的刺激之下写就的作品,充满着瑰丽的想象和夸张手法。中国典籍是这样描述做梦的:《黄帝内经》里说"淫邪发梦",从阴阳五脏等解说不同种类的梦的特征;《列子·周穆王》认为觉有八征、梦有六候等,列举了人做梦的种种原因和种种类型。这些观点认为梦其实是人精神的一种非正常状态。弗洛伊德在《梦的解析》里也说,梦是由于精神状态的不平衡性造成的。他提到了解读梦的"自由联系"方法,所谓的"自由联系"方法,实际上指的是患者的自我解读。弗洛伊德把对梦的检验(描述)以及梦形式的解释看作患者被压制的情感:它们在潜意识中爆发潜能,绕开"检察官"(超我)显示自己的存在。梦的实质是被压制的欲望的虚幻的满足(史蒂文斯,2020, pp. 39 – 41)。

  荣格把梦的结构分为四段:第一段以地点说明作为开端,同时还常说明主题人物;第二段可以称作发展,在这一段情况变得复杂;第三段是高潮或转折点,发生关键性的事情或骤变;第四段是渐退,解决办法经研究梦得出。荣格分析梦,起点并不是解释而是"放大",进入梦的氛围,建立那里的形象、象征和细节,通过这种方式把梦的体验本身放大。荣格对梦的解读可以说有两大贡献,一是提出集体无意识,二是对梦的结构进行了叙事化转型。(2009,p. 142)梦成为叙事的种类,而且梦遵守了叙述的结构。

  囿于经典叙述学的定义,从叙述角度对梦和梦境文本的研究一直不受重视。比如普林斯就认为梦的叙述特征不足,否认梦与叙述的关系(Prince, 2000)。而随着叙述研究广度的扩展,以及叙述研究对多学科的包容,梦的研究逐渐进入了叙述研究的视野。比如吉尔罗把梦和文本以及叙述结合起来进行分析,从梦的数据出发分析梦的叙事性。(Kilroe, 2000)此后越来越多的学者开始认同梦的形式结构与叙述结构和叙事特征的相似,比如赛波里(Cipolli)和波里(Poli)等。史戴茨从梦的角色和小说虚构性出发设定梦的功能,从认知角度出发分析了概率在梦中的作用,并分析了小说的虚构原型和梦普遍性的关系。(States,2003)西罗伊斯指出所有的梦都是文本,但不是所有的梦都能构成叙述或者叙事。他结合荣格梦的理论,强调运用梦叙述来作为预测和诊断的工具,从而肯定了梦的叙事作用。(Sirois,2018,p.87)

我国学者对梦的叙述研究,主要以赵毅衡、龙迪勇和方小莉等为代表。赵毅衡的《广义叙述学》从叙述学的角度探讨梦的形成,讨论了梦本身的文本性和叙述性。此外,赵毅衡从符号学的角度出发,研究梦的叙述规律、梦材料的选择与组合,分析心像(视像和声像),指出梦有力地加强了人的叙述能力。(2013)龙迪勇较早地肯定了梦是叙述的这个命题,认为梦是一种为了抗拒遗忘、追寻失去的时间,并确认自己身份、证知自己存在的叙述行为。(2002)方小莉结合心理学的相关理论,系统探讨梦叙述中叙述者、受述者、隐含作者与隐含读者及叙述可靠性的问题。(2015)此外,方小莉还从符号修辞的视角认为释梦必须将各种修辞格文本化。(2016)

从对梦境的回忆开始到梦境文本生成的创作过程中,梦和梦境叙事有了可解读的空间。对梦和梦境文本进行叙述分析,首要条件是明确它们具有叙述特性。对梦的认识,既有生理学、心理学的功能和作用,也有梦叙事和认知的结合。

一、对梦叙事的认知

梦的形成,跟大脑的前额叶皮质(the prefrontal cortex)相关,它参与人的情感和精神活动。前额叶皮质掌管自控力,我们睡着时,平时被压抑的个性可能会跑出来,感情浓烈、情节条理连贯的梦境似乎更容易被记住。尼尔、斯塔巴和安德里永等人介绍:人入睡时,并非大脑的所有部位都在休眠;位于左右大脑半球的沟回状结构,即海马体,就是最后休眠的,它能将信息从短时记忆转存为长时记忆。海马体是大脑皮质的一个内褶区,其主要功能就是存储记忆。(Nir, Staba & Andrillon, 2011)同时贝凯蒂和阿马德奥指出,体内的两种神经递质,即乙酰胆碱和去甲肾上腺素水平的变化对记忆能力也很重要;在快速眼动睡眠阶段(REM),脑海中出现梦境。(Becchetti & Amadeo, 2016)以上这些论述是对梦的生理学的研究,是科学理性的分析。但是梦作为人类特有的意识行为模式,对人类的影响并不仅仅在于生理方面。

从生理学的分析上来看，荣格的"小梦"与"大梦"之分是错误的。但是从文化意义上来讲，荣格把大梦称为"有意义的梦"（significant dream）又是有价值的。据荣格说，此类梦可以揭示许多重要内容，是"我们心理经验的宝贵财富"，经常是令人"终身难忘"（Jung, 1974, p.76）。在荣格的疗法中，解梦过程通常被分为三个阶段：第一个阶段是根据做梦者的生活经历建立某种联系，以便理解梦中纯粹的个人意义；接下来必须确定梦的文化背景，因为梦的内容与周围的环境和做梦的时间相关；最后寻找梦中典型的内容，并把它与人类的整个生活状况联系起来，因为梦的最深的含义就是人类自古以来的生存体验，梦意识和原型与本能更为接近。

梦的存在是无理性的，也是属于前科学文化的。赵毅衡说："前科学文化的文本往往根据能指来创造所指……因此具有强烈的象征性和直观性。"（1990, p.97）梦的能指是睡眠者醒后能记住的各种因素，即梦的能指是存在的，而梦的所指意义则有待叙事的呈现。并且梦境图像是具有相似性、直观性和象征性的。《人类梦史》介绍，即在早期文明中，原始梦学理论的发展和实践包括：把梦的解析作为宗教体系的一部分；认为做梦是构造神圣的活动，并把故意创造梦境（梦的孵化）作为康复治疗的一种手段加以利用；梦的描述和解释被铭刻在泥板和记录在草纸上；发展出一套规则来区别梦的吉凶，以及解释它们究竟意味着什么。（史蒂文斯，2002, pp.15-19）这与荣格的理论如出一辙，荣格认为梦是一种中介，是做梦者在个人清醒世界（这个世界）和集体潜意识的原始世界（另一个世界）中穿梭所经历的事件的见证。

梦的"原型"与柏拉图的"理式世界"概念有异曲同工之处。"理式世界"是存在于概念中的，是真实世界的范本。柏拉图认为人类在真实世界里是认识不到真相的。在《理想国》中，柏拉图用"洞穴"比喻人无法认识真相的状态。逃出洞穴后的柏拉图在梦中与狗进行了对话。梦中的狗并不是某时间节点中的具体的狗，而是"狗本身"，即狗这一类存在。柏拉图仔细思考后发现，即使某一类动物灭绝了，也不代表该类概念不存在或没有意义。可以说，对梦的概念也可以做如此分析。梦是人睡着时候的大脑皮层的电波活动，但是人在醒来之后，仍然对此有全部或者部分记忆。这种大脑皮层的活动，是以故事形态出现的，其间有人物、事件，甚至存在时间和空间概念。梦有时候会成为梦魇，梦魇的存在，说明做梦对人来说是一件超越把控的事情，人所不能把握的，正是梦的内容即梦的故事，以及梦的发展过程即梦的情节等。梦是抽象的和怪异的，或者名而无物的，从超现实主义理论与梦的紧密关系中可见一斑。超现实主义画家马格里特认为，他所做的不是模仿现实，而是创造一种新的现实，很像我们梦中所做的那样。我们是怎么做的，我们却不知道（贡布里希，2008，p.590）。由此可见，做梦是非现实性的活动，是放任不清晰的潜意识、任由想象力支配的一种活动。恰如超现实主义者的表现技法一样，梦难以做到精确和细致。梦中的人和物体产生了异位和交错，表现得朦胧难辨、晦涩难懂。

申丹、王丽亚认为："认知叙事学家探讨叙事与思维或心理的关系，聚焦于认知过程在叙事理解中如何起作用，或读者（观者、听者）如何在大脑中重构故事世界。"（2010，p.222）在梦的"可能世界"（possible worlds）里，梦关涉人物、场景、事件（characters, places and events）。梦的意念性、目的性很强。梦是有框架（frame）的，或者说梦是有建构的。无论是睡觉的梦还是白日梦，都可能会出现情节建构，甚至会有某种结局。"梦文本"的存在以及梦的话语世界，是可以从语义层面和语篇层面进行分析的。语篇世界是通过阅读文本而产生的想象世界，可以用来理解"梦"语境世界中的事件和要素。相对于真实世界，梦世界的"副本"（counterparts），即梦境世界中出现的地点、人物、事件等都是真实世界的副本。真实世界经过"投射"（projected），在一种假设的空间里出现。梦者躺在床上，梦境中的身影都进入了"幻想世界"（fantasy worlds）。在幻想世界里交错着人物的梦想、幻象、想象或虚构的世界（Stockwell，2002，p.94）。

二、梦叙事的非语言媒介

瑞典的约兰·索尔邦认为："把模仿行为理解为一种感觉形式……柏拉图选择将图像和模仿行为理解为另一种独特的心像，凝视或者聆听模仿行为有些像是在做梦。在这两种模仿行为中，感觉器官都在不存在被梦者和观看者所理解到的那类事物的情况下制造或提供心像。"（2007）梦就是心像的展现，但是人在醒来以后很难回忆起梦里面人物和事件的全部细节，醒和梦之间仿佛隔了一道帘。柏拉图的学生亚里士多德继承了柏拉图的"模仿说"。亚里士多德在《诗学》里认为诗艺中的模仿有语言模仿，也有色彩和形态模仿（1996，p.27）。这里亚里士多德说的是模仿中的不同媒介，据此，如果用媒介叙事来讨论的话，梦叙事就有语言媒介叙事以及非语言媒介叙事之分。梦叙事的非语言媒介方式有三个特征。

（1）梦叙事的图像性。在《梦的解析》里，为了能够伪装隐藏的内容，梦工厂使用了大量的技巧，弗洛伊德把它们描述为："置换"（有关联但又被打乱的图像）、"浓缩"（把许多单个想法变成一个图像）、"象征"（由一个中性的图像来代表一个能引起潜在不安的想法，通常是性）和"表现"（把梦中的想法转化为可视的形象）（史蒂文斯，2002，p. 42）。由此可见，弗洛伊德理论下的释梦，实际上是把梦的片段转译成图像，以对图像的解读为基础，因此可以说梦叙事就是图像叙事。梦是以形象（图像）和空间为媒介展示出现的。在做梦的时候，主体是有感官感知的，比如说视觉、听觉等。但这种感官感知，尤其是视觉，是以图形展现出来的。就像弗洛伊德所说的，梦境都是以图像显示出现的。我们要把这种视觉图像转换成理解，就要进行叙事。弗洛伊德认为"梦主要是以视觉的景象进行思考……梦用这些景象构成了一个情景。这些景象代表着实际上正发生的一个事情"（2016，p. 42）。梦诉诸感官，然后将感官景象"情景化"，以达到叙事的效果。当人从梦中醒来后，可以根据梦中场景进行还原和描述，这也是人类想象能力的开始。可以说梦境就是想象的开始，图像也是想象的开始。温迪·斯坦纳提道："雕像艺术放弃了纹理和色彩；绘画放弃了体积；二者均放弃了时间。"（2019）对照来看，梦不仅放弃了时间，也放弃了体积、色彩、纹理。但梦境重现的不仅是时间，还有体积、色彩、纹理，可以说梦境重现了世界。但是不管怎么说来，梦里出现的是图像化的二维和三维显像。梦叙事属于虚构叙事，我们考察的是梦里叙事再现的模仿、梦叙事的生产和意义等。对梦的图像进行情景化的叙述（叙事），就是梦图像叙事和梦空间叙事的本质。

（2）梦叙事的空间性。众所周知，图像是空间性的艺术。空间有其独有的特征，而梦的空间和真实空间又是两种不同性质的存在。在《文学符号学》中，赵毅衡认为"地素"（toponym）指叙述文本中涉及的空间范畴（1990，p. 128）。用经验系统中的地名加以命名，就形成一种定名性修辞手段。在梦境中出现的"地素"，不一定指梦者生活中的真实地点和场所。梦里空间"真实存在"只是一种修辞手段，不一定就是真实生活中的样子。也就是说，"真实存在"的场所，仍然是"不真实"的。笔者认为：梦中的空间，从潜意识层面讲是可以存在的。梦中的空间可以说是想象空间、虚拟空间或者假设空间。进入睡眠时，梦者进入了再现世界的经验，同时也进入了虚拟空间或者假设空间。

马克·柯里说"精神分裂症患者是癔症文化的产物，有志于把线性意义陷入到永恒现在的压缩时间里去"（2003，p. 114）。弗洛伊德分析癔症，多数时候是从患者做的梦开始的。而做梦的时候，故事时间是不明朗的。梦境的踪迹随时消失,如何捕捉它,并不以人的主观愿望为准,而对梦境进行表达则需要以各种媒介为承载。赵毅衡认为"梦由梦者的心像(视像、语言、其他感觉)组成……心像(最主要是视像和声像,但是也包括其他感官经验的心像),可以非常生动地再现世界的经验"(2013)。空间媒介叙事主要需要考虑空间在人物所产生的意识中的表现方式,同时对空间的感知需要感官的参与。米克·巴尔在论证空间的内容与功能的时候提到过:空间被"主题化",空间自身就成为描述的对象本身;空间成为一个"行动着的地点"(acting place),而不是"行为地点"(the place of action)。(2015,pp. 160 - 161)笔者认为:梦境里面的虚拟空间或者假设空间是心像行动的要素;虚拟空间或者假设空间不是真实空间,也不是静态固定的,而是迁移和变动着的;虚拟空间或者假设空间是被改变了的,或者说是被扭曲了的。观看超现实主义画家达利描绘梦境的画作,可以看出他对梦中空间迁移和变动的努力尝试以及画面所试图传达的隐喻和寓言。

(3)梦叙事的跨媒介性。梦能在空间上进行跨越,也能在时间上打破线性。根据上面的论证,我们得知梦首要是图像和空间的。参照梦的"虚拟空间"概念,梦中也有"虚拟时间"。虚拟时间与真实时间,以及它与虚拟空间的关系是怎样的呢?梦叙事的跨媒介性,可以从空间和时间的转换来进行论述。在米歇尔的《图像学》中,有对莱辛《拉奥孔》就空间与时间辩证关系的专门论述。米歇尔认为,"莱辛所说媒介、信息和解码的精神程序之间有一种'方便的关系';视觉艺术中,媒介包括空间中展示的各种形式;而这些形式再现其在空间中的身体和关系;而对媒介和信息的知觉是瞬间的,不摄入可见的时间"(2012,p. 123)。同时,米歇尔也认为,"'时间'和'空间'这两个术语只有在相互抽象为独立的、用来界定物体属性的对立本质时才是比喻性的或者不适当的。严格来说,这两个术语的用法是一种隐蔽的提喻,把整体缩减为部分"(pp. 129 - 130)。由此可知,米歇尔的意思是时间和空间是综合的,是整体中的两部分;在特定情况下,是可以相互转换或者跨越的。

若是把时间和空间的跨媒介性用来分析梦境,笔者认为:时间与空间之间的跨越主要体现在梦的故事与梦的图像之间的关系上;空间与空间之间的跨越,主要体现在睡觉时的围隅空间和象征界(梦境)空间的关系上;而时间与时间之间的跨越则主要体现在梦主体的睡眠时间、梦境能指的故事时间和虚拟时间之间的关系上。做梦是人在睡着时的潜意识活动,在睡着的这段时间内,大脑皮层活动和梦的叙事是以空间作为活动基础的。梦境里的故事,一定是在某个虚拟空间中产生的,但是人躺在床上,并没有产生位移(梦游除外)。因此,在做梦这段时间里,主体在保持不动的情况下,以思维感知、遨游宇宙,此即以时间换取空间的表现。龙迪勇认为:"所谓图像叙事,无非是要用图像这种空间性媒介去表征叙事所必需的时间进程,所以图像的本质就是空间的时间化。"(2016)结合前面所讲梦叙事是图像叙事的概念,可以得知,梦或者梦叙事的实质就为以时间换取空间。

梦是生理的也是心理的,同时也是叙事的。梦场景和梦空间描写着眼于对梦的整体感受和某些象征意义,梦者脑海中存在着多场域、多空间、多维度的感受,此即空间与空间之间的跨媒介转换与跨越。而时间与时间之间的跨越就很好理解了,梦者梦境中的时间与真实的睡眠时间并不是同一种时间。梦境中的"故事时间"是被描述世界的时间,而外在时间就是醒来后叙述时的时间,梦境中发生的事情与清醒时的叙述是没有交集的。柏格森提出过"心理时间"的概念,心理时间与物质时间是对立的,是意识的产物。梦里的时间与心理时间有相似之处。梦境文本中的潜意识故事既不是过去时间的事件,也不是当下时间的事件。这种超越现实状态的时间扭曲,是对虚拟时间或者假设时间的形容。

三、梦叙事的语言媒介

莱辛在《拉奥孔》中区别了空间艺术(包括图画)和时间艺术(以语言文字为主的诗),并指出两者是可以突破各自的界限而相互补充的。以语言文字为主的诗作为一种时间艺术,可以赋予描写对象以生动的、丰富的具体形象。梦作为模仿艺术,有独特的心像特征,梦的映像与自然造化迥异。这里首先要谈到梦的承载者或者说梦主体的概念。拉康在解释主体概念时,把认识自我的过程分为实在界、想象界和象征界。实在界是一种本我状态分辨不清、自我认识不到的情况。想象界就是著名的镜像解读或者说前语言解读发生之处,此时,自我与外界或者他者的开始建立起对立关系,属于对称化阶段。而到了象征界,则是本我受到语言的影响,用语言与他者建立起关系,产生真正的复杂意识形态。同样,根据萨特在《存在产生虚无》中的理论,主体意识无法确立,是因为没有意识到"他者";只有把自己投射出去,才能确立"我"的存在。做梦人只有在醒来后,才能清楚地区分现实空间和假设空间,才能意识到梦里面的"他者"地位。

叙事者形象即使是梦者本身,也存在于虚构的叙述时空和叙述情节之中。

梦境中的事不是真的，但人物都是经验世界或者真实生活中存在的。梦的叙事是象征的：在醒来后的复述阶段，梦者复述梦以及释梦，即对梦的叙事。而复述梦和释梦的过程中，梦者使用语言文字需要有较好的逻辑思维、描述能力和叙事能力。赵毅衡认为，"研究梦的著名学者，例如弗洛伊德和荣格，都只把梦的再述文本作为研究对象。弗洛伊德明白再述会造成困扰：'梦的世界无法形诸语言。'但是他们把梦再述看成研究梦本身的唯一途径，几乎从来不讨论这两者的区别。因为梦重述被（语言、文字或图像）媒介化，获得了明显的文本性与叙述性"（2013，p.105）。梦的出现都不是理性的，所以梦者的主体身份必须通过叙述才能确立，就像马克·柯里所说："身份不在身内，那是因为身份存在于叙事之中。"（2003，p.21）精神分析学者聆听患者的讲述，把患者的语言进行叙事化及象征化，就是对患者主体进行阐释的重要手段。同时，马克·柯里认为，"一个人的精神生活就像私人的家庭及家政的循环一样，要到外界去寻找关于它的解释"（2003，p.113），认定潜意识是人的精神的一部分，甚至是最主要的部分。潜意识的出口便是向外寻找它的解释，进而进行叙事。做梦是解释的渠道和途径，叙事就是解释的表象，对梦进行阐释分析则可以凸显潜意识的含义。

梦境文本叙述时需要做出情节安排和人物塑造等，从根本上讲文本中的梦境叙述是作者（或者隐含作者）传递信息给读者（或者隐含读者）的方式和手段，因此文本中的梦境也是符合叙事特征的。雅柯布森提出的比喻语言的世界被分成基于相似性的隐喻和基于并置的换喻，由此可知语言描述与心理之间是有关联的。既然梦境文本里的语言是基于图像的，而这种图像关系实质上就是相似性的隐喻，那么梦的观念与它所再现的物体就具有双重关联。用米歇尔（2012，p.71）的话说："它是借助相似性发生作用的一个符号，由感觉经验绘制在精神上的一幅画；它也是借助因果关系发生作用的一个符号，物体印在精神上的一个结果。"比如圣经中约瑟夫为法老释梦，提到"七头肥牛被七头瘦牛追赶着，并最终被七头瘦牛吃掉"，这个梦象征在七个丰收之年后会出现七个灾荒之年。把肥牛比作丰收，把瘦牛比作灾荒，就是在相似性特点下的隐喻和象征。善于使用梦境进行描写的作家很多，运用梦境描写的作品也很多。比如西方作家乔叟、爱伦坡、卡夫卡等，再比如中国的《搜神记》《聊斋志异》等，或是直接加入梦境叙事的片段，或是以梦境作为故事的象征和隐喻。

梦境叙事要做的是复原它的情景和语境，对梦的叙事以及文本中对梦境的描写，遵从的就是这一规则。在《圣经·创世记》中，有个雅各之梦。以色列之祖雅各由于夺了哥哥以扫的长子权和祝福，被以扫痛恨和诅咒，于是离开别是巴，向哈兰走去，在途中雅各做了个美梦：

在梦中，他看见一道阶梯从他躺着的地方一直通向天堂，天使们沿着阶梯上上下下地走动。他看见上帝站在阶梯的上方。神对雅各说：我是上帝，是亚伯拉罕的神，是你父亲以撒的神，我也将是你的神。你独自躺着的这片土地将属于你，属于你后辈的孩子们。你的孩子们将像地球上的尘土一样遍及周边的土地，东面、西面、北面和南面，全世界将因你的家族而得到赐福。我会在你行程中伴随你。无论你走到哪里，我都会在你身边。我还会将你带回这片土地。我永远不会离开你。我一定会遵守我给你许下的承诺。（赫尔伯特，2013，pp.46-47）

后来，雅各将这个地方取名为伯特利，意为"神的住宅"。雅各返回迦南，他的后人叫以色列人。雅各之梦是文本中的梦境描写，文本中的梦境描写，要诉诸梦境文本的所指和能指。宗教故事中，把梦作为特定手法进行人物形象塑造和寓意表达，是很常见的。

弗里德曼在文章里引用了普林斯的话："描写本身可以是叙事；但它很少具有叙事性，因为它强调的是空间，而不是时间，是事件的空间存在而不是时间存在。"（弗里德曼，2007）结合梦境的图像特点和空间特点，可以得知对梦的叙述和文本中的梦境叙事的展开主要是以描写手法出现的，梦叙事其实就是模仿（mimesis）。真实世界和梦境世界这两个世界的边界关系，是梦叙事起作用的地方。梦叙事，经过回忆和描写，把梦的图像和事件变成了言语和文字以及故事和情节，这个过程就像文学的变异和陌生化。文学语言的阅读行为和意义获取，需要对语言文字的陌生化进行阐释才能实现。陌生化不是生活中的语言行为，而是被艺术化、被延迟的语言行为。同时，陌生化表现在梦（文本）的情节上，带给读者的也是新鲜而独特的面貌。

四、结语

梦始于人类意识出现之时，诉诸感觉、知觉和视觉等，而最主要的是梦存在于两种不同的空间和时间范畴。随着现代生理学的发展，人们了解了梦产生的生理机制。心理学家把梦的产生和阐释当作医治患者的需要，宗教体系则把梦作为构造神圣崇拜活动的需要。关于梦的研究，存在虚构和真实的辩证关系、先验世界和经验世界的辨析等困难。梦和叙事的关系研究需要对梦和梦叙事文本进行分析，梦的图像性、空间性和跨媒介性，是梦叙事得以存在的基本特征。虽然梦无法进行某种设定意义的传达，但是通过对梦的多媒介的分析，包括对图像、空间和语言的分析，我们还是可以发现梦作为叙事方式而存在的证据及其重要性。

引用文献：

巴尔，米克（2015）. 叙述学：叙事理论导论（谭君强，译）. 北京：北京师范大学出版.

方小莉（2015）. 作为虚构文本的梦叙述. 西北大学学报（哲学社会科学版），3，118－123.

方小莉（2016）. 梦叙述的修辞. 社会科学战线，8，162－168.

弗里德曼，苏珊·斯坦福（2007）. 空间诗学与阿兰达蒂－洛伊的《微物之神》. 载于詹姆斯·费伦，彼得·J. 拉比诺维茨（主编）. 当代叙事理论指南（申丹等，译），207. 北京：北京大学出版社.

弗洛伊德，西格蒙德（2016）. 梦的解析（雷明，译）. 南京：江苏凤凰文艺出版社.

贡布里希（2008）. 艺术的故事（范景中，译）. 南宁：广西美术出版社.

赫尔伯特（2013）. 圣经的故事（高新力，安蔷，译）. 北京：中央编译出版社.

柯里，马克（2003）. 后现代叙事理论（宁一中，译）. 北京：北京大学出版社.

龙迪勇（2002）. 叙事学研究之五梦：时间与叙事. 江西社会科学，8，22－35.

龙迪勇（2016）. 空间叙事本质上是一种跨媒介叙事. 河北学刊，6，86－92.

米歇尔，W. J. T.（2012）. 图像学：形象，文本，意识形态（陈永国，译）. 北京：北京大学出版社.

荣格（2009）. 分析心理学与梦的诠释（杨梦茹，译）. 上海：上海三联书店.

申丹，王丽亚（2010）. 西方叙事学：经典与后经典. 北京：北京大学出版社.

史蒂文斯（2002）. 人类梦史（杨晋，译）. 海口：海南出版社.

斯坦纳，温迪（2019）. 图画叙事性. 载于玛丽－劳尔·瑞安（编）. 跨媒介叙事（张新军，林文娟，等译），133. 成都：四川大学出版社.

索尔邦，约兰（2007）. 古代艺术的模仿概念（邢莉，译）. 广西艺术学院学报（艺术探索），4，41－46.

亚里士多德（1996）. 诗学（陈中梅，译）. 北京：商务印书馆.

赵毅衡（1990）. 文学符号学. 北京：中国文联出版公司.

赵毅衡（2013）. 梦：一个符号叙述学研究. 四川大学学报（哲学社会科学版），3，104－111.

Becchetti, A. & Amadeo A. (2016). Why We Forget Our Dreams: Acetylcholine and Norepinephrine in Wakefulness and REM Sleep. *Behavioral and Brain Sciences*, 39, 1－75.

Jung, C. (1974). On the Nature of Dreams. In R. F. Hull(Ed.). *Dreams*, 76. Princeton: Princeton University Press.

Kilroe, P. (2000). The Dream as Text, The Dream as Narrative. *Dreaming*, 10, 3, 125－137.

Nir, Y., Staba, R. & Andrillon, T. (2011). Regional Slow Waves and Spindles in Human Sleep. *Neuron*, 70, 153-169.

Prince, G. (2000). Forty-One Questions on the Nature of Narrative. *Style*, 34, 2, 317-318.

Sirois, F. (2018). The Dream Narrative: Monitoring The Analytic Process. *The Psychoanalytic Quarterly*, 87, 4, 809-816,

States, B. (2003). Dream, Art and Virtual Worldmaking. *Dreaming*, 13, 1, 3-12.

Stockwell, P. (Ed.) (2002). *Cognitive Poetics An Introduction*. London; New York: Routledge.

作者简介：

陈达，赣南师范大学外国语学院讲师，主要研究方向为叙事学。

Author:

Chen Da, lecturer of School of Foreign Languages, Gannan Normal University, focusing on narratology.

Email: chenda@gnnu.edu.cn

报告与书评

2020 年中国符号学发展研究

马姣姣　陈英娴　章富淼　饶广祥

摘　要：本文通过梳理和分析 2020 年符号学相关论文、著作和学术会议情况，总结了 2020 年符号学发展的基本情况和特点。本年度，符号学研究在艺术符号学、中国传统与民俗文化符号学、消费符号学、传播符号学等相关领域推进，理论与应用进一步融合。整体来看，符号学与各种前沿话题、交叉学科的混合研究全面展开，成为各种话题和各个学科的主要理论分析工具，为各学科领域的具体研究问题提供了独特的视角。

关键词：中国符号学，应用，发展，2020

2020 Annual Report of Chinese Semiotics Studies

Ma Jiaojiao　Chen Yingxian　Zhang Fumiao　Rao Guangxiang

Abstract: Analysing papers, monographs and conference presentations, this paper summarises the basic situation and characteristics of the development of semiotics in 2020. In 2020, semiotic research has been promoted in art semiotics, semiotics of Chinese traditional culture and folklore, consumption semiotics, semiotics of communication and other related fields in which semiotic theories and application have been further integrated. Scholars have used mixed research methods, including semiotics and a variety of leading topics and interdisciplinary research methods. Thus, semiotics has become a major theoretical analysis tool for various topics and disciplines and provides a unique research perspective for specific research issues in various disciplines.

Keywords: Chinese semiotics studies; achievements; trend; 2020

DOI: 10.13760/b.cnki.sam.202101018

一、学科概况与研究前沿

2020年，符号学的发展情况总体呈现平稳推进态势。受疫情影响，专著出版和期刊论文发表数量有所下降，但关注的现象范围较往年有所扩大，关注的学术话题在针对性和前瞻性上有所加强。学术交流活动的形式灵活多样，线上学术论坛、线上系列对谈等交流形式兴起，符号学者们与 TED × Chengdu、服务器艺术等社会文化组织的互动增多，符号学讨论面向更广泛的社会群体敞开。在国际交流中，探讨的话题更加多元，既给符号学发展注入了新的思想活力，同时也为重新思考符号学与学术研究、文化现象与社会发展之间的关系提供了新的方向。

（一）论文发表情况

2020年，中国学界共有1316篇符号学相关研究论文[①]，其中CSSCI来源期刊的论文有253篇。[②] 对所有CSSCI来源期的学术论文做关键词共现分析，2020年的符号学研究主要分为如下四类：艺术符号学、中国传统与民俗文化符号学研究、消费符号学、传播符号学。艺术符号学、中国传统与民俗文化符号学研究热度持续上升，符号学进一步发掘文化、艺术等经典话题的潜在研究价值。国家形象的符号建构研究成为传播符号学方向的研究热点，符号学与国际传播研究联系加强。

[①] 在中国知网（CNKI），以"符号"为主题，且全文包含了"符号学"的相关研究，时间限定在2019年12月11日—2020年11月6日。

[②] 在中国知网（CNKI），以"符号"为主题，且全文包含了"符号学"的相关研究，仅选取CSSCI来源学术期刊文章，时间限定为"今年迄今"。注：为了与上一年度符号学发展报告分析成果不交叉，本文特将检索中出现的2019年12月11日以前的文章剔除。

（二）专著出版情况

2020年共出版了10本专著，与认知符号学、现象学、叙述学等学科方向联系较为紧密，对国外的认知符号学的发展有所跟进，主要著作的研究方向包括认知符号学、反讽、叙事本土化等方向。门类符号学专著对符号学理论框架进行了进一步完善，加强了符号学与其他门类研究的交流融合，在视觉形象、大众文化、品牌与广告、文学等多个研究方向上有新的推进和发展，主要集中在民族符号学、情感符号学、中国新诗的视觉传播等领域，另外对饮食符号学、游戏符号学等有所关注。

二、符号学理论研究

符号学领域的理论研究有较多成果，大致可以分为以下几个类别：符号学经典理论的回溯与发展、图像修辞学理论、语言符号学理论以及文化符号学理论。值得注意的是，由于2020年全人类特殊的共同遭遇，生态符号学也有新成果。

经典理论中，卡西尔获得了学界关注。一方面，人类文化的不断生成是一个自由进程，一切符号性思维和符号性活动都是精神自由创造的展示（杨建坡，2020）；另一方面，文化哲学具有本体论诉求，但也忽视了人的符号世界与客观物质世界的关系（袁鑫，阎孟伟，2020）。其他学者的理论也得到了发展，如乌斯宾斯基文化符号学理论思想关注历史、文化和艺术文本（赵爱国，2020），本雅明从主体和对象两方面看待辩证意象的双重逻辑（熊海洋，2020），莫里斯提出符号三分野思想（石玉，2020）等。在基础概念的辨析上，既有对"自我"概念的语境分析（魏屹东，张绣蕊，2020），又有批判反心理主义的思想（朱志方，2020），也有学者对传统的"总体符号学"概念提出了质疑，认为人类存在一个从行为建模到语言建模，再到符号建模的过程（马大康，2020）。

图像修辞学中，一方面是对理论和概念的回溯，有对符号、辞格与语境概念的梳理，指出图像符号的表意阈限决定了多元符号结构共享与意义互动的叙事逻辑，而语境与符号、辞格层级的修辞实践架构了现代图像文本修辞实践基本的框架。（张伟，2020）也有学者在符号交际视域下看待视觉修辞行为，从主体间性出发，认为图像有助于主体间彼此认同，且图像只是编码者劝服解码者的修辞工具。（甘莅豪，2020）另一方面，有学者认为时尚修辞是神话修辞和图像修辞的全面升华，在诸种修辞方式建构的时尚体系中，服饰符码在二元对立形成的矛盾空间中穿行，意指系统得以活跃，大众文化修辞的意义得以彰显。（张爱红，2020）

语言符号学中，大部分学者集中讨论了一些基础理论。对于话语本身，有学者关注"话语意义"问题的重要意义（黄超彬，2020），发展了所谓的"语言语义"问题，认为话语解释是一个整体语用推理过程（完权，2020），也有学者讨论叙事交流的语义真值问题（周志高，2019），或提出批评多模态话语研究/多模态批评话语研究的重要概念和路径（张坤坤，2020）。

文化理论主要分为对文化的研究及对文学的研究。对文化的研究，一方面是从文化整体出发，从宏观视角剖析文化记忆的符号机制（余红兵，2020）；另一方面是关注特定地域的社会文化问题及解决策略（傅其林，2020）。对文学的研究，主要是剖析经典文学作品，为当下图文关系的叙事解读提供新的路径（杨向荣，2020），或是关注文学领域经典作者，梳理其思想成果与历史贡献（杨明明，2020）。

其他符号学理论的研究成果，主要是对符号学关注领域的扩展，体现在诸多学科借用符号学的理论和方法开拓视野，例如对诠释学视域下文本概念的考察影响着宗教研究向宗教现象学的转向（杨胜利，2020），对生物符号学翻译理论的系统化（赵巍，2020）。符号学领域的新学科也在不断兴起，如生态符号学探究符号学对生态环境建设的必要性和可能性（王铭玉，佟颖，2020）。

三、艺术符号学研究

2020 年，艺术符号学仍是备受关注的符号学研究领域之一。今年的艺术符号学研究成果颇为丰硕，在符号学研究诸领域中位列前茅。相关讨论涉及的话题较为多元，其中对经典理论的回顾，对艺术性质的探究，以及对音乐、电影等艺术门类的符号学讨论是主要的研究方向。此外，数字时代下技术与艺术的交融作为 2020 年艺术符号学研究的新兴话题获得了较多关注，有学者对此做出了重要讨论。

在对经典理论的回顾方面，有学者以历史视角回溯了 20 世纪西方美学的发展，指出世纪末的美学研究向美学史回归，并期望在此基础上建构超越美学的美学（高建平，2020）。也有研究者着眼于有突出贡献的学者，并对他们的经典理论做出讨论。如有研究者指出贡布里希（Ernst H. Gombrich）的艺术研究坚持再现逻辑与理性原则，肯定了其艺术思想对艺术理论的"拨乱反正"与推进（孙金燕，2020）。

除了回溯经典美学，2020年艺术符号学也得到了较大推进，尤其是在与艺术的性质相关的方面。有学者从动势概念出发，讨论了艺术中的动力性问题，指出动力性普遍存在于大部分艺术文本之中，并分析了不同艺术体裁中动力性的不同状态：诗歌、舞蹈等体裁直接需要动力才能进行，绘画、雕塑等看似静止的艺术文本中也隐藏着动势结构，而静物、肖像画等文本看起来处于稳定的静态，但这其实是不平衡之间的暂时平衡状态，动势被悬置，但随时会取代静止。（赵毅衡，2020a）

除此之外，对文学艺术中意向性的研究进一步深入。此前讨论较少的"文本意向性"问题得到强调，其被认为是文本传播过程中更为关键的环节，与文本本身的品格共同决定了文本的基本意义。同时，文本中的"意义不定点"越多，文本的解释张力就越大，意义解释也就越丰富。（赵毅衡，2020b）这种意义解释的多元化往往是艺术文本的特征之一，但当同一次解释中出现"双读"现象时，就会产生"解释漩涡"，这在艺术作品及评价中极为常见，它逐渐取代现代性的反讽，主导了后现代全球艺术。（赵毅衡，2020c）

值得注意的是，近年来一种细腻的反讽形式被越来越多地运用到各类艺术题材中，它就是坎普。坎普经常被误认为与常见的搞笑、幽默、讽刺相同，但实际上，它是一种特殊的符号修辞方式，是一种口是心非的艳俗——用过分艳俗来推翻艳俗。在充分考虑文化语境、精准拿捏操作分寸后，这一符号修辞手法往往可以取得非常出彩的效果。（赵毅衡，2020d）

还有学者强调"标出性"在艺术理论中的重要性，认为与文化标出性的两种构成方式相对应，艺术的标出性也有两种方式，分别为形式标出和题材标出。两者在艺术文本中共存，因此艺术是一种"双标出"的文化活动。（陆正兰，2020a）

而在与艺术相关的门类符号学研究中，有关音乐和电影的研究占有较大比重。

在音乐艺术方面，有学者注意到了当下古风音乐盛行的现象，认为原因在于歌词中凸显的中国文化符号，这种文化符号既能产生美学共鸣，又能凝聚民族性，且为中华乐教及诗学传统的复兴提供了有效的路径。古风歌曲只有依靠共同的文化符号才能完成其特有的符号表意，基于此，国家民族群体的参与才会成为其意义的真正落实点（陆正兰，2020b）。除此之外，古风歌曲中歌词的音乐性也值得关注，而音乐性也是古今歌词研究长期以来的核心要素。古今歌词的音乐性至少体现在两个层次：一是歌词声律内在的音乐性，即语言节奏，尤其是平仄的节奏；二是歌词外在的音乐性，主要是指与音乐的配合关系。（陆正兰，2020c）

在电影领域，有学者尝试探究低于"叙述层面"的"符号层面"的修辞问题，以修辞符用学和符号修辞格为基本向度展开讨论，前者主要探究电影创作过程中通过选择或设计适当的符用学语境进行的消极修辞操作，而后者则探析以文字为媒介的语文修辞格向电影映射的积极修辞操作（刘利刚，2020）。电影镜头叙述中的符号指示性的问题也得到讨论：在电影叙述的展开过程中，镜头打破常规视觉语法，以非常规视觉感知方式，成为观影者思维展开的方向指示（文一茗，2020）。另有学者以叙述学视角切入，从叙述主体、发送以及接收三个角度来分析电影的"梦"特性，分别涉及梦与电影的叙述主体、叙述语言、接收体验以及梦者与观众的认知接收等方面的异同（方小莉，2020）。当下常见的电影改编现象也引起了学界的关注，其本质被认为是一种重复运动（赵禹平，2020）。

此外，随着科幻热潮在我国的兴起，2020年，学界针对科幻电影的研究也有所增多，且多以科幻电影为载体探讨技术对意识形态及身份认同的影响等深层次问题。

科幻电影中频繁出现的"义体人""虚拟人"形象成为讨论的重点。"义体人"作为能指，与"永恒美丽、金刚不坏的理想之躯"这一所指共同拼合为一个新的能指，其所指为"当下身体与物品高度同质化的意识形态"（田茵子，曾一果，2020）。同时，电影中"虚拟人"的困境也折射出身体和身份在机器化、信息化、智能化影响下表现出的不确定性，反映了在科学技术的压力之下，人类对未来身体意义的焦虑心理（陆正兰，赵勇，2020）。

还有学者站在更宏观的视角，讨论了技术对艺术领域产生的不容忽视的影响，指出近半个世纪以来，各类艺术体裁都出现了大量由人工智能生产的作品，但此类作品缺乏艺术最必需的要素——主体性，因而也就不可能具备艺术创作的主体意向性，同时人工智能也不具有鉴赏和鉴别艺术的能力。关于人工智能艺术的未来，有观点认为人工智能艺术正在撼动艺术理论的一些基础性支点，学界应尽快启动"后人文"研究，以评估当下人工智能对文化的影响，以及其未来发展可能对人类文化造成的后果。"后人文"研究应包含以下几个重要课题："后媒介时代""艺术的终结"和"后人类"。而目前各种关于"后人类艺术"的理论，都忽视了一个基本问题：艺术是人类的符

号意义能力中最人性的体现。（赵毅衡，2020e）

2020年，学界对艺术符号学的关注有增无减，相关研究得到较大推进。值得注意的是，以人工智能为代表的数字技术对艺术理论造成了一定程度的冲击，但也为艺术符号学的研究提供了新的方向与可能性。随着泛艺术化的不断深入和数字时代的全面到来，艺术符号学仍有较大的发展空间。

四、中国传统与民俗文化符号学

自国内符号学研究起步以来，中国传统与民俗文化始终是重要面向。一方面，中国传统文化资源中的符号思想被不断挖掘；另一方面，中国独特的文化现象在与符号学方法论的结合下得到深层阐释，中国符号学的自身特色日益彰显，研究体系逐渐完备。从2020年国内发表的学术成果来看，中国传统与民俗文化的符号学研究仍然是学界观照的重点，其中，先秦符号思想的深入挖掘、中国古典文学的符号学解读、汉字以及民俗文化的符号学研究成为主要的研究方向。

先秦时期的思想家留下了灿烂的符号学遗产，不少学者致力于该遗产的挖掘与整理。《周易》作为人类最早解释世界万象变化的符号体系之一，一直是后世学者的兴趣所在。有学者从卡西尔文化哲学视角出发，认为《周易》既展现为一套逻辑规范化的符号体系，又能激发具象化的生命想象，同时具有理性抽象与感性直观的特质（刘淑君，2020）。同时，一些学者聚焦先秦诸子的名学思想，其中既有对墨家、名家与儒家名学中的指物观进行的比较分析（肖中云，张长明，2020），也有依据《老子》文本对道家思想中"名"观念的具体阐释（丁亮，2020）。"比德"是中国古典美学的重要概念，有学者从符号学角度分析了先秦的比德观，指出比德所代表的一系列文化符号与象征体系建构了具有中华民族特色的伦理符号学系统（祝东，田小霞，2020）。

另有一些学者利用符号学对中国古典文学展开研究。比如，利用哲学符号学的元符号、无限衍义等概念对《黄帝内经》中"气"符号哲学意义的形成与医学意义的建构展开详细分析（陈东，2020）。从双轴操作与符号理据性出发，对《山海经》中先民崇拜的神怪形象从自然物转化为符号的双重过程进行探讨（康亚飞，2020）。还有学者以《文心雕龙》为例，提出"瑕疵文本"的概念，认为"瑕疵文本"是指文本本身含义不清或互相矛盾，进一步补充了相关的符号学理论（黄维樑，2020）。可以看到，中国传统文学的意义在符号学的介入下得到更为深刻的阐释，与此同时，中国符号学也在传统文化资源的反哺下不断发展理论，彰显自身特色。

有关汉字的符号学研究是另一个极具中国特色的研究领域。本年度汉字符号学研究继续朝纵深处推进。孟华（2020）通过分析汉字，讨论了两种超符号关系方式：以语言符号为中心的"向心"和以非语言符号为中心的"离心"。王军（2020）以汉字"乱二"为对象，集中讨论了汉字的符号指称功能。语象关系是汉字符号学的重要研究进路，有学者以古埃及象形文字为例，分析其图像与语言的互动关系，提出象形文字的研究必须在语言和图像的关系中进行（陈永生，2020）。另有学者则从绘画入手，讨论了文人画中的汉字性构意法则，指出汉字性的根本特征是语图融汇（匡景鹏，2020）。汉字与符号学的结合顺理成章，作为世界上最古老的文字体系，汉字为当下中国符号学的研究提供着无尽的灵感。

除了对中国传统文化资源进行历时性挖掘，还有不少学者着眼于当下广阔的中国社会，利用符号学对多元的民俗文化现象展开更深层次的意义分析。《民族符号学：文化研究的方法》（霍帕尔，2020）虽然并未聚焦中国，但作为民族符号学研究领域的代表性著作，该书将民族文化的实践研究与符号学理论完美结合，提供了具有一定普适性的研究范本。民俗文化总是体现在具体的实践活动之中，因此各民族特有的传统技艺与生活样态成为主要的分析文本。有学者讨论了黔中地区的屯堡社会形态，认为其能够较好地保存至今，除了经济因素，更得益于其礼乐文化符号系统的传承及其独特的传播结构（谢清果，陈瑞，2020）。此外，还有学者对侗族鼓楼（秦越，2020）、黎族打柴舞（孙德朝，顾慧亚，2020）、阿拉善地毯织造技艺（庞涛，2020）展开了符号学研究。在现实语境下，如何保护与传承民俗文化成为重要的话题，民俗地域文化与旅游业的结合是其中主要的研究方向。有学者对旅游场域下哈尼梯田饮食文化的符号建构进行解读，指出在旅游的推动下，饮食文化从原有文化体系中被截取出来，经重构和展演，其内涵发生了变迁，呈现出"符号化真实"（伍乐平，张晓萍，2020）。还有学者以迪庆藏族自治州为对象，对其将自身丰富的地域文化资源符号化以建构特色旅游空间的具体路径进行了讨论。（杜彬，李懋，覃信刚，2020）

五、消费符号学

在消费符号学的相关研究中，论题涉及品牌、广告、消费文化、旅游、饮食等多个方面，显示出多学科、多领域交叉融合的研究态势。

其中，旅游和饮食领域的研究成果颇为丰富，旅游产业与传统文化的深度融合正在成为诸多学者共同关注的话题。旅游是带有强烈的符号属性的消费行为，通过探究旅游消费的意义生成过程，我们能够洞察其背后的旅游与社会文化的关系问题（张进福，2020）。

诸多学者结合人类学常用的田野调查法，置身于各个旅游地，运用符号学的分析方法剖析当地独特的文化，通过优化旅游商品设计来促进旅游与文化产业的融合。我们看到了云南哈尼梯田"天人合一"的饮食文化符号体系（伍乐平，张晓萍，2020），云南丽江古城里充满纳西族族群意义的东巴纸商品（卢凯翔，2020），也明白了建构旅游地"符号化真实"对提升旅游地吸引力的重要性。而要建构充满符号意义的旅游第三空间，则需要社区民众、政府和旅行社等共同努力，将富有特色的自然环境和文化遗产转变为广为传播的文化符号（杜彬，李懋，覃信刚，2020）。

在旅游业开发的过程中，旅游地居民的身份认同问题同样值得关注。当地居民在参与符号化村落景观生产的过程中，也在重构自己的族群身份。生活在汉、藏、羌三族聚居地交接地区的嘉绒藏族村落的村民，通过使用藏族文字、藏族文化符号装饰自己的房屋来表达对藏族文化的欣赏，并在旅游接待的过程中强化自身的族群身份（陈景，孙九霞，2020）。青绣作为青海各民族民间传统刺绣产品，不但延续着族群的历史记忆，也在不断强化着族群认同和凝聚力（王建华，2020）。

关于旅游消费文化，也有部分学者从符号学视域对旅游地文化景观的建构表达隐忧。随着消费规模的扩大，符号的简单复制会导致旅游景区同质化问题严重，使得旅游地古村落特色逐渐消失在商业化进程中（王军围，唐晓岚，2020）。

在品牌与广告的符号学研究方面，学者们重视新时代语境下品牌与广告传播的新现象、新变革，在广告的真实性、广告与技术变革、品牌理论创新方面有所推进。

广告的真实性是学界一直在探讨的话题。广告"述真"涉及发送者、文本与接受者三重因素，以往的真理符合论与真理融贯论没有充分考虑到接受者对真实的反向构筑，因而需要借助"社群真知论"来评判广告中难以验证的真实部分（黄文虎，2020）。重新审视广告"述真"问题，深化广告表意理论，有利于指导广告实践的开展。

随着时代的发展，广告与新技术的紧密联合带来了广告形态的变化。作为新时代广告的全新形态，泛广告突破了传统广告所确认的付费、依赖大众媒体传播等符码，改变了广告与其他被寄生文本的"寄生"关系。泛广告是人工智能发展的结果，同时也是人工智能进一步应用到广告中的前提。（饶广祥，段彦会，2020）。饶广祥（2020）在其新著中运用符号叙述学探究广告文本的体裁、意动和表意规律问题，也更加详细地论述了新时代广告体裁演变的问题。泛广告的研究为广告研究提供了全新的起点，也为广告实践和创作提供了新的方向。竖屏广告作为新型广告形态之一，其人际互动功能和意义构成功能具有独特性。竖屏的拍摄距离体现人际距离，拍摄视角隐喻权力尊卑，成像特点凸显信息价值，对于广告实现说服、传播功能具有重要意义。（刘丹，2020）直播带货也是广告与技术深度结合的产物，为营销指明了新的路向。网红直播带货营销模式的本质是基于两个主体"人"之间的有效互动最终具象化为对"物"的消费。（朱云，申超红，2020）

在品牌理论方面，有学者借助符号学方法，厘清了原有品牌理论中品牌与商品的纠缠问题，指出商品意义的形成是商品－物、商品的伴随文本和消费者之间相互影响、相互作用的结果，提出了解释商品象征意义形成的分析框架（刘楠，2020）。有学者对品牌管理模式进行创新，将符号学三分法理论与实证研究相结合，证明了品牌三角激活的动态匹配模型的有效性（林雅军，黄德，谭武斌，2020）。也有学者关注近年来大量涌现的品牌"国潮"现象（蒋诗萍，周诗诗，2020），网络文学 IP 的跨界与超级符号的建构（王小英，2020a）

在消费文化的反思和批判方面，学者们大都从马克思、鲍德里亚、鲍曼等人的经典理论出发，研究当下的个人消费、城市化进程、贫困问题等。在个人消费方面，女性消费深受美妆网红的影响。美妆网红建构了当代女性理想自我认同的符号性幻象，削弱了女性消费者的主体地位，同时加速了女性审美文化与商业和消费社会的结合（匡文波，2020）。在城市化进程方面，人们通过媒介完成认知的"拟像图景"，对乡村的感知不再是真实的亲身体验，媒介所呈现的乡村是一种类型化符号，这种类型化固化了城乡主体身份的差距（王雅琴，2020）。在贫困问题上，尽管鲍曼的"流动的现代性"框架对于消费主义和消费者社会的新阐释更具有时代性和现实意义（孙建茵，冯引，2020），但只是从生产与消费对立的立场来提出问题，只能够提供"批判的武器"，要解决贫困问题，还需要回到马克思的唯物史观，揭示符号意识形态、贫困与新穷人等问题的根源（张当，2020）。

六、传播符号学

由于传播学和符号学两者理论逻辑的深层联系，打破两学科间的壁垒是国内外学术发展的共识和趋势。2020年的传播符号学研究凸显时代特征。在理论方面，多位学者站在宏观视角，表达了传播学与符号学走向共融之意愿及不可阻挡的趋势。媒介的第三次突变使符号学成为传播学走出失效困境的有效路径（张骋，2020），也使传播研究由"信息通达"转向"意义需求"，中国传统文化符号思想所蕴含的"意义"在"人类意义共同体"语境下得到观照和阐发，是中国传播符号学界努力的方向（胡易容，2020）。

本年度传播符号学应用层面的研究从多维度展开。疫情危机和国际局势等问题将一批研究者注意力引向以公共事件传播为代表的新闻传播领域，国家形象和意识形态建构有关的研究也随之获得更广泛的关注，而社会认同与身份建构仍然是传播符号学的热门话题。在新闻传播领域，符号学研究主要从新闻生产和新闻接收两层面展开：

在新闻生产层面，相关研究主要从叙述结构和文本特征两个维度展开讨论。关于新冠疫情背景下，专家话语如何进入公共表达和修辞，蒋晓丽（2020）总结出四种典型话语修辞框架：通过概念修辞框架来建构防疫的公共日常，通过隐喻修辞框架实现喻体资源的有限借用，通过故事修辞框架追求可述性的平衡，通过描述修辞框架坚守科学理性的表达。"怨恨"的网络公共情感，其叙述结构呈现格雷马斯符号矩阵式的全否定格局，最终脱离事件本身，指向对阶层分化和对立的凸显（何飞，2020）。此外，新闻的显性伴随文本预设新闻文本的表意角度，生成性伴随文本拓展新闻文本的表意深度，解释性伴随文本延伸新闻文本的表意广度（王亿本，蒋晓丽，2020）。常规化和标准化新闻的意识形态通过渗透在新闻文本中的一系列元符号体现，标准化新闻和大众新闻的风格分野在于强编码和弱编码不同的编码路径（王强，2020）。

在新闻接收层面，受众与新闻文本之间相互建构和影响。受众对叙述事件的意义解读决定着媒介叙述文本的类型、内容和叙述技巧（蒋晓丽，郭旭东，2020）。疫情慢直播的"云监工"通过命名、拼贴再创作和应援等行为，起到了表达和传播情感、释放紧张情绪、构建共同"抗疫"的群体感和身份认同等作用（宋成，2020）。算法生成的新闻文本之于用户而言是一种"绝似符号"，导致用户主体认知与符号意义间的表意距离消失，使得用户主体失去探索外部符号世界意义的能力（冯月季，2020）。

国家形象与意识形态建构面向多领域展开研究。有学者指出当代符号体系的政治功能发生了转向，这种转向有利于维护国家统一、建构国家认同、助力国家治理和整合（薛洁，2020）。

在此背景下，国家形象建构与文化传播密切相关。有学者站在文化符号学视角，从语言文字符号、政治象征符号等方面尝试建构中华民族共同体意识认同的符号机制（谢新清，王成，2020）。短视频跨文化叙事中语言符号与非语言符号的动态聚合构成完整意义的全文本，有助于实现民族凝聚、精神激励和价值整合等跨文化功能（肖珺，张驰，2020）。而在意识形态建构层面，大型工程与仪式建构的象征符号是实现社会主义核心价值观的有效途径。随着计划经济体系的完善，大桥工程的物质功能逐渐退场，转而成为国家象征性表征以及市民的日常生活符号（黄骏，2020）。而仪式能够将抽象的、处于意识形态最高层次的核心价值观具体化、形象化、生活化（吴娜，2020）。

关于社会认同与身份建构的研究，主要围绕虚拟社交展开，包含表情符号、短视频、网络话语和亚文化等多个维度。表情包研究既有对其表意功能的解读，也有对文化和表意功能之关系的辩证分析。表情包通过制造网络对话的"拟在场"，成为新媒体语境中人们选择的"面具"和"替身"（王小英，2020b）。西方绘文字和中国微信表情的功能差异是文化选择的结果，具体体现为前者着重客观面部表情传递，而后者则侧重共享的面部体验仪式。（林升栋，程茜，乔巾哲，等，2020）。另外，虚拟社交通过打造人设寻求身份认同。人设作为风格化意义的再现与传播，是接受者在人设中寻求和确立自我的凭借（刘娜，2020）。但人设打造也会带来一系列隐患，如美颜自拍与真实自我的符号偏移会导致身份误同的产生（陈琦，2020），小屏传播的平台局限性导致媒介化形象偏差（管倩，李欣煜，蒋易宏，2020）。

可见，在第三次媒介剧变的语境之下，传播符号学研究在朝着多领域、多面向延伸的同时，也逐渐摸索出了一条既融通传统中国文化符号遗产，又接轨当下中国传媒变革独特现实的路径（胡易容，2020）。

七、结语

2020年符号学发展在学术成果的产出与传播以及学术论坛活动的开展上，都呈现出新的趋势和特征。符号学理论探索向更加纵深的领域发展，前沿话题的应用研究成果丰富，理论和实践应用研究稳步推进，加强了与其他学科领域在学术脉络上的融通。学术论坛、学术年会、研讨会等各种交流形式更加灵活和多样，与社会文化组织互动增多，越来越多的国内外学者加入了符号学的讨论，将符号学研究推向广泛和深入的社会维度。本年度的符号学发展聚焦前沿和现实，为各种文化现象和现实问题的分析提供了独特的视角。

基础的理论研究方面，本年度对一些重要的符号学家的思想理论进行了回顾和讨论，主要围绕文化哲学、主体与自我等论题，同时延伸到了符号学的生理性基础探析。另外，学者们划定了部分深层理论的研究范围和方向。在音乐、图像、语言等现象的理论研究基础上，符号学的理论体系也不断完善。反思经典符号学理论、建构开放的符号学体系是理论研究的推进方向，回顾与思考、探讨与争鸣成为本年度理论研究的主要态势。

艺术符号学对现实研究的思考增多，关注人工智能等前沿话题，探讨了前沿发展中的符号意义交流过程，为理解当下与未来、艺术和现实、人类与机器关系问题提供了一种符号学思考。中国传统与民俗文化符号学从不同历史情境和发展阶段中探究文化现象，重视对文化传承问题的研究，在对现有的文化现象思考的基础上，深入挖掘了传统文化资源的符号价值。消费符号学深入解读各种新环境下的消费形式，对国潮、美妆、城乡主体身份问题的分析显示了符号学研究的现实意义。疫情之下，传播符号学与国际传播结合紧密，符号学研究为国家形象的符号表现和运用提供了丰富的理论资源与分析空间，体现了符号学在国家形象、宏大叙事等研究方面的理论价值。符号学成为洞悉特殊时代背景下的诸多现象的重要理论工具，也在发展中不断拓展着自身的研究视野与进路。

引用文献：

陈东（2020）．中国身体哲学中"气论"的符号学阐释：《黄帝内经》试解．符号与传媒，1，138－149．

陈景，孙九霞（2020）．民族旅游村落景观化过程研究．西南民族大学学报（人文社科版），41，1，22－30．

陈琦．（2020）．美颜自拍："容颜赋意"下的身份误同．当代传播，2，103－106．

陈永生（2020）．谈古埃及象形文字内外的语象关系．符号与传媒，2，84－98．成都：四川大学出版社．

丁亮（2020）．《老子》文本中"名"的观念．中州学刊，2，98－105．

杜彬，李懋，覃信刚（2020）．文旅融合背景下旅游第三空间的建构．民族艺术研究，

33，3，152-160.

方小莉（2020）．论梦与电影造梦．符号与传媒，1，235-246.

冯月季（2020）．反叙述：算法新闻的符号哲学反思．编辑之友，1，74-78.

傅其林（2020）．论东欧马克思主义文化理论的核心命题．江西师范大学学报（哲学社会科学版），53，1，63-72.

高建平（2020）．20世纪西方美学的新变与回归．社会科学战线，10，143-154.

管倩，李欣煜，蒋易宏（2020）．小屏传播时代少数民族女性新形象研究——以"浪漫侗家七仙女"为例．民族学刊，3，64-72+135-136.

何飞（2020）．网络公共事件的情感叙述．当代传播，2，91-94.

胡易容（2019）．传播符号学的历史语境与中国路径．广西职业技术学院学报，6，13-18+2.

黄超彬（2020）．本维尼斯特陈述话语意义的整体性与动态性——兼论意识与话语流．当代修辞学，5，56-69.

黄骏（2019）．作为媒介的交通设施：武汉长江大桥的国家符号与城市记忆（1954-2018）．新闻界，11，71-79

黄维樑（2020）．符号学"瑕疵文本"说：从《文心雕龙》的诠释讲起．符号与传媒，1，1-8.

黄文虎（2020）．符号学视野下的广告"述真方阵"．华侨大学学报（哲学社会科学版），2，127-139.

霍帕尔，米哈伊（2020）．民族符号学：文化研究的方法（彭佳，贾欣，译）．北京：社会科学文献出版社．

蒋诗萍，周诗诗（2020）．论"国潮"品牌跨界的符号双轴关系．符号与传媒，2，141-149.

蒋晓丽，郭旭东（2020）．社会化表演的网络文本世界——符号叙述学视域下美国总统政治的媒介话语分析．国际新闻界，1，99-118.

蒋晓丽，叶茂（2020）．从介入到共生：新冠疫情媒体报道中专家话语的表达修辞．新闻界，5，28-35.

靖鸣，姜凯宁（2020）．符号互动理论视阈下明星身份的建构与思考．新闻爱好者，8，14-17.

康亚飞（2020）．基于《山海经》神怪形象的传播符号学研究．重庆广播电视大学学报，3，21-27.

匡景鹏（2020）．文人画中的汉字性：以苏轼的《潇湘竹石图》为例．符号与传媒，2，99-108.

匡文波（2020）．"美丽"作为隐喻美妆网红与消费文化的批判性解读．人民论坛，19，133-135.

林升栋，程茜，乔巾哲，庞云洁，李亚伟（2020）．中西表情包设计比较：基于小黄脸的符号学分析. 符号与传媒, 1, 150-171.

林雅军, 黄德, 谭武斌 (2020). 符号学视阈下我国民族品牌激活的动态匹配模型研究. 河南社会科学, 28, 7, 112-119.

刘丹 (2020). 视觉语法视域下竖屏微电影广告的多模态隐喻构建——以华为广告《悟空》为例. 华侨大学学报（哲学社会科学版）, 1, 154-160.

刘利刚 (2020). 谫论电影符号修辞的两个基本向度. 北京电影学院学报, 4, 35-41.

刘楠 (2020). 回到商品表征：对品牌理论的一个符号学追溯. 符号与传媒, 1, 185-194.

刘淑君 (2020). 《周易》符号的生命性与形式特质——以卡西尔文化哲学为视角. 周易研究, 4, 42-50.

卢凯翔 (2020). 民族旅游商品"族群性"表征的构成性诠释——以云南丽江"东巴纸"为例. 中南民族大学学报（人文社会科学版）, 40, 3, 92-96.

陆正兰, 赵勇 (2020). 数字时代的身体意义——科幻电影中的三种虚拟人身体范式探析. 福建师范大学学报（哲学社会科学版）, 5, 116-124+171.

陆正兰 (2020a). 论艺术的双标出性. 思想战线, 2, 165-172.

陆正兰 (2020b). 中国古风歌词中的文化符号功能. 职大学报, 2, 42-44.

陆正兰 (2020c). 古今歌词的平仄与音乐性. 符号与传媒, 1, 104-117.

马大康 (2020). 符号建模与审美创造——兼对"总体符号学"的质疑. 浙江学刊, 1, 178-190.

马圆瑞 (2020). 音乐的符号转换与意义生成——论埃罗·塔拉斯蒂音乐符号学理论的内涵与视角. 中国文艺评论, 4, 50-62.

孟华 (2020). 文字符号的向心和离心. 符号与传媒, 2, 68-83.

倪爱珍 (2020). 论反讽. 成都：四川大学出版社.

庞涛 (2020). 阿拉善地毯织造的身体可视性符号的阐释. 中央民族大学学报（哲学社会科学版）, 4, 150-157.

秦越 (2020). 侗族鼓楼符号的表征面貌及文化价值解析. 贵州民族研究, 3, 133-139.

饶广祥, 段彦会 (2020). 泛广告：人工智能时代的广告变革. 福建师范大学学报（哲学社会科学版）, 5, 125-131.

饶广祥 (2020). 品牌与广告：符号学叙述学分析. 成都：四川大学出版社.

石访访 (2020). 饮食符号学. 成都：四川大学出版社.

石玉 (2020). 莫里斯符号三分野思想与《坛子轶事》. 读书, 2, 48-54.

宋成 (2020). "慢直播"与"饭圈文化"："云监工"的传播学解读. 新闻与写作, 3, 56-61.

孙德朝, 顾慧亚 (2020). 黎族打柴舞身体文化记忆研究. 体育与科学, 3, 57-65.

孙建茵, 冯引 (2020). 鲍曼消费主义文化批判思想探析. 苏州大学学报（哲学社会科学版）, 41, 4, 65-72.

孙金燕 (2020). 无法与无需抵达之象：贡布里希艺术思想核心理念讨论. 符号与传媒,

2, 32-45.

索内松, 约伦 (2020). 认知符号学: 自然、文化与意义的现象学路径 (胡易容, 梅林, 董明来, 等译). 北京: 社会科学文献出版社.

田茵子, 曾一果 (2020). 技术美学与身体景观: 科幻电影中的"义体人"形象. 北京电影学院学报, 2, 58-64.

完权 (2020). 从皮尔斯符号学到语用整体论. 当代修辞学, 3, 11-24.

王建华 (2020). 人类学视野下的青海特色文化产业发展研究. 青海民族大学学报 (社会科学版), 46, 2, 109-116.

王军 (2020). 汉字的符号指称功能——以"虫二"为例. 西安外国语大学学报, 3, 16-21.

王军围, 唐晓岚 (2020). 消费社会传统村落景观的保护与传承研究——以太湖地区古村落为例. 美术观察, 1, 72-73.

王铭玉, 佟颖 (2020). 生态符号学学科建构探索. 当代修辞学, 5, 19-28.

王强 (2020). "无名"的叙述: 当代新闻话语的符号学分析. 重庆邮电大学学报 (社会科学版), 32, 155 (1), 136-144.

王强 (2020). 中国新诗的视觉传播研究. 北京: 中国社会科学出版社.

王委艳 (2020). 交流诗学: 话本小说艺术与审美特性研究. 开封: 河南大学出版社.

王小英 (2020a). 超级符号的建构: 网络文学IP跨界生长的机制. 中州学刊, 7, 154-160.

王小英 (2020b). 论人类传媒史上的表情包"拟在场"表演. 西北师大学报 (社会科学版), 4, 29-35.

王雅琴 (2020). 城乡融合发展的符号经济学实践. 甘肃社会科学, 4, 196-203.

王亿本, 蒋晓丽 (2020). 伴随文本框架下新闻文本的意义生产研究——以中美女主播"越洋对话"为例. 新闻界, 1, 46-51.

王瑛 (2020). 叙事学本土化研究. 北京: 北京大学出版社.

魏屹东, 张绣蕊 (2020). "自我"概念的语境分析. 山西大学学报 (哲学社会科学版), 43, 1, 70-76.

文一茗 (2020). 电影镜头叙述中的符号指示性. 陕西师范大学学报 (哲学社会科学版), 3, 120-127.

吴娜 (2019). 纪念仪式与社会主义核心价值观认同——以江西公安英烈纪念墙为考察场域. 江西社会科学, 12, 193-198+256.

伍乐平, 张晓萍 (2020). 旅游场域下哈尼梯田饮食文化的符号构建与解读. 原生态民族文化学刊, 12, 5, 151-156.

肖珺, 张驰 (2020). 短视频跨文化传播的符号叙事研究. 新闻与写作, 3, 24-31.

肖中云, 张长明 (2020). 墨家、名家与儒家: 三种指物观的比较分析. 广东社会科学, 2, 45-52+254.

谢清果, 陈瑞 (2020). 黔中屯堡社会中礼乐文化的符号表征及其传播特质. 符号与传媒，1，118 – 137.

谢新清，王成（2020）．建构中华民族共同体意识认同的符号机制——基于卡西尔文化符号学的启示．晋阳学刊，4，65 – 70．

熊海洋（2020）．意识过程与符号体系的汇流——论本雅明辩证意象的双重逻辑面相及其思想史意义．国外文学，1，1 – 11 + 156．

薛晨（2020）．日常生活意义世界：一个符号学路径．成都：四川大学出版社．

薛洁（2020）．国家建设：符号系统政治功能的转向．浙江社会科学，7，21 – 29 + 38 + 156 – 157．

杨建坡（2020）．自由的文化维度及其限度．社会科学战线，9，39 – 46．

杨明明（2020）．反思与展望：新世纪俄罗斯的洛特曼研究（2000—2019）．俄罗斯文艺，1：124 – 132．

杨胜利（2020）．诠释学视域下的"文本"：从符号到象征．西藏民族大学学报（哲学社会科学版），41，2，87 – 92．

杨向荣（2020）．图与词：重读马格利特与福柯——图文的断裂叙事及其话语深渊．浙江社会科学，1，94 – 101 + 109 + 158 – 159．

余红兵（2020）．文化记忆的符号机制深论．外国文学，3，173 – 181．

袁鑫，阎孟伟（2020）．文化哲学的本体论诉求——卡西尔文化哲学思想探析．世界哲学，1，117 – 125．

张爱红（2020）．时尚修辞的自由——修辞学视域中罗兰·巴特大众文化新论．山东师范大学学报（社会科学版），65，1，44 – 54．

张骋（2020）．符号学转向：互联网语境下传播学研究的新走向．宜宾学院学报，3，93 – 100．

张当（2020）．消费社会视域中的贫困问题．浙江社会科学，1，102 – 109．

张进福（2020）．旅游吸引物属性之辨．旅游学刊，35，2，134 – 146．

张坤坤（2020）．西方多模态话语研究与批评话语研究的融合趋势．现代外语，43，2，282 – 293．

张伟（2020）．符号、辞格与语境——图像修辞的现代图式及其意指逻辑．社会科学，8，171 – 181．

赵爱国（2020）．乌斯宾斯基的文化符号学理论思想评略．俄罗斯文艺，3，110 – 119．

赵巍（2020）．面向新问题的翻译理论构建——《翻译的（生物）符号学理论：社会文化现实的突现》述评．中国翻译，41，1，97 – 102．

赵毅衡（2020a）．艺术与动势．文艺争鸣，9，68 – 75．

赵毅衡（2020b）．论文学艺术的"文本意向性"．四川大学学报（哲学社会科学版），4，166 – 173．

赵毅衡（2020c）．艺术中的解释漩涡．社会科学战线，3，119 – 126．

赵毅衡（2020d）．人工智能艺术的符号学研究．福建师范大学学报（哲学社会科学版），

5, 107-115.

赵毅衡（2020e）. 论坎普：艳俗的反讽性再生. 江西师范大学学报（哲学社会科学版），5, 52-58.

赵禹平（2020）. 重复：电影改编的艺术基底. 符号与传媒，2, 150-165.

周艳秋（2020）. 央视公益广告中核心价值观的传播路径. 中国电视，3, 105-108.

周志高（2019）. 论叙事交流的语义真值. 南昌大学学报（人文社会科学版），50, 6, 106-114.

朱云，申超红（2020）. 符号互动视角下出版业直播营销策略研究. 科技与出版，8, 104-108.

朱志方（2020）. 没有心灵就没有意义——反心理主义错在何处. 学术交流，7, 23-29+191.

祝东，田小霞（2020）. 比德观：自然的文本化及伦理符号学意蕴. 西华师范大学学报（哲学社会科学版），3, 51-56.

宗争，董明来（2020）. 游戏符号学文选. 成都：四川大学出版社.

作者简介：

马姣姣，四川大学文学与新闻学院符号学-传媒学研究所成员，主要研究方向为传播符号学。

陈英娴，四川大学文学与新闻学院符号学-传媒学研究所成员，主要研究方向为传播符号学。

章富淼，四川大学文学与新闻学院符号学-传媒学研究所成员，主要研究方向为传播符号学。

饶广祥，四川大学文学与新闻学院副教授，符号学-传媒学研究所副研究员，主要研究领域为品牌符号学。

Author:

Ma Jiaojiao, member of ISMS research team, Sichuan University. Her main research field is semiotics of communication.

Chen Yingxian, member of ISMS research team, Sichuan University. Her main research field is semiotics of communication.

Zhang Fumiao, member of ISMS research team, Sichuan University. Her main research field is semiotics of communication.

Rao Guangxiang, associate professor of Collage of Literature and Journalism, Sichuan University; associate researcher of the ISMS research team, Sichuan University. His main research field is brand semiotics.

Email: Raoguangxiang@163.com

From Literature to Culture: A Review of Yiheng Zhao's *The River Fans out: Literature and its Theories in China*

He Yijie

Title: *The River Fans Out: Literature and its Theories in China*
Author: Yiheng Zhao
Publisher: Springer
Publishing time: 2020
ISBN: 978 – 981 – 15 – 7724 – 6
DOI: 10. 13760/ b. cnki. sam. 202101019

The river fans out, forming a delta at the end of its long run through mountains and valleys. The current turns gentle and steady, and its course diverges into the sea. This might be the origin of the name of this book, in which Professor Zhao Yiheng provides us with a unique historical and theoretical approach to understanding the development and characteristics of Chinese literature, carefully analysing the various traditional and modern genres. He does not simply introduce the literature, but rather places it into a more ambitious narrative and semiotic framework to examine its significance. This approach links literature back to the study of meaning and forward to culture, the ocean into which every human creation finally merges.

The study of formalism in China, which began in the 1930s, was interrupted by World War II and China's War of Liberation. For more than 40 years, formalism was considered either decadent or bourgeois in China, while elsewhere the "Linguistic Turn" was hugely influential in nearly all fields in the humanities. Semiotics attracted increasing attention, and the exploration of the nature of meaning was in full swing in

---

* This paper is supported by The National Social Science Fund of China "Network News Noise Pollution and Governance"(19CXW001) .

the West. Meanwhile, literature in China was dominated by Socialist Realism, and consequently the study of literature was obsessed with what literary content revealed about the real world. It should not be said that formalism is superior to realism or vice versa, but the singular focus and monotony of critical discourse in China was quite frustrating. It was not until the end of the Cultural Revolution that the limitations on thought came to an end and formal studies regained prominence.

Zhao Yiheng was one of the first scholars to study formalism, and the first to introduce New Criticism systematically to China after its reform and opening-up. He started his post-graduate studies with Shakespeare in 1978 but soon found himself more interested in the logical form of a text than in interpretations of its content. Encouraged by his mentor Bian Zhilin, one of the most respected literary critics and poets in modern China, Zhao traced the history of formalism from New Criticism all the way to post-structuralism. He found a new route that is "broad and spectacular in views" but noted that "without a beacon, one can still get lost. My coordinate is semiotics" (赵毅衡, 2018, p. 1). As Zhao's research fields have expanded from formalism to semiotics, narratology and art, the texts he analyses have widened from literature to general narratives, and he has discovered a connection between form, history and culture: "Formal study is the only way out of the impasse of formal study. There is a direct path from form to the social-cultural mechanism of literary production. It is the form, not the content, that is more diachronic." (赵毅衡, 2013a, p. 247). That is, formal study is not ignorance of content, but another perspective from which to observe culture. Zhao therefore calls his semiotic research the "formal-cultural theory" or "theories of meaning".

This book is a collection of essays based on this theory. Literature is Zhao's first conceptual experiment using his theory, a branch of a river whose image may refer to the development of Chinese literature and which may also be a symbol of Zhao's academic research path. The book contains 19 far-reaching essays and is divided into three parts: an introduction to semiotic narrative theory; research on traditional Chinese literature; and research on contemporary Chinese literature.

Ⅰ. The Formal-Cultural Perspective of Literature

The first five chapters introduce the most fundamental concepts of the formal-cultural theory, and are full of debate and theoretical innovations. In the first chapter,

Zhao advances his definition of "sign"—the basis of many of his studies—as "a sensory entity to be regarded as carrying meaning" (p. 6), and he further defines semiotics as "the study of meaning" (p. 11). To systematically introduce literature into cultural studies, it is necessary to conduct literary research from the perspective of meaning to avoid the pitfalls of poetic criticism, which indulges in the mystery of literature and conveys only the mystique and sensory pleasure. As a pioneer of Chinese formalism, semiotics and narratology, Zhao also records the bumpy road of Chinese semiotics from its difficult start to its take-off and to today's achievements. China has splendid classical semiotics resources in its history, extensive cultural practice and, at present, a great passion for semiotic study. As Zhao says, "Postmodern semiotics meeting the world's longest sustained civilization could provide a great impetus to the advance of both" (p. 21).

The focus on the meaning of signs approaches literature as a form of narrative. In Chapters 2 and 3, Zhao introduces some core issues in his general narratology: definition, classification and frame-person duality. His new definition of the minimal narrative is based on the narrative subject and narrativising interpretation: "A narrating subject places at least one event participated by at least one character into a text so that another (or the same) subject could interpret it as having temporality and significance." (p. 24) The reason for this definition is that the general narratology is not limited to literature, but takes all possible narrative forms into consideration: drama, cinema, video games, sport competitions, documentaries, history, news, advertisement, prediction, and even illusions and dreams. It encompasses the existing novel-centric paradigm, but enables a broader discussion of some of the most popular narrative forms today.

When the boundaries of narrative broaden to include so many forms, classification becomes quite challenging. Zhao proposes three categories: factual/fictional, media and mood. For the factual/fictional distinction, a reader or recipient could recognize the non-factual frame of fictional narratives, as they are acknowledged lies, but must accept the factuality of the story told by the narrator (different from reliability, factuality is a prerequisite for a narrative to proceed). A factual narrative requires that the narrator and the narratee must communicate in a factual frame, even if the "facts" are not accurate, or are even lies. The factual/fictional dichotomy includes four narrative types: factual narratives, fictional narratives, pseudo-factual narratives and pseudo-fictional narratives (p. 25). In this way, news, advertisement, fiction and dream belong to different types even though they have the same factual/fictional distinction, and drama, cinema, video games and sport, although they are distinct media, fall into the same category because of their temporal dimension.

Time—the temporal dimension—is the most important element in all of Zhao's narrative classifications. In addition to retrospect-recording and present-performing media, Zhao discusses unfinished ongoing narrative, that is, future-mental media. Narrative is also divided into indicative, interrogatory and imperative types based on mood. These classifications all start from the perspective of the subject of a narrative and eliminate the confusion brought by the development of modern media: no matter how media technology evolves, the time dimension rooted in any narrative is fully presented in this theoretical framework, which provides guidance on how we can view new narrative forms.

Chapter 4, "The Narrator and His/Her/Its Frame-Person Duality", is an expansion of the idea of the narrator, which is essential given the inclusion of forms such as games and dreams into the narrative category. In this duality, the narrator, as a function and starting point of any narrative, is "individuated" or "framified" to different degrees. When this function becomes exceedingly individuated, the narrator is actually telling the story, yet when framified to the utmost, the narrator becomes a constitutive frame. This "frame-person duality" is also a basis for distinguishing genres. For example, history and journalism both belong to factual recorded narrative and have highly individuated author-narrators who must therefore be accountable to the narratees. In contrast, dreams, which belong to inner fictional performed narrative, have extremely framified frame-narrators. The dreamer can only experience a dream's plot and can never have a dialogue with the "story teller" even if he is, in a way, observable.

"Cultural markedness" presented in Chapter 5 is another of Zhao's important contributions to literature and cultural semiotics. Instead of discussing the traditional dualistic inequality in language, Zhao puts forward a third factor when surveying culture: the middle term, an independent section that reclines on the positive term, thereby marginalising the negative, and marking it. Precisely because of this trichotomous division, cultural markedness is not an immutable pattern, but one that changes along with the reclining of the middle term over time. Therefore, phenomena such as nudity, makeup, tattoos and eating raw foods have changed diachronically from mainstream to non-mainstream with the development of civilisation, but are now practiced by subcultures and are gradually gaining recognition from the middle term. Similarly, today's stereotypes may be reversed in the future.

In both the cultural markedness discussion and the classification of narration, meaning and temporality are always at the centre of Zhao's theory, which is probably why it is dynamic and very functional. The purpose of examining past experience is not only to summarise a theory or to explain something that exists today, but to connect the past, present and future, cast new light on known issues and consider the unknown to come.

II. Cultural Semiotic Interpretation of Chinese Traditional Literature

The theories presented in the first part have strong explanatory ability when applied to Chinese literature. Chapters 5 to 9 start from traditional Chinese literary texts and explore the characteristics of Chinese culture from the perspectives of semiotics and narratology. The *White Rabbit Play*, one of the four classic Chinese southern plays, has been the subject of numerous cultural studies, yet Zhao's analysis is fresh. In the *White Rabbit Play*, a Chinese Cinderella formula shows the neterogeny cultural distinction that the Chinese version of the reversal of fortune narrative is ethically encoded. However, Zhao focuses on different versions of this popular story, revealing a paradox in Chinese popular literature. The localised parts of the culturally lower texts form a structural dualism and could lead to moral dualism: "sub-cultural texts have to adhere more closely to the dominant ideology, for no other reason than that they have neither right nor aspiration to participate in the forming or transforming of ideology" yet "sub-cultural texts share the coding system, only part of these texts is sufficiently encoded, leaving a large amount of localized parts relatively under-coded" (p. 70). The ethical logic is thus ambiguous. Zhao discusses this issue further in Chapter 7: popular literature uses trivial details that sever connections with the mainstream ethic to entertain the public. However, it is also under stronger ethical constraints to keep itself under ideological control. This chapter also discusses the paradigm of historiography, preaching and self-expression in the Chinese literary tradition and transformation.

In the subsequent chapters, Zhao conducts a historical examination of Chinese literature from a narrator-centric point of view, searching for the evolution of narrators over the long history of Chinese fiction. According to Zhao, Chinese vernacular fiction takes a form between the oral and written models and is a unique narrative form that creates a unique narrator. In vernacular fiction, narrators always call themselves "the storyteller'(*shuoshude* or *shuohuade*)" and never hesitate to insert themselves into the narration, although they never participate in the story they tell. They are narrators who are "non-participant" and "semi-explicit" (p. 114). This narrative form changes after the May Fourth Movement: "[the narrator's] manipulation is exaggerated to expose his vulnerability. Thus, May Fourth fiction completely destroys the conventional narratorial frame by removing the narrator from the position of controlling meaning." (p. 125)

In examining the chronological evolution of the narrator, Zhao proposes acriterion for narrative reliability: "Since unreliability can occur only in the narrator's transformation [...] reliability could be recovered by turning back the process, i.e., by erasing the narratorial mediation." (p. 137) In vernacular fiction, the distances between the narrator and the implied author, the reader and the implied reader are quite short, which forms reliable narration, a symmetry. From the May Fourth Movement, when narrators began to keep a considerable distance from the implied author while distance between the reader and the implied reader remained nearly the same, asymmetry appears, and the narrative becomes unreliable. We can tell from the history of Chinese fiction reviewed in this book that the confrontation between classical and vernacular writing is not merely a matter of language reform, but a tremendous change in meaning construction. Vernacular fiction opposes not only the ideology of the old culture, but also the presentation of it.

Chapter 10 examines the second tide of Chinese influence on American poetry. The first tide of interest in Chinese poetry gradually subsided after the American New Poetry Movement reached its peak. The second tide rose after the late 1950s, when the dominance of the conservative Eliot-New Criticism weakened, and the Beat Generation and other anti-academic poetry movements appeared. As the problems of post-industrial society have become more prominent, Zen and Tao have been interpreted more diversely, and the understanding of Chinese poetry has gone deeper into its aesthetics. Chinese-American poets, who did not appear in the first tide have entered the American poetry world and discovered their identity with the help of Chinese poetry in a foreign land.

The combination of narratology and cultural semiotics is used to identify clues to cultural and subcultural transformations during the communication of classical Chinese literature, including the tension between and countermeasures of elegance and vulgarity, the cultural status of fiction and historiography, the appearance of the narrator, and even the ebb and flow of Chinese poetry abroad. Zhao's exploration not only focuses on the past but also defends the innovative forms of modern and contemporary literature and ponders the present situation and challenges that literature confronts.

III. Avant-garde in Contemporary Chinese Literature

After the May Fourth Movement, Chinese culture continued what is called the "downward extension of the rites" (赵毅衡, 2013b, p. 16), becoming gradually homogenised, but the complication of the literary text form began to subvert this state. This is one of the reasons for the emergence of vernacular fiction after the May Fourth Movement and the basis for the later introspection related to avant-gardism.

In the third part of the book, Zhao first discusses the rise of metafiction in China. "Meta-" is the form's awareness and expression of itself. Although many narrations show traces of traditional Chinese literature, these traces are often stylised and non-semantic, and thus cannot reveal the narrators' authority. However, meta-sensibility is not a Western import, but a long-standing way of thinking in the Chinese philosophical tradition. This way of thinking, hidden deeply inside, was released in the "methodology fever" of the 1980s. Metafiction involves a rebellion that is different from the rebellion against the old culture during the May Fourth Movement. It is breaking the old while seeking to find a new value, a rebellion against the frame itself that opposes interpreting the literature in a single way. As Zhao says, "What the reader faces is no longer the expected interpretation of experience. He has to form for himself an interpretation which the text neither denies nor encourages, once all meta-lingual systems—historical, ethical, rational, ideological, etc.—are falsified. In other words, every reader has to be a critic able to reach beyond the text." (p. 186). Because of this complete rebellion, the avant-garde literature writes a glorious page in the history of modern Chinese literature.

The theoretical defence of the avant-garde movement is always a cornerstone of Zhao's literary criticism, which he calls a "lonely career" (赵毅衡, 1993). According to Zhao, elite literature was once the backbone of Chinese culture, but in the face of a modern and commercialised society, intellectuals have gradually lost their standing. "The last groan of Avant-Garde literature, and the appeal of literati become almost inaudible in the toast of economic take-off and political social stability—a major crisis facing Chinese culture today."(1993). He traces the origin of avant-garde literature to periods of great revolution in Chinese history, pointing out that avant-gardism is not a fashion borrowed from elsewhere, but a corollary of the reorientation of Chinese culture, in which the continuity of rule, truth and letters are not fixed and unchangeable; they continuously absorb foreign culture, self-renewing to maintain the essence of Chinese culture. Avant-gardism is a weathervane of transformation: it has the same characteristics as many literature revolutions in history and will continue to explore the way forward.

Zhao then turns his attention to individual avant-garde writers: Yu Hua, Ma Yuan and Gu Cheng. He points out that Yu Hua's work always focuses on the interchange between different constructions of meaning, which are not divided by the gap between the old and the new, but by reality and fantasy, with fantasy being weaker yet more "real" than reality (p. 202). In Yu Hua's works, we can find the values attached to Chinese subculture from the rebellion against realism and the irony of genre. He has the strongest sense of subversiveness in the construction of Chinese modern culture. Ma Yuan, who is probably China's most famous metafiction writer, challenges the long-term realist tradition of Chinese literature from another angle. In Ma Yuan's works, the fictional world and the act of fictionalising this world intertwine, creating a new way of construction: "fiction not only could be fabricated but could also be about fabrication itself."(p. 218) His profound influence continues to the present.

This book, as the title implies, brings together 40 years of Zhao Yiheng's literary observations and critical thinking. From theory to text, from ancient to contemporary times, these essays each show an aspect of formal-cultural theory in Chinese literature, and together they highlight the interaction between different levels of Chinese culture, forming a significant explanatory framework. This framework provides a distinctive interpretation of Chinese literature and integrates literature and other cultural phenomena into a whole.

Media forms are ever-changing, and the literal text appears old and unappealing compared to audio, video and the various sensory experiences that virtual reality provides. However, literary texts that have endured for thousands of years record a civilisation's ways of thinking and existing; the narrative structure is deeply hidden, but is active in today's innovations. The study of literary narrative should not be independent of other fields, as it is the most complex form of meaning and holds our deepest emotions and hopes. Through these studies, we can find in the past some images of the narrative changes that are currently taking place, and can identify a suitable path for researching these modern media. However, the culture behind the form is rooted in the depths of our cognition; it has long-term effects on us and restricts the development of narrative. Thus, novel modern technologies are no longer elusive, but are part of the evolution of the narrative form, which began with the birth of classic literature and will continue to flow. Thus, formal studies have never been so closely related to reality. Therefore, literary criticism is by no mean a lonely, self-admiring career, but a defence of the historical and cultural vitality of Chinese literature.

References：

赵毅衡（1993）. 孤独的事业——我的批评之路. 文学自由谈，3, 68 - 70.

赵毅衡（2013a）. 苦恼的叙述者. 成都：四川文艺出版社.

赵毅衡（2013b）. 礼教下延之后. 成都：四川文艺出版社.

赵毅衡（2018）. 赵毅衡形式理论文选. 北京：北京大学出版社.

Zhao, Yiheng（2020）. *The River Fans out: Literature and its Theories in China*. Singapore: Springer.

Author:

He Yijie, Ph. D., lecturer of School of Literature, Journalism & Communication, Xihua University; member of the ISMS research team, Sichuan University. His research fields are semiotics and narratology.

作者简介：

何一杰，博士，西华大学文学与新闻传播学院讲师，四川大学符号学－传媒学研究所成员，主要研究方向为符号学、叙述学。

Email: heyijie235@163.com

流动不居 反式互补：评薛晨著《日常生活意义世界：一个符号学路径》

陈 蓉

书名：《日常生活意义世界：一个符号学路径》
作者：薛晨
出版社：四川大学出版社
出版时间：2020
ISBN：978-75690-3266-6
DOI：10.13760/b.cnki.sam.202101020

凡日常物事，多易令人安常守故，不察变动，只在其发展的某个节点顿悟时移势迁，譬如电子媒介对生活全面渗透，虚拟网络实现万物互联。诸多现象共同作用于现代社会，促生新的文化语境。而善于思考者，往往最先感知到变化的存在，因为他们对刻板印象保持警惕，不以恒定眼光来审察世界，不因物茫隐微而等闲漠视，并常常从变化中明晰认知，探索新义，总结规律，以供后来者参详应用。《日常生活意义世界：一个符号学路径》一书就是作者薛晨对变化给予敏锐之察、精深之思而成的著作。它以人们身处其中而又习惯性忽略的"日常生活"为观察对象，从传播符号学视角对其意义表达和交流机制进行审视和探究，为读者揭示当代日常生活意义世界的本质，为我们惯以为之的日常生活共有的、普遍的意义提供了一种脱离俗常的全新呈现，深入阐释了我们熟悉却又陌生的日常生活意义世界的建构方式和运行规律。

一、日常生活的意义流变

"意义"一词于我们，熟悉程度恐怕要接近"日常生活"了，过于熟悉的结果是若猛地被问及"意义"究竟是什么，可能少有人能立即给出答案，就像不经思索，少有人能就"日常生活"给出比较完善的解释。赵毅衡曾给意义下了一个最简定义:"意识与各种事物的关联方式"(2017,p.2),将其内涵从静态的内容扩展至具有动态性质的方法和路径,由此也佐证了意义生成、发展、变化、翻转过程的合理性。这有利于我们更充分地理解意义世界的构成和运行,从而筑牢我们讨论日常生活意义流变的基础。

讨论若不设定边界,其结论终将流于虚无。因此,限定"日常生活"范畴,同我们确定"意义"内涵一样重要。为了解决这个问题,作者对日常生活研究进行了追根溯源,从罗兰·巴尔特散布于诸理论的研究论述、列斐伏尔具体化和现实化的范畴划分、赫勒对个体再生产领域下的明确定义,到舒茨对意义的建构和阐释、德塞托对生活实践反哺理论的重视,从衣俊卿明确精细的定义和层次划分、胡敏中对日常生活和非日常生活的再强调,到郑震视"常规"为日常生活情境之核心,不一而足。在此基础上,通过"标出性"理论路径,作者为本书讨论对象之日常生活下了定义:"日常生活与非日常生活共同构成人类意义世界;日常生活是具有中项特征、认同社群正项文化宰制权的,以维系人类个体生存为目的的一系列符号表意活动,以高度重复的方式建构的一种人类意义世界。"(薛晨,2020,p.59)

严格来讲,"日常生活与非日常生活共同构成人类意义世界"乃属性判断,而非对其本质特征、内涵或外延的说明,不属于定义。后半部分则为定义,至少包括七层含义。其一,日常生活具有中项特征。在文化标出性理论中,中项"非正非异","无法自我表达,甚至意义不独立,只能被二元对立范畴之一裹卷携带,即是只能靠向正项才能获得文化意义"(赵毅衡,2008,p.4)。中项并非居中,在社会文化整体领域内,日常生活必然有其倾向。由此有其二,日常生活认同社群正项文化宰制权。文化宰制实质上是一种关系,关系的两端为宰制者与被宰制者,即正项与异项,促使两者关系失衡的根本就在于"中项偏边",即在社会文化整体领域内,日常生活与社群正项文化合力形成社会主流文化,使异项文化被标出。其三,以维系人类个体生存为目的。日常生活是一个符号,亦是符号的载体,形成于人类形形色色的意义活动,建构大大小小的物世界和意义世界,供给和维系人类生存。其四,日常生活是系列符号表意活动的汇总,是一个集合概念,且非对象类集合,而是集合体。具体而言,它是由诸如衣食住行、交际往来等物事集合而成的,日常生活的性质既非这些具体对象性质叠加而成,也非这些具体对象所必然拥有。其五,日常生活高度重复。这应属于认知最普遍、视觉效果最显著的特征,以众所周知来形容亦不为过,譬如晨起晚睡、一日三餐。行为高度重复会累积意义,形成具有象征性的程式,如晚睡洗漱、晨起穿衣、餐前洗手、饭后漱口，周而复始。其六，日常生活是意义世界。这可以视作前述内容的总结性陈词。通常来说，与意义世界并置的是实在世界。构成日常生活的诸多具体物事组成实在世界，日常生活作为系列符号表意活动的集合概念建构意义世界。其七，日常生活专属于人类。这一点有待商榷：动物有没有日常生活呢？饮水进食、戏耍捕猎，应当算是。确切地讲，作者限定为人类意义世界，是就本书讨论对象和范围而定的。更具体而言，本书讨论的是在当代社会语境下，以市民阶层为代表的绝大多数人高度重复、持续开展的日常生活意义活动。

如此定义，不同于前文众学者对日常生活与非日常生活的二元对立，而使二者之间天然具有流动的特质，肯定了日常生活与非日常生活转换的可能性，为日常生活意义世界提供了流变的空间。作者以服饰为例，为我们呈现了日常服饰符号系统的动态演变过程，即以日常服饰为代表的日常生活意义流变过程。

波德里亚曾在论述消费社会商品的极大丰富时总结："在丰盛的最基本的而意义最为深刻的形式——堆积之外，物以全套或整套的形式组成。"（2000，p.3）在日常生活中，服饰也须"以符号系统为单位来表意"，即所谓"穿搭"风格。思考"搭配哪一件""是否搭得上""搭起来是什么风格"，是绝大多数人决定是否购买某件服饰时都会展开的想象性游戏。这个想象性游戏的实质是对服饰意义的选择和组合。进行这项双轴操作时，主体必须遵从日常服饰符号系统表意规律，即日常服饰的符码规则，因为"日常服饰强烈地受到型文本制约"（p.63）。比如，居家需要的是舒适方便，西装革履自然不在考虑之列；通勤要求大方得体，奇装异服就不太适合。"当一件衣服在一定语境之下被人们配置成一组套装或一套穿搭时，一件衣服就不再只是一件衣服，而是日常服饰系统中的一个组分。"（p.60）自然，不同的组合就会表达不同的意义，同样的组分在不同的组合中也会产生不同的意义。这实际上为日常服饰符号系统的表意创造了流动的可能：同样的组合在不同人身上，发出不同的意图意义；不同的组合是不同的符号信息，携带不同的文本意义；不一样的接收者面对同样的组合也会产生不同的解释意义。进言之，一个配饰由不同的人使用有不同的意图意义，一个配饰与不同的服饰搭配有不同的文本意义，不同的人对同一个配饰的使用也会有不同的解释意义。在整个文化语境中，当某种服饰一再被使用，其意义就会累加，理据性上升，甚至高度理据化，获得意图定点。一旦意图定点被打破，原有的理据性滑落，新的理据性又会逐渐上升，这种服饰的文本意义就发生了改变。作者对日常服饰之性别符码的阐释和论证有效地说明了这个问题，如职业女性的西服套装和领带突破了男性服饰体系中西服套装和领带设计者的意图定点，使人们对西装有了不同的认识。有此效果的，还有运动鞋搭配西装这样的组合轴，缩小了"西装革履"的外延。

日常服饰的意义不断演变，其他日常物事同样如此。"人有生存本能，也就有意义本能。"（赵毅衡，2011，p. 48）在社会语境下对日常生活意义活动起最终定调作用的是解释社群。只要存在解释，就存在差异，继而就存在对符号权力的争夺，也就必然存在意义的流变。所以，我们所熟知的日常生活，所身处其间的日常生活，实际上是一个流动不居的意义世界，唯意义变化本身不变。

二、非日常生活的意义翻转

基于日常生活的定义，作者也给出了非日常生活的定义："非日常生活与日常生活共同构成人类意义世界，它是具有显著正项或异项风格特征的，不以生存为目的（的）一系列符号表意活动，以低重复性方式建构而成的一种人类意义世界。"（p. 59）从定义上看，它有三层含义不同于日常生活的内涵：其一，日常生活具有中项特征，而非日常生活具有正项或异项特征。非日常生活与日常生活共同构成人类意义世界，但这一组二元关系并非截然对立。确切地说，在整个社会生活文化领域内，非日常生活既包括正项文化，也包括异项文化。正项文化正因为有中项文化的认同，才能形成文化宰制权；异项文化对中项文化的持续争夺，会加速中项异项化；而异项文化实现标出性翻转的现象十分普遍。"正项、异项、中项这三个文化范畴处在一个紧密的动力性关系之中，每一项的移动都会对其他两项起作用"（p. 152），因此，日常生活与非日常生活不仅非截然对立，还相辅相成、反式互补。其二，日常生活以维系个体生存为目的，非日常生活不以生存为目的。衣食住行、交际往来等日常生活行为为生存提供最基本的动力，而非日常生活最大的特征在于绝大部分建立在纯然的人类思维之中，例如艺术、宗教、哲学等，主要满足个体基本需求之外的需求，如精神需求、推动人类社会进步的需求。其三，日常生活的显著特征是高重复性，非日常生活则体现出低重复性。比如航天、考古等科学活动，虽然也包括日常生活世界重要特征"认知－理解－取效"的实践过程，但并不具有高重复性，不属于日常生活。这三点是区分日常生活和非日常生活的关键。

实际上，虽然明确了区分的关键，但是日常生活和非日常生活的界限并非就如此明显。主要原因在于在整个文化语境下，日常生活作为中项意义流动不居，异项文化对获得正项地位跃跃欲试。在文化域中三者的位置从来不是一成不变的，而是一直处于变动之中，由此消解了日常与非日常的界限，使其模糊不清，只有具有鲜明日常生活特征或鲜明非日常生活特征的物事才可一目了然地区分开来，如我们前面所说的一日三餐和航天、考古。这也印证了前述二者关系并非截然对立的结论。

意义流动不居，实则是因动力演变而不长居，否则便会实现字面意义的"日新月异"，也就不存在"日常"这一认知了。一般情况下，文化三域符号系统的动力翻转过程类似"登门坎效应"（foot in the door effect），异项分目的、分阶段、分进程逐渐渗透，直至夺取正项地位。例如，西装源起于西欧渔夫装，又有资料称源自英国王室的传统服装，历经几百年，大致经过"古典西装""礼服西装""标准西装""休闲西装"四阶段，最终在整个人类文化领域发展为代表正式、风度、礼仪等正项文化的符号。然而，不是所有的演变都如此温和，异项一旦被注入强势力量，则吸引中项偏边，异项翻转成为正项的过程就会迅疾完成。典型案例如国内的移动支付。1999年国内移动支付概念出现，至2011年仍不成规模。后来运营商与商业银行签订协议确定移动支付标准，电子商务普及率提高，智能手机发展迅速，支付宝和微信等第三方支付平台成熟，在几大因素合力情况下，短短几年间，移动支付渗透进人们生活的方方面面。可以说，对本书所确定的日常生活空间对象范畴，即城市市民阶层中的绝大多数人来说，移动支付取代了纸币支付，纸币支付被标出，以至于即使拒收纸币违法，仍出现了以纸币支付被拒的情况。但是，异项强行翻转并不一定能够真正取消正项的领导权（p.156），所以拒收纸币会成为新闻，上了微博热搜，且舆论一致对此持批判态度。而反过来，任何人都可以要求只收纸币，而拒绝移动支付。凭借法律的保障，纸币支付虽然被标出，但仍拥有实际的领导权。

还存在比移动支付强行翻转更为迅疾的现象，如国内当下最新的日常生活：出行必备口罩和健康码，甚至因技术发展和生产力提高，核酸检测也将迈入该行列。而这些日常生活从萌发到形成，距笔者落笔这一刻不足一年，实际上可以说，它于短短一两个月就已取得全面认同，在这之前，戴口罩是被标出的行为：生病了，避免传染他人；身份特殊，避免被识别；空气不好，避免身体健康受损；等等。健康码更是不存在的事物。它们之所以能在如此短暂的时间内成为绝对主流，则是受"时势"这股强力的影响，对此，人们高度一致认可其合理性。戴口罩、出示健康码成为维系个体生存、具有高度重复性的日常生活，不戴口罩、没有健康码被标出。与移动支付的翻转一样，新的日常生活来得太快，便有许多的不稳定因素。比如，不使用智能机的老年人无法获取健康码，被公共交通拒载；疫情得到控制，时势有所变化，不戴口罩的人就多了起来，出现确诊病例后，人们又意识到坚持戴口罩的必要性，使其重新回归日常。异项这种因外力涉入而非内在张力所致的翻转能持续多久，取决于外力势强势弱。

综上，正项文化与异项文化对中项文化的持续争夺，会导致作为中项文化的日常生活意义世界内部变动不居，也会促成非日常生活意义世界内部的形势变化，从而实现整个文化域的动力翻转。这种翻转过程一般是持久而漫长的，但在时势强力下，它可以迅疾完成，只是会因异项强行取代正项地位而存在一些不稳定因素，被颠覆的正项也不一定会失去实际领导权。不过，不管是因文化自我逆转的内生张力（赵毅衡，2011，p. 291）引发的长期演变，还是时势造就、迅疾而生的翻转，都会改变人类意义世界，形成新的文化语境，呈现新的日常生活。

三、新日常生活的意义呈现

新日常生活并不等义于我们以上提及的新的日常生活。"新媒介时代的时空距离化特征导致传统日常生活的时空结构被颠覆，新日常生活的时空结构可以被无限延展或收缩，这是新日常生活最显著的特征。"（p. 74）显然，本书所论新日常生活立基于新媒介技术，同传统日常生活如衣食住行等共同组成日常生活意义世界，主要表现为虚拟空间和符号空间的日常表意活动，具体文本表现为网络视频、由视频而生的弹幕、社交通信、虚拟现实（VR）、网络购物等，相应的，"视觉成为人们认知的主导渠道"（p. 81）。

敏感地认识到"视觉成为人们认知的主导渠道"，使视觉表意成为新日常生活的主导表达方式，网络直播当属其中典型案例。近年来，得益于新媒介技术的发展成熟，网络直播迅速在人们的社会生活中取得重要地位，深入工作、教育、购物、休闲娱乐等领域，并在2020年全面铺开，视频会议、线上课堂、电商购物、电子游戏等多媒介符号文本接收者几乎囊括全民，且直接面向每一位受众，颠覆了传统日常生活的时空结构，直观、即时、灵活、便捷等特点更直接有效地提高了意图意义和文本意义到达率。然而，其取效结果却未必如传统日常生活符号系统，因为借助电子媒介，在新日常生活的表意机制中，接收者的参与度和可参与度都得到了前所未有的提高，接收者的解释意义对符号文本的意义建构影响空前。

以上述具体文本中接收者具身可参与度最低的网络视频为例。纵观各大门户网站、社交网络空间，视频传播均十分繁荣，不愧于视知觉时代。网络视频作为一个完整的符号文本，本就是一个完整的符号表意过程。然而，"视觉式样与人类赋予这个式样的表现性并不是一回事情，正如一个字与这个字所传达的内容也不同一样"（阿恩海姆，2006，p. 609），意图意义、文本意义与解释意义经常不一致。在这种情况下，网络视频附带的评论、转发、点赞等功能，就使其更大限度地敞开了意义世界大门，凡评论、转发、点赞者都具现地参与了其意义建构。该意义建构的结果不是只留存于接收者个体自己的世界，而是以形象化的内容形式共享于这个网络空间，与原视频文本组成一个全新的符号文本，形成全新的符号表意过程，向后来者发送新的文本意义。接收者具身可参与度最低的网络视频如此，遑论更深入参与视频意义建构甚至主导视频文本叙述的弹幕，导致当代社会人身份危机的网络社交通信，深度发挥身体符号功能、引发传播范式变革甚至颠覆的VR技术等新日常生活文本。同我们的经验世界相联系，"形象化内容既是被比较之物，又是比较项，并且替代了我们无从看到的现实"（米特里，2012，p. 117），这是视知觉表意必然的过程和结果。

新日常生活世界在视知觉表意过程中得到进一步建构，而"伴随对新日常生活的实践和改造活动，人类对新日常生活的总体认知也在发生全面变化，包括人类在新日常生活语境下的认知技术、认知模式以及认知范畴的全面变化"（p. 131），这是新日常生活对人类意义世界的再建构。对新日常生活的认知本质上是对视觉文化的认知。巴纳德在回答"为什么每个人都应该理解视觉文化？"这一问题时曾说道："在理解关于我们每天所面对的视觉文化的那些解释和阐释是如何产生的、是如何被接受并得到支持的过程中，我们实际上就是在理解我们自己的文化和社会地位，或文化身份。"（巴纳德，2013，p. 7）这一判断适用于对新日常生活的观照，也适用于对整个人类意义世界的审察。本书作者通过对日常生活意义世界的深度剖析也警醒我们：要持续对日常生活意义世界予以关注，对意义世界的变动保持清醒，因为我们身处其中，每一次变动都关涉自我。

引用文献：

阿恩海姆, 鲁道夫 (2006). 艺术与视知觉 (滕守尧, 朱疆源, 译). 成都：四川人民出版社.

巴纳德，马尔科姆（2013）. 理解视觉文化的方法（常宁生，译）. 北京：商务印书馆.

波德里亚，让（2000）. 消费社会（刘成富，全志钢，译）. 南京：南京大学出版社.

米特里，让（2012）. 电影美学与心理学（崔君衍，译）. 南京：江苏文艺出版社.

薛晨（2020）. 日常生活意义世界：一个符号学路径. 成都：四川大学出版社.

赵毅衡（2008）. 文化符号学中的"标出性". 文艺理论研究，3，2-12.

赵毅衡（2011）. 符号学：原理与推演. 南京：南京大学出版社.

赵毅衡（2017）. 哲学符号学：意义世界的形成. 成都：四川大学出版社.

作者简介：

陈蓉，四川大学出版社编辑，主要出版方向为符号学、叙述学、新闻传播学。

Author:

Chen Rong, editor of Sichuan University Press, mainly engaged in the publishing work of semiotics, narratology, journalism and communication.

Email: crong_27@ sina. com

本书在编辑过程中,得到了四川大学人文社科期刊资助项目、四川大学中国语言文学与中华文化全球传播双一流学科群,以及教育部人文社科重点基地四川大学中国俗文化研究所的支持,特此感谢。